삶의 책장을 넘길 때

다음 페이지에 무엇이 나올지

궁금하지 않으신가요?

원하는 것에 도전해 보세요.

_____ 님의 도전을 응원합니다.

년   월   일

포기할 수 없는 오늘이 있기에

포기할 수 없는 오늘이 있기에

발행일	2021년 6월 4일

지은이	홍영순		
펴낸이	손형국		
펴낸곳	(주)북랩		
편집인	선일영	편집	정두철, 윤성아, 배진용, 김현아, 박준
디자인	이현수, 한수희, 김윤주, 허지혜	제작	박기성, 황동현, 구성우, 권태련
마케팅	김회란, 박진관		
출판등록	2004. 12. 1(제2012-000051호)		
주소	서울특별시 금천구 가산디지털 1로 168, 우림라이온스밸리 B동 B113~114호, C동 B101호		
홈페이지	www.book.co.kr		
전화번호	(02)2026-5777	팩스	(02)2026-5747

ISBN	979-11-6539-796-8 03190 (종이책)	979-11-6539-797-5 05190 (전자책)	

(주)북랩 성공출판의 파트너

북랩 홈페이지와 패밀리 사이트에서 다양한 출판 솔루션을 만나 보세요!

홈페이지 book.co.kr • **블로그** blog.naver.com/essaybook • **출판문의** book@book.co.kr

작가 연락처 문의 ▸ ask.book.co.kr

작가 연락처는 개인정보이므로 북랩에서 알려드릴 수 없습니다.

불치병과 싸우는 한 50대 여성의 희망 탐색

포기할 수 없는 오늘이 있기에

홍영순 지음

파킨슨병이라는 불치병도,
50대라는 나이도 꿈을 이루러 가는 길에
걸림돌이 될 수 없었다!

KBS 「아침마당」 출연 웃음치료사 홍영순의
희망 찾기 프로젝트

북랩 book Lab

⚜ 추천사 ⚜

　홍영순 작가의 세 번째 저서 『포기할 수 없는 오늘이 있기에』가 출간된다는 소식을 듣고 너무 자랑스럽고 크게 감동하였습니다.
　홍영순 작가의 인생은 크게 이등분으로 나눌 수 있습니다. 절망 이전과 실망 이후의 희망, 그리고 홍영순이란 그녀와 엄마인 홍영순입니다.

절망 이전과 이후의 희망

　절망 이전에 홍영순은 산후관리사이며 어머니로, 또 당당한 사회 참여자로 흠잡을 데 없는 프로 여성이었습니다. 어느 날 홍영순은 하늘이 무너지는 절망 앞에 섭니다. 청천벽력 같은 진단을 받고 산후관리사 일도 그만둘 수밖에 없었습니다. 설상가상입니다.
　그러나 홍영순은 아이들에게 영원한 버팀목으로 남고 싶어서 절망을 누르고 희망을 만들기 시작했습니다. 어렵고 힘들고 고통스럽고 마음 시린 도전이었습니다. 절망 이후의 희망이 나타나기 시작했습니다. 첫 번째 저서 『절망 속에서 희망을 품다』가 그것이고, 두 번째 저서 『아이들 잘 키우는 것이 돈 버는 것이다』가 그것이고, 전문 인문학 강사가 그것이며, 전문 MC가 그것입니다. 앞으로 더 많은 희망을 만들어 낼 것입니다.

자녀에 대한 홍영순 작가의 믿음

2016년 10월 대한민국지식포럼에 홍영순 작가가 나타났습니다. 그리고 포럼에 참여했다가 여러 차례의 경련 때문에 고생하는 것을 목격하게 됩니다. 그럼에도 불구하고 제1회 한복미인 선발대회에서 대상을 수상하면서 그녀의 별명 '몬순이'를 한순간에 엎어버리는 쾌거를 만들었고, 그 이후 펀 스피치 경연대회에서 대상을 수상하면서 그녀의 말솜씨가 평범하지 않음을 세상에 보여 주었습니다. 『아이들 잘 키우는 것이 돈 버는 것이다』라는 두 번째 저서가 나온 후 특강을 통해서 아이들을 어떻게 키웠는지, 또 얼마나 잘 자라 주었는지, 그러면서 아이들에게 짐이 되면 안 된다는 확고한 의지를 가지고 있는 것을 보며 엄마와 자녀에 대한 믿음과 신뢰, 그러면서 서로 존중하는 외유내강의 모습을 보게 됩니다.

포기할 수 없는 오늘이 있기에

외유내강인 홍영순 작가는 한마디로 포기를 모르는 여성입니다. 동에 번쩍 서에 번쩍, 건강한 사람도 힘들 것인데, 지금이 아니면 움직일 수 없다며 지금 움직일 수 있을 때 무엇이든지 해야 한다며, 힘닿는 대로 봉사를 할 일이 있으면 참석해서 힘이 되어 주고, 동참할 일이 있으면 동참해서 힘이 되어 주고, 남는 시간은 글을 쓰며 시간을 쪼개어 쉼 없이 달려가는 모습은 멈추지 않는 기관차가 생각나게 합니다. 그렇게 쓴 세 번째 저서 『포기할 수 없는 오늘이 있기에』는 엄마를 걱정하는 아이들에게 "엄마는 잘 있으니 엄마 걱정하지 말라"는 마음을 담고 있으니 코로나로 지쳐 있는 모든 사람들에게 또한 강력한 희망의 오아시스가 되어 줄 것이라 믿습니다.

그야말로 그녀의 철학이 묻어나고 진심이 풍기는 역저이기에 앞으로도 그녀는 아이들에게 본이 되고, 포기하지 않음으로 성취하고, 좌절하지 않음으로 희망을 만들고, 중단하지 않음으로 미래를 만들어 갈 것이라 확신합니다.

대한민국지식포럼

회장 임동학

홍영순 작가를 처음 만난 것은 6년 전 웃음치료 현장에서다.

바로 앞자리에 앉았는데 유난히 힘이 없이 율동을 따라하는 모습이 기억에 남아 있다.

그때 내가 말했다.

"웃음치료사가 그렇게 약하게 힘이 없이 해서 되겠습니까?"
라고 강하게 말했던 것이 인연이 되어 지금에 이르렀다.

그때 나는 홍영순 작가에 대해서 아무것도 알지 못했었다. 강의를 하면서 웃음치료사로서 에너지가 넘치고 힘이 있어야 한다는 것을 강조했을 뿐이다. 지금 돌아보면 많이 미안하다. 본인은 얼마나 답답했을까. 속으로 날 얼마나 원망했을까.

"나도 힘 있게 에너지 넘치게 하고 싶어요. 그런데 몸이 아파서 안 되는 것을 어쩌란 말입니까?"라고 외칠 수도 있었을 것이다.

그 이후 통화를 하면서 그녀가 몸이 아픈 환자임을 알게 되었다.

대체의학을 하는 내 자신이 그 상황도 모르고 상하게 말한 것이 많이 미안했다.

어렵게 혼자서 아들 둘을 잘 키워내고 허리 좀 펼까 싶었는데 청천벽력 같은 진단을 받고 얼마나 고통스럽고 힘들었을까? 자신의 몸이 굳어 간다는 것, 내 몸인데 내 마음대로 움직일 수 없다는 현실을 받아들여야 하는 그녀에게 가끔 통화를 하며 힘을 실어 주고 응원과 지지를 보내곤 했다.

그 이후 홍영순 작가는 더욱 치열하게 자신의 꿈을 향해 달리고 또 달리는 모습을 보게 되었다. 그녀는 하고 싶은 것도 많았다. 그리고 생각에 멈추지 않고 행동으로 해냈다. 몸이 아파서 귀찮고 두려울 만도 한데 각 기관에 참여하며 자신이 가진 재능으로 봉사를 하고 매 순간순간에 최선을 다해서 살아 왔다.

그리고 책도 두 권이나 출간을 했다. 이 모든 초능력 같은 힘이 어디에서 나오는지 궁금한 것도 잠깐, 자식들을 키운 힘, 개천에서 용을 만들어낸 그녀가 엄마이기에 가능한 것이라는 것을 알 수 있었다. 같은 차를 타고 이동하는 중에 들은 대화 중에, 자꾸 넘어져서 다치는 엄마에게 하나하나 꼼꼼히 챙기는 아들과의 대화는 이 집에 딸이 있었나 할 정도로 다정다감했다. 아무리 모전자전이라고 그냥 넘기려 해도 모자간의 사랑이 특별함을 느끼며 "이야" 하고 감탄사가 절로 나오게 했다.

자식들 이야기만 하면 눈을 반짝이는 그녀, 그것은 홍영순 작가이기에 가능한 것이었다. 건강한 사람도 놀랄 만큼 열심히 살아가는 그녀를 보며 사람들은 그녀가 아프다는 것을 상상도 하지 못했다. 자신이 아픈 사람이라는 것을 숨기기 위해 늘 곱게 화장도 하고 옷도 단정하게 입고 다녔다. 어떤 이는 '부잣집 사모님이 자식들 다 키워 놓고 시간이 남아 봉사하는 사람'이라고 착각했을 정도로 고통스럽고 절망적인 상황에서도 늘 감사하다고, 행복하다고 말하는 그녀가 행복할 수밖에 없는 이유는 본인에게 두 아들은 절망 가운데서도 희망과 생명을 안겨 주는 원천이기 때문이라고 고백한다.

그러던 그녀가 자신의 아픔을 내보이고 싶지 않아서 철저하게 숨겨 왔었는데 이제 당당하게 "나는 파킨슨 환자입니다"라고 외쳤다.

그리고 세 번째 책 『포기힐 수 없는 오늘이 있기에』 출간을 앞두고 있다.

얼마나 대단하고 존경스러운가? 건강한 사람도 책을 쓴다는 것은 어렵다고 한다. 그런데 그녀는 출간을 준비해 둔 책이 이번 책 말고도 두 권이나 더 있다고 한다.

이것이 기적이 아니고 무엇이겠는가? 고난과 역경을 꿋꿋하게 견뎌내며 자식들을 잘 키워내고 자신의 꿈을 향해 당당하게 한발 한발 나아가는 그녀에게 기립박수를 보낸다. 그녀는 대한민국의 희망이다. 이 책을 읽는 독자들이 홍영순 작가를 통해 더 큰 꿈과 희망의 날개를 펼치리라 확신한다. 홍영순 작가 만세, 만만세!

봉숭아학당 힐링 웃음교실 총장
태봉 성창운

"암으로 오늘 죽는 사람도 있습니다. 그런데 이것은 지금 당장 죽는 것도 아닌데 얼마나 다행입니까" 하고 말하는 의사 선생님의 이 말도 위로라고 웃어야만 했습니다.

『절망 속에서 희망을 품다』가 출간되고 난 후 내 인생에서 많은 것이 바뀌었습니다. 나의 꿈이었던 "작가." "홍영순 작가입니다." 이 말이 얼마나 좋은지 로또 복권에 당첨된다고 해도 이보다 좋을까 하는 생각이 들 정도입니다.

『아이들 잘 키우는 것이 돈 버는 것이다』라는 두 번째 저서를 출간하고 세 번째와 네 번째로 쓴 책은 편집까지 끝낸 상태로 코로나19 바이러스로 사회적 거리두기가 한창인 때에 '책이 나오면 출판기념회를 어떻게 하지' 하며 고민하던 중 한 통의 전화가 왔습니다.

"선생님, 이번에 책이 나오면 출판기념회를 어떻게 할까요?"

"안 그래도 그것 때문에 전화했는데 지금 나오려는 책 다음에 출간하고 이번에는 새로운 책을 다시 쓰면 어떨까요."

"예?"

"일단 우리 만나요."

그렇게 한걸음에 인천으로 달려갔습니다.

그렇게 해서 지금 코로나19 바이러스로 모두가 힘들다고 하는 이 때에 부족한 힘이지만 많은 사람들에게 또 한 번의 새로운 용기와 희망을 주자는, 나의 롤모델이었던 유연숙 선생님의 의견을 받아들여 이 책, 『포기할 수 없는 오늘이 있기에』가 먼저 선을 보이게 되었습니다.

첫 번째 저서인 『절망 속에서 희망을 품다』는 많은 사람들에게 눈물과 감동을 주었습니다.

힘들고 아픈 사람들에게 많은 위로가 되어 주었고, 삶을 포기하고 싶은 사람들에게는 살아야 하는 이유가 되어 주었고, 희망과 용기를 주며 새로운 삶을 살도록 해주어 사람을 살리는 책으로 불리기도 했습니다. 남녀노소를 따지지 않고 많은 사랑을 받은 그 책은 지금도 읽는 이에게 감동과 눈물을 주며 그 마음에 감사함을 채웁니다.

그런데 의도적으로 기록하지 않았던 부분이 한 가지 있었습니다. 북콘서트에 참석하거나 강의를 들은 사람들도 그 한 가지를 궁금해 했지요. "왜 책 어디에도 아빠가 없느냐." 그러나 난 입을 다물었죠. 무덤 속에까지 가지고 갈 작정인 것처럼. 그렇다고 거짓말을 할 수는 없기에 다음에 기회가 된다면 밝히겠다고 말을 했습니다.

그런데 이번에도 아빠에 대한 이야기는 제외시키려고 했습니다.

그래서 아들들이랑 의논을 했죠. 아빠 이야기가 없으면 책이 완성이 안 된다는 아들의 의견, 그래도 너희들 아빠인데… 그리하여 자세하게 다 적을 수는 없더라도 몇 가지만 사실 그대로, 있는 그대로, 숨김없이 솔직하게 적어 책의 완성도를 높이기로 했습니다.

사람들이 얼마나 바쁘게 살면, 유치원 아이들부터 학생, 직장인까지 아침에 눈 뜨면 출근하고 저녁이 되어야 집에 들어옵니다.

가지 많은 나무에 바람 잘 날 없고, 아무리 으리으리하고 삐까번쩍한 집도 들어가서 보면 쓰레기가 있듯이, 집집마다 들어가서 보면 근심걱정 없는 집이 없고, 여자에게 왜 사느냐고 물으면 마지못해 산다 하고, 남자에게 물으면 죽지 못해 산다 하니, 잘사나 못사나 사람 사는 것은 거기서 거기라는 말이 딱일지 모릅니다.

코로나19 바이러스 때문에 사회적 거리두기 2.5단계로 사회가 멈추기 직전까지 간 2020년은 거의 코로나19 바이러스의 눈치를 보면서 조심, 조심, 또 조심을 하며 살았습니다. 2021년 드디어 백신이 나왔음에도 불구하고 아직까지 달라진 것이 없습니다. 그렇다고 백신이 해결해 줄 때까지 무의미하게 그냥 시간만 보내고 있어야 하는지요. 여행도 갈 수 없고, 모임도 할 수 없는 지금이지만 속수무책으로 포기할 수 없는 오늘이 있기에 이 소중한 오늘, 사랑하는 나를 위하고, 나를 발전시킬 수 있고, 나를 찾을 수 있는 시간으로 활용한다면 포기할 수 없는 오늘의 주인공이 될 수 있을 것입니다.

이제는 개천에서 용이 날 수 없다는 세상. 그럼에도 불구하고 개천보다 못한 도랑에서도 용을 만들 수 있다면 요즘같이 코로나19 바이러스로 어려운 이 시대에 신명나지 않을까요.

한 권의 책을 통해서 무엇을 찾게 될지 벌써부터 궁금해집니다. 개인적인 바람이 있다면 자신이 얼마나 소중한지, 자신이 얼마나 행복한지 체감하고 그 행복 속에서 자신의 자존감 또한 쑥쑥 올라갔으면 좋겠습니다. 그래서 자신이 무엇을 하든지 신나게 나아가는 발판이 되길 간절히 바라는 마음을 담아 이 책의 책장을 열어 봅니다.

홍영순

목차

2장 | 그럼에도 불구하고 일어나잖아

3장 | 바쁘니까 신나잖아

4장 | 신날 때도 넘어질 수 있어

5장 | 그럼에도 불구하고 다시 일어나니 신나잖아

1장

휩쓸고 간
날벼락

행복할 수밖에 없는 조건을 만드는 최면

요즈음 초등학교 아이들도 방학 때는 해외여행을 가는데 나는 우리나라에서 제주도가 어디에 있는지 설악산이 어디에 있는지 해마다 여름을 맞이하면서도 동해바다가 어디에 있는지도 모르고 살았다. 한 가정의 가장으로서 두 아들을 키우며 옆과 뒤도 보지 않고 앞만 보고 살았다. 그야말로 눈 옆에 눈가리개를 한 경주마처럼 앞만 보고 달렸다. 일 년 삼백육십오 일, 집과 직장만 다람쥐 쳇바퀴 돌듯이 그렇게 돌고 돌아도 난 항상 감사한 마음으로 살았다.

내가 가진 기술을 인정받으며 일할 수 있는 직장이 있어서 감사했고, 내 힘으로 돈을 벌어서 아이들을 키우며 살아갈 수 있다는 자체만으로도 충분히 감사했기 때문이다.

그리고 힘이 들 때마다 나는 내 스스로에게 늘 최면을 걸고 살았다. 나는 행복한 사람이다, 나는 행복한 사람이다. 나보다 행복한 사람 있으면 나와 보라고 그래, 하며. "무엇무엇 때문에" 하며 탓하지 않고 "무엇무엇 덕분에"라고 하며 모든 것들을 좋은 조건에 끼워 맞추며 행복할 수밖에 없는 조건으로 만드는 최면을 걸었다. 이렇게 최면을 걸고 살아서일까, 지금까지 내가 제일 많이 사용하는 단어가 행복이란 단어이다.

그리고 힘들게 일하면서 나를 위로해 주기 위해서 다짐하는 것이 있었다. 아이들 키우고 65세까지만 일하자, 65세부터는 절대로 일하지 말고 연금 받아서 생활하고, 그때는 지금까지 못 가본 곳, 못 해본 것, 모든 것 다 하면서 즐기면서 살자, 하고 마음속에 커다란 현수막을 걸어 놓고 하루빨리 아이들이 자라서 내 어깨 위의 짐을 내려놓고 65세가 되기를 기다리고 기다리면서 다짐을 하고 또 하며 힘든 삶을 행복한 삶으로 바꾸며 살았다.

우리 집 가훈은 '아이들 잘 키우는 것이 돈 버는 것이다'였고 목표는 아빠처럼 안 키우는 것이었다. 오로지 두 아들을 아빠처럼 안 키우고 반듯하게 키우기 위해서는 엄마의 몫도 아빠의 몫도 혼자서 다 해야 하기에 나라는 존재는 아예 없었다. 직장에서는 홍 실장, 집에서는 엄마, 이것 외에 홍영순이라는 여성은 없었다. 온전한 가정에서도 두 아들 키우고 사는 것이 힘들다고 하는데 여자 혼자서 두 아들을 반듯하게 키워야 한다는 책임감에 어깨를 짓누르는 무게가 너무 무거워 저울에 달아도 측정이 되지 않았을 것이다.

어려운 형편에 아들들에게도 메이커 옷은 고사하고 번번한 옷 한 벌 사 입히지 못했다. 우리 집에서 제일 잘나가는 옷은 바자회제(製)나 구루마제이다. 학교 바자회나 교회 바자회 아니면 청계천이나 남대문시장 리어카에서 파는 구루마제. 과일은 경동시장에서 흠이 나거나 상처가 나서 상품으로 팔 수 없는 것들을 싸게 사서 그 부분을 도려내고 먹는 것이 우리 집의 과일이었다. 그런데도 아이들은 불평불만하지 않았고 잘 따라와 주었고 멋지게 성장을 했다. 모든 사람들이 두 아들을 부러워할 정도로 착하고 반듯하게 자라 주었다.

다른 집이라면 남편과 아빠가 없어서 혼자 아이 키우느라 힘들었다고 할 테지만, 우리 집은 남편과 아빠가 있어서 힘들고 어렵게 살았다. 남편과 아빠 때문에 받은 스트레스가 제일 꼭대기에 닿았을 때 아이들이 한 발자국이라도 다른 걸음을 걸었다면 어떻게 살았을까? 한순간이라도 한눈을 팔았다면 나는 견디지 못했을 것이다. 그런데 아이들은 엄마가 엄마의 자리에서 아빠의 몫까지 열심히 일하며 먹고살기 위해서 바둥거리며 최선을 다해 사는 만큼 아이들도 자신의 자리에서 최선을 다해 노력을 해주었다.

아는 사람들은 아이들 잘 키웠다고 입에 침이 마르도록 극찬을 한다. 하지만 솔직히 말하면 엄마가 아이들을 잘 키운 것이 아니다. 죽으면 죽었지, 아니 죽는 한이 있어도 아빠처럼 살지 말라며 아빠처럼 키우지 않으려고 노력하며 나의 모든 인생을 걸었다. 하지만 선택은 아이들의 몫이다. 아이들 눈에 보이는 엄마와 아빠의 모습 중에 아들임에도 불구하고 엄마의 모습을 선택하고 엄마처럼 그대로 자라 주었으니 어쩌면 엄마가 아이를 잘 키운 것이 아니라 아이들이 잘 커 주었다는 것이 더 맞는 말일 것이다. 그러니 부모가 확실한 본보기만 되면 아이들은 그 부모가 하는 것을 보고 저절로 잘 자란다는 사실을 확실하게 증명해 주었다. 옛날부터 자녀는 부모의 거울이라고 했다. 한마디로 나쁜 아이는 없다는 것이다. 어느 집의 아이가 문제가 있다고 생각이 들 땐 그 아이를 탓하기 전에 그 부모를 보면 답이 나올 것이다. 그렇게 우리는 내가 아이들에게 든든한 버팀목이었고 아이들은 내가 힘든 순간들을 견디며 살 수 있도록 하는 나의 든든한 버팀목이었다.

2 거울 뉴런

"응애 응애" 하고 이 세상에 태어난 아이는 거울 뉴런을 통해서 세상을 보고 배운다.

거울 뉴런이 있어 우리가 살아가면서 가장 중요한 사회생활을 하는 데 꼭 필요한 공감능력을 배우고, 배움에 꼭 필요한 영역들도 배운다. 한 공간에서 누군가 하품을 하면 나도 따라서 하게 되는 것처럼 모방을 하고, 모방을 통해 새로운 기술도 배운다.

인간의 뇌에 있는 거울 뉴런은, 다른 사람의 행동을 보는 것만으로도 나의 거울 뉴런도 활성화된다. 한마디로 인간의 뇌 속에 있는 거울 뉴런은 따라쟁이이다. 애들 앞에서 물도 못 마신다는 속담도 있듯이 아이들은 거울 뉴런을 통해서 부모를 보고 그대로 보고 배우며 따라한다. 그래서 아이들은 부모의 거울이라고 한다. 그러니 아이들의 눈에 보이는 부분이 얼마나 조심스럽겠는가.

성공한 어느 기업가가 많은 직원으로부터 박수를 받았다. 그런데 그의 가족들은 아무도 박수를 쳐 주지 않았다. 과연 성공한 기업가일까.

제홍이가 국비유학 장학생 시험에 1차 합격한 후 2차 면접을 볼 때 일본과 한국 면접관 5명이 질문을 했다.

"제일 존경하는 인물이 누구입니까?"

"엄마입니다."

"엄마를 존경하는 이유는 무엇입니까?"

제홍이는 가족을 위해서, 자녀를 위해서 한 엄마의 희생에 대해서 이야기했다.

5명의 면접관은 모두 박수를 쳤다. 나는 그 소리를 듣고 "왜 엄마라고 그랬어. 유명하고 훌륭한 사람을 말해야지." 그런데 제홍이 대답은 "엄마는 존경받아 마땅한 사람입니다"라고 했다.

이런 말은 한 번도 한 적이 없는데 면접관들 앞에서 당당하게 엄마를 가장 존경한다고 말하는 제홍이. 기분이 묘했다. 아이들에게 엄마가 너희들을 위해서 희생한 것이라고 말한 적도 없고 내색 한 번 한 적도 없다. 아이들이랑 많은 이야기를 했지만 누구를 존경하는지에 대해서는 물어본 적도 없었다. 사실 나부터도 존경할 사람이 없으며 존경이라는 단어가 흔히 사용하는 단어도 아니지 않은가. 난 그저 우리 아이들 반듯하게 키워야 한다는 생각으로 온몸을 던졌을 뿐이다. 그냥 열심히 살았는데 엄마로서 당연한 것이라고 생각했는데 인간의 뇌에 있는 따라쟁이 거울 뉴런은 엄마의 모습을 본 아이들의 마음속에 존경심으로 엄마를 포장해 주었다. 아들이 이렇게 생각하고 있다는 자체가 고마웠다.

아, 20년이 넘는 세월, 강산이 두 번 바뀌고 더 바뀐 세월, 엄마의 고생을 알아주다니 눈물이 났다. 지금까지 고생한 것들이 눈물 속에서 주마등처럼 지나갔다. 고생, 고생, 징그럽게도 많이 한 고생이 물거품처럼 사라져 갔다. 서로 말은 하지 않아도 눈으로 보고 배우는 거울 뉴런. 내 행동이 잘된 것인지 잘못된 것인지 판단이 되지 않을 때 우리 아이들이 보고 똑같이 따라한다면 어떨지 생각해 보면 금방 답을 찾을 것이다.

가장 잘한 것과 가장 잘못한 것

아이들이 모두 떠나고 50 넘은 나이에 내 인생을 뒤돌아보았다.

반듯하고 엄격하고 예절을 중시하는 집안의 부지런하고 생활력이 강한 부모님에게서 1남 3녀 중 장녀로 태어났다. 넉넉하지 않은 형편이었지만 예나 지금이나 형제애가 좋으며 어느 누구도 부모님께 말대꾸 한번 한 적 없는, 서로 아끼고 사랑하고 위해 주는 그런 집안에서 자랐다. 아버지의 갑작스런 사고로 서울로 올라온 나는 결혼이라는 걸 하게 되고 두 아들의 엄마가 되었다.

숨 막히게 힘들게 살아온 세월, 이제 아이들 대학 공부 마치고 군대 갔다 와서 취직하면 이제 내 의무는 끝나는 것이다. 그때부터는 내 노후 준비를 하면 어느 누구에게 도움을 받지 않아도 사는 것은 지장이 없다.

옆도 뒤도 보지 못하고 살아온 세월, 내 인생에 있어서 제일 잘한 일은 두 아들을 얻은 것이었고, 제일 잘못한 일은 남편과 결혼을 한 것이다. 분명 이 말에 어폐가 있다는 것을 알고 있다. 그러나 이렇게밖에 표현을 할 수가 없다. 다만 내가 말할 수 있는 것은 너무 착한 두 아들을 얻었기에 이렇게 고생하고도 이 결혼을 후회하지는 않는다는 것이다.

솔직히 지금 이렇게 전 남편에 대해서 말하는 것이 편하지만은 않다. 그래도 아이들의 아빠이니까. 내 인생에서 가장 잘못한 것이 결혼이란 이유는 가장이란 남편이 가정을 책임지지 않는 것이었다. 한마디로 생활력이 없었다. 그래서 일을 하지 않는 것이다. 한 달 일을 하면 두 달을 놀았고, 두 달 일을 하면 일 년을 놀았다. 내가 일을 할 테니 집에서 아이들만 봐달라고도 했다. 그런데 도박에 빠진 남편은 막을 방법이 없었다. TV에서 '바다이야기'라는 오락실에서 도박하는 뉴스가 나올 때 우리 집은 벌써 바다이야기가 휩쓸고 지나간 뒤였고, 도박이란 도박 종류는 빠삭한 도사가 되었다.

이 도박을 끊기 위해서 서울시내 상담센터부터 정신병원까지 다 알아보며 어떻게든 정신을 차리게 하려고 할 수 있는 것은 다 해 보고 정말 별짓을 다 했다.

상담을 하다 보니 남자들에게 병이 세 가지 있는데 바람과 술과 도박이라고 했다. 그중 바람을 피우는 것은 결국 조강지처에게 돌아온다는 것이고, 술은 자신이 알코올 중독에 빠지는 것이다. 그런데 도박은 돈이 없으면 돈을 구하기 위해서 무슨 사고를 칠지 모르기 때문에 도박중독이 제일 위험하다고 했다.

두 아이들이 7살, 4살 때에 아이들이 나눴던 대화 내용이다. 아이들이 교회 유치부에서 천국 가는 길은 좁고 힘들다고 배웠다고 한다. 모처럼 네 식구가 산을 올라가는데 가파르고 비탈진 길을 오르던 제홍이가 힘이 들었는지 끙끙거리며 말했다.

"형, 선홍이 형."

"왜?"

"이 길이 천국에 가는 길인가 봐."

"왜?"

"천국 가는 길이 좁고 힘들다고 했는데 여기 올라가기가 너무 힘들잖아."

"응, 그런데 여긴 천국 가는 길이 아니야."

"왜?"

"아빠가 올라가고 있잖아."

"빛아, 아빠가 가는 곳은 천국이 아니야."

이런 두 아이의 대화를 듣고 있는데 웃음이 났다. 그리고 한편으로는 씁쓸했다.

그 어린 나이에도 아빠는 천국을 갈 수 없는 사람으로 비춰지고 있었다.

전 남편은 도박을 하기 위해 돈이 필요했다. 돈을 구하기 위해 거짓말은 갈수록 늘어나고 여기저기서 독촉장들이 날아오고 심지어는 사람들도 찾아왔다.

"나는 나 혼자 몸도 책임 못 지는데 아이들을 어떻게 책임져. 나는 아이들 몰라. 나는 아이들 안 볼 거니까 인연 끊어" 하고 소리소리 질렀다.

"야, 나는 너희들 몰라. 나는 너희들 책임 못 지니까 너희들은 너희들이 알아서 살아. 알았어? 그리고 우리 부자지간 인연도 끊어.

인연 끊고 살자고. 알았어?" 하며 어린 아이들에게까지 소리를 질러댔다. 그렇게 나는 양육사금 한 푼 받지 못하고 혼자서 두 아이들을 맡아서 책임지고 키웠다. 아이들 키울 때 우리 집 가훈은 '아이들 잘 키우는 것이 돈 버는 것이다'였고 목표는 아빠처럼 안 키우는 것이었다. 그리고 우리 집에서 제일 듣기 싫은 소리와 제일 심한 욕이 '아빠를 닮았다'는 소리였다.

  법은 멀고 주먹은 가깝다고 누가 말했던가. 헤어지고 나서도 내가 무슨 물주라도 되는 것처럼 돈만 필요하면 생명의 위협을 느낄 정도로 협박을 해 왔다. 결국 협박에 못 이겨 아이들과 20년이 넘도록 살고 있는 내 집마저 빼앗기고 말았다. 아무런 힘도 없이 빈털터리가 된 나는 6.25 때 북한군을 피해 보따리를 머리에 이고 남쪽으로 피난을 가는 것처럼 아이들을 데리고 전 남편을 피해서 낯선 곳으로 피난 아닌 피난을 가야만 했다. 입에 담을 수도 없는 무서운 협박을 피할 수만 있다면 아이들 키우며 20년이 넘게 살던 동네를 떠나야만 했다. 그렇게 겨우 지하방 하나를 얻어 이사할 수 있는 것만으로도 감사했다.
  그리고 도둑고양이처럼 숨어서 살 수 있는 것만으로도 얼마나 감사한지, 대한독립 만세는 이럴 때 외쳐야 하는 것이 아닐까 싶을 정도였다.

4 산정특례자

억울해도 이렇게 억울한 일이 있을까?

여자의 이름을 포기하고 살면서 부모라는 이유로, 엄마라는 이유로 한 집안의 가장이 되어 앞만 보고 달리던 어느 날, 언제부터인가 주차장 건물에 차를 주차하고 올 때면 발자국 소리가 이상하게 들린다. '어 이상하다. 왜 이러지. 왜 이러지.' 발을 뒤꿈치부터 디뎌 보기도 하고 뒤꿈치를 들고 까치발로 걸어 보기도 하며 발 딛는 것에 변화를 줘 보았다. 그래도 이상한 소리가 들리는 것은 매한가지였다. 그때쯤 만나는 사람들마다 병원을 가 보라고 한다. 시간이 지남에 따라 매일 보는 사람들마저도 이상하다며, "언니야, 병원에 가봐. 꼭 중풍 걸린 사람 같아." "2차 병원까지 갔었는데 아무 이상 없다고 더 있다가 오래."

이렇게 시간이 지나고 고향엘 갔다. 이때 엄마가 보시고 깜짝 놀라셨다. "영순이 중풍 오는 것 아니냐" 하시면서 밤새 잠 한숨 못 주무셨다. 결국 중풍이 아니라는 걸 아시고 나서야 한시름 놓으셨다.

그리고는 "영순아, 혼자 있어서 잘 해먹지도 않으니까 몸이 안 좋아진 것 같다. 몸이 삐딱하게 삐뚤어져서 못 보겠더라. 한약 잘 짓는 데 알아 놓았으니 녹용 한 재 지어 줄 테니 언제 한번 왔다 가

라. 네가 마음에 걸려서 안 되겠다" 하는 엄마 말씀에 울컥하며 눈물이 핑 돌았나. 속상했다. 그리고 미안했다. 내가 어릴 때도 많이 아파서 엄마가 이곳저곳을 데리고 다니셨는데 50이 넘은 자식이 아프다고 팔순을 바라보는 지금까지도 딸 걱정을 하게 하니 이것이 불효가 아닌가 말이다.

　　많은 병원을 다녔다. 하지만 원인을 알 수가 없었다. 결국 서울대병원으로 예약을 했다.

　　신경과 근신경을 보는 선생님께 예약을 해주겠다며 일단 그곳에서 보고 다른 과로 갈 수 있다고 했다.

　　추석연휴 전날 간 서울대병원에서 "어떻게 왔나요"라는 질문에, "예, 손을 이렇게 하면 손동작이 떨리고 다리가 이렇게⋯" 하고 말이 채 끝나기도 전에, 선생님이 물었다.

　　"변비 없으신가요?"

　　"완전 너무 심해서 몇 번이나 죽을 뻔하고, 구급차 부를 뻔했습니다."

　　"갑상선은요?"

　　"침샘검사 몇 번 했습니다."

　　"손 이렇게 해 보세요."

　　"다리 이렇게 해 보세요" 하더니 물었다.

　　"언제부터 이런 증상이 있으셨나요."

　　"확실히는 모르겠는데 다리는 1~2년쯤, 팔은 6~12개월쯤, 확실하지 않습니다."

　　"진행된 지 벌써 3~4년 넘었습니다. 약을 한 달분 줄 테니 꼭 꼭 챙겨 먹으세요."

그리고는 간호사만 알아들을 수 있는 말을 몇 마디 하고 신경과 파킨슨과로 옮기라고 했다. 그리고 그 과 진료날짜 봐서 약을 더 맞추어 주라고 간호사에게 말을 했다.

"선생님 확신하시나요?"

질문이 끝나기도 전에 바로 대답했다.

"확신합니다. 그리고 약 잘 챙겨 먹어야 합니다. 앞으로 신경외과도 가야 하고 재활의학과도 가야 하고 갈 길이 멉니다"라는 말을 덧붙였다.

사람들이 왜 서울내병원, 서울내병원 하는지 일 있다. 아무린 검사를 하지 않았는데도 증세만 보고 무슨 병인지 바로 알아내는데 내가 갔던 ○○병원도 2차 병원이고 신경과 전공과에서도 알지 못하고 아무 이상 없으니 더 이상이 생기면 오라고 했었다. 이래서 병원을 잘 가야 된다고 하는 것인가 보다.

선생님은 아무런 의학적인 검사를 하지 않았는데도 '확신한다'는 대답을 했다. 아무 생각 없이 간호사를 따라 파킨슨과로 갔다. 다행히 취소된 한 자리가 2주 후에 있다고 예약을 해주었다.

진료비를 계산하러 수납으로 갔는데, "병명 아시지요. ○○○○○로 지정되어서 진료비 할인이 되니 취소하고 다시 계산해 드릴게요" 하며 치료 전에 계산한 것을 취소를 했다.

깜짝 놀라며 물었다.

"예? 병명이 무엇인데요?"

"그건 여기서 알 수가 없으니 안에 가서 다시 물어보세요" 하는데 순간 기분이 이상했다.

무식하면 용감하다고 했다. 파킨슨 이름은 들어보았지만 그 병에 대해서는 전혀 아는 것이 없었다. 파킨슨 전문과로 옮기라고 하니 이제 정확한 병명을 알았으니 치료만 잘 받으면 된다고 생각했을 뿐 담담하게 아무 걱정도 하지 않았다. 그런데 얼마 전에 아는 사람이 암 수술을 했는데 무엇으로 등록을 했다는 말이 생각났다.

"○○○○○ 그게 무엇이에요? 혹시 암 환자들 등록하는 것, 그런 것인가요?"

"예."

"암 환자는 5년인데 이건 몇 년인가요?"

"똑같이 5년입니다."

"헐, 이게 무슨 말이야."

놀라지 않을 수가 없었다.

용어도 생소한 '산정특례자'는 난치성질환이나 유전성질환, 희귀성질환, 암 등과 같이 치료비가 많이 들어가거나 치유가 어려운 환자들에게 국가에서 지원을 해줌으로써 환자 본인에게 부담을 덜어주기 위한 것이라는 걸 나중에 알게 되었다.

마음이 다급해졌다.

'파킨슨이 희귀병이라고.'

'내가 희귀병에 걸렸다는 거잖아. 왜? 이게 말이 돼?'

'내가 혜택을 달라고 신청을 하지 않았는데 자동으로 산정특례자

로 지정될 정도로 심각한 병이란 말인가.'

　다듬잇방망이질을 하듯 가슴이 뛰기 시작했다. 잔잔한 호숫가에 갑자기 해일이 일며 쓰나미가 밀려오기 시작했다. 쓰나미가 밀려와 모든 걸 휩쓸어가기 직전, 잠깐 사이에 네이버 박사를 찾았다. 네이버 박사는 느긋하게 파킨슨에 대해서 가르쳐 주었다.

　파킨슨은 뇌의 도파민 신경세포가 소멸되면서 생기는 희귀병으로 불치병이며 우리나라 60세 이상 인구의 1%인데 50세 이전 발병은 그 1% 중 10%라고 한다(이런 확률이면 로또를 사도 당첨되는 확률이다). 쉽게 말해서 뇌에 이상이 생겼고 도파민을 만드는 신경세포가 사라지면서 생기는 희귀병으로 이 병이 한번 생기면 합병증이 무서운 병이라고 했다.

　나중에는 밥 먹는 것도 혼자서 못 하고, 세수하는 것도 혼자서 못 하게 된다고… 헐! 갑자기 폭풍우를 동반한 쓰나미가 무섭게 밀고 왔다.

　수납에서 계산하는 동안 직접 찾아본 정보인데도 믿기지 않았다. 파킨슨이란 말은 들어 보았지만 불치병인 줄도 몰랐고, 정상 생활을 할 수 없다는 것은 더더욱 몰랐다. 눈물이 핑 돌았다.

　집에 와서도 컴퓨터를 좋아하지 않는 내가 정보를 찾기 위해서 컴퓨터 앞에 앉았다.

　서울대학교병원 의학정보에 의하면 현재까지 행해지는 파킨슨병에 대한 치료는 주로 증상을 완화시켜 환자가 최대한 일상적인 생활을 유지할 수 있도록 돕는 것이다. 파킨슨병은 신경계의 만성 진행성 퇴행성 질환이므로 환자의 증상은 서서히 악화되고 다양한 합병증으로 인하여 심각한 장애를 나타내고 사망에 이르게 된다고 한다.

한마디로 고통을 주는, 아주 나쁜 몹쓸 병인 것이다.

파킨슨에 대한 정보를 보면 볼수록 무서운 병이었다. 전 세계적으로 아직 완치가 없는 병으로, 파킨슨으로 사망하는 일은 없지만 그 합병증으로 고통을 겪다가 사망을 하게 된다는 것이었다. 무엇보다 충격적인 것이 일상생활을 혼자서 할 수가 없는 병이란다.

눈물이 났다. 등을 벽에 기대고 쪼그리고 앉아 울기 시작했다. 엉엉 울었다. 옆집에 들리면 어쩌지 하는 생각도 없이 아기처럼 그냥 엉엉엉 울었다. 울고, 울고 또 울었다. 죽는 것은 무섭지 않은데 혼자서 일상생활을 못 한다는 것을 받아들일 수가 없었다. 한참을 울다가 두 다리를 쭈욱 뻗고 또 울었다. 평생 울었던 것보다 더 많이 울었다. 한참을 울고 나니 지나간 내 인생이 큰 스크린에 담긴 영화가 되어 주마등처럼 지나갔다.

지금까지 살아 오면서 대성통곡을 하고 울고 싶을 때가 왜 없었겠는가. 소리내어 실컷 한번 울고 싶어도 울지 못하고 참고 또 참으면서 살아온 날들이 어디 한두 번이겠는가. 나라는 사람은 없고 말처럼 앞만 보고 달리고 소처럼 일만 하고 살아온 나날들, 오로지 아이들만 반듯하게 키우면 된다고 희생만 하고 살아온 내 청춘, '그래, 인생은 60부터야'라고 스스로를 위로하며 하고 싶은 것 하나 못 해 보고 여행 한번 못 가 보고 살아온 인생. 눈물이 났다. 나중에 하면 되지. 나중에 하면 되지. 아이들 다 키워 놓고 나중에 하면 되지 하고 꾹꾹 참으며 가슴속에 묻어둔 것들이 뭉클뭉클 아픔이 되어 가슴에 맺히며 통증으로 다가왔다. 얼마나 울고 울었을까, 몇 시간을 울고 울었건만 눈물은 끝이 없었다. 주마등처럼 지나간 인생 영화가 끝나는가 싶더니 바로 2편이 시작되었다.

　내 꿈과 나의 미래가 송두리째 사라질 앞으로의 일이 생각났다. 지금까지 내가 하고 싶은 것 하나도 못 하고 모든 것들은 65세부터 할 것이라고, 그때부터 즐기면서 신나게 살 것이라고 미루어 두었던 것들, 나의 꿈들이, 나의 미래가 순식간에 동째로 없어져버린 것이다. 나의 미래를 위해서 희생하며 참고, 참고, 또 참으며 살아 왔는데 여행은 고사하고 움직이는 것조차 내 마음대로 할 수 없게 되다니 말이 되는가.

　혼자서 화장실도 못 가고, 혼자서 밥도 못 먹고, 혼자서 세수도 못 하고, 이런 기본적인 일상생활을 내 스스로 못 하고 누군가의 도움을 받아서 생활을 해야 한다니, 미치고 환장하고 팔짝 뛸 일이다. 이것이 말이나 되는가. 하늘이 내려앉는 것 같았다. 도저히 받아들일 수가 없었다. 잠시 잦아든 눈물은 또다시 터져서 흘러내리기 시작했다. 그리고 또 울었다. 엉엉엉, 목 놓아서 엉엉엉 울었다.

　폭풍을 몰고 온 쓰나미는 결국 산을 무너트려 산사태를 일으키고 온 마을을 흙더미로 덮어버리고 말았다.

　얼마 전에 돌아가신 아버지 생각이 났다. 나는 죽으면 죽었지 절대로 아버지처럼 살고 싶지 않았다. 아버지는 직장에서 일을 하시다가 사고를 당했다. 머리에 시쳐를 달아야 할 정도로 머리 수술을 수없이 했는데도 거의 40년을 심각한 장애를 가지고 사셨다. 물론 혼자서는 기초적인 일상생활을 할 수 없는 것은 당연한 것이었고, 하나부터 열까지 엄마의 도움을 받아야만 했다. 아버지의 손과 발이 되어 제대로 외출 한번 못 하신 엄마도 아버지와 같이 창살 없는 감옥에 갇혀서 사셨다. 엄마의 고생도 이루 말할 수 없지만 장장 40년을 장애를 안고 사신 아버지, 어릴 때부터 보아 온 아버지의 그 암담한 생활을 나도 하게 된다는 것이 정말이지 죽으면 죽었지 받아들일 수가 없었다. 하루아침에 장애인이 된 아버지의 마음도 죽기보다 힘들었겠지만 죽는 한이 있어도 아버지처럼 그렇게 살고 싶지는 않았다.

그런 아버지를 생각하니 눈물이 하염없이 흘러내리고 아무도 없는 방 안에서 그냥 엉엉엉 목 놓아 그렇게 울었다. 엉엉엉.

울면서 생각했다. '차라리 암이라면.' 암 환자를 무시해서도 아니고 암 환자들의 고통을 몰라서도 아니다. 다만, 암은 수술이라도 할 수 있으니까. 공기 좋은 곳에 가서 살고 관리 잘 하면 완치 판정도 받을 수 있으니까. 또, 무슨 음식이 좋다, 무슨 음식이 좋다 하며 좋은 음식으로 좋아지기도 하니까. 그런데, 파킨슨은 음식으로 대체할 수 있는 것도 없었고 수술로 고칠 수 있는 것도 아니었다.

약을 먹는 건 낫는 것이 아니고, 일상생활을 하며 진행을 늦추어 줄 뿐이라고 했다. 울다 울다 지칠 만도 한데 또 울었다. 그냥 계속 눈물이 났다.

이제 50대 초반인데 길어야 십수 년. 잘하면 환갑 때까지 살 수 있으려나. 아니 환갑 때까지 산다는 것이 중요한 것이 아니었다. 60을 살든 70을 살든 내가 사는 동안 내 스스로 움직일 수 있는 것이 더 중요했다. 가늘고 길게 사는 것보다 굵고 짧게, 내가 죽는 날까지 누구의 도움도 받지 않고, 나 혼자서 밥 해 먹고, 나 혼자서 세수하고, 나 혼자서 화장실 가고, 나 혼자서 옷 입고, 이런 기초적인 일상생활들을 깔끔하게 스스로 할 수 있을 때까지만 살 수 있으면 좋을 텐데, 그러면 딱 좋을 텐데, 이런 기초적인 일상생활들조차도 혼자서 못 하게 된다고 생각하니 가슴이 메어 왔다.

아이들은 어떡하시. 임마가 없으면 아이들이 힌국에 왔을 때 짐을 어디서 풀지. 엄마가 없으면 집이 없어지는데 어떡하지. 어려운 가정에서 고생고생 하면서도 착하게 열심히 살아온 아이들, 이제야 날개 달고 세상으로 훨훨 날아가려 하는데 아이들 발목을 잡을 수가 없었다. 아이들에게 짐이 되고 싶지 않았다. 죽는 한이 있어도 아이들에게 짐이 되고 싶지 않았다.

그래서 큰 결심을 했다. 내 스스로 움직일 수 있을 때까지만 살고 내 스스로 움직이지 못하고 누군가의 도움을 받아서 살게 되면 죽어야 되겠다고 생각을 했다. 움직이지 못하고 누워만 있던 아버지를 생각해 보았다. 아버지처럼 아예 움직이지 못하면 죽고 싶어도 죽을 수가 없으니 어느 정도 살다가 혼자서 생활이 안 되겠다 싶으면 죽어야 되겠다고 결심을 했다. 그래서 내가 움직일 수 있을 때 죽을 준비를 미리 해 놓고 죽는 연습을 하기로 했다. 이렇게 마음

먹고 나니 이것도 결정이라고 마음이 한결 정리가 되며 안정이 되 있다.

이렇게 멋지게 꿈꾸어 오던 나의 미래는 인어공주가 사랑하는 왕자의 행복을 위해서 스스로 바다에 뛰어들어 물거품이 되어 사라지는 순간처럼 나의 노후, 나의 멋진 미래는 송두리째 물거품처럼 사라지고 말았다.

서울대병원에서 시작한 치료는 교통편과 편의를 위해서 아산병원으로 옮겼다. 서울대병원에 처음 갈 때만 해도 몰랐었는데, 기다리는 두 달 사이에 약을 계속 먹지를 못해서 그런지 병이 빠르게 진행되었다. 진료를 기다리는 두 달 사이에 생긴 이상한 증세들에 대해 말을 했다.

제일 심한 것이 일단 중심이 안 잡힌다는 것부터 바지를 입을 때 자꾸 넘어지려고 해서 벽에 기대고 옷을 입어야 한다는 것과 팬티를 입는 짧은 순간마저도 한쪽 다리를 들면 중심을 잃는 것이었다. 버스를 타고 손잡이를 꽉 잡고 있는데도 차가 정지를 하면 다리에 힘이 없어 저만큼 밀리는 얘기까지. 마치 두 다리는 장식이고 두 손으로 잡고 매달려 가는 것처럼 다리에 힘이 없다고 했다. 손에 가방이라도 들고 있으면 한 손으로 손잡이를 잡고 가는 것은 불가능해서 가방은 백팩을 사용하고 자유가 생긴 두 손으로 손잡이를 꼭 잡아야만 버스를 탈 수가 있었다. 이 말이 끝나기가 무섭게 의사 선생님이 말했다.

"머리에 이상이 생긴 것이 확실하네요." 그리고는 "검사를 이것저

것 많이 해야 되겠습니다"라고 했다.

"변비는 어느 정도 심한가요?"

"파내야 할 정도입니다."

"그 정도면 해볼 건 다 해 보았겠네요."

"예."

"앞으로 계속 힘들 겁니다."

내장기관을 다스리는 신경세포가 사멸되면서 배변활동이 힘들 거라고 했다. '그래서 이렇게 힘들게 했구나.' 그놈의 변비, 한번 힘들면 하루 종일 드러누워 바깥출입을 못 할 정도로 힘들게 했었다. 그런데 앞으로도 계속 그렇다고, 병이 심해지면 더 심하게 될 거라는 사실이 내가 불치병에 걸린 것보다 더 걱정이 되었다. 앞으로도 똥과의 전쟁은 계속된다는 말인가! 정말 목숨을 걸어야 할 정도로 힘든 똥과의 전쟁이다.

의사 선생님은 호구조사를 하듯이 남편이 같이 와야 하는데 왜 같이 안 왔는지, 자녀는 몇 명인지, 아들은 몇 살이고 무엇을 하는지, 형제는 몇 명인지. 형제들은 어디에 사는지, 가족들에게 꼭 알리고 같이 와야 한다고, 혼자서는 못 견딘다고 꼭 꼭 가족들에게 말하고 같이 오라고 했다.

진료실에서 나온 후 파킨슨을 담당하는 선생님을 만나 사람마다 다양하게 나타나지만 앞으로 다가올 것들을 조금이라도 연장하기 위해서 꼭 필수로 해야 하는 운동 방법과 약 먹는 방법, 금지 약물까지 주의사항들에 대한 설명을 들었다. 선생님은 파킨슨에 관한 안내장과 작은 책자들을 가득 담은 가방을 선물이라며 내밀었다. 반갑지 않은 선물로 받은 흰 가방을 베고 여러 가지 검사를 예약했다.

검사비는 200만 원 정도. MRI 같은 검사는 새벽 2시에도 새벽 4시에도 예약을 했다. 집에서는 나 혼자 아픈 것 같은데 병원에 가니 왜 이렇게도 아픈 사람들이 많은지.

한 달 후, 검사 결과가 나왔다. 의사 선생님은 정상인의 뇌 사진과 나의 뇌 사진을 같이 놓고 비교하며 보여 주었다. 누가 봐도 알 수 있을 정도로 확연한 차이가 났다.

"다행히 걱정했던 파킨슨 증후군이나 다른 증상은 안 보입니다."

"오늘 날짜로 파킨슨 산정특례자로 등록됩니다."

2015년 12월 3일이었다.

심장이 멈추어 사망했을 때 의사가 시계를 보며 사망선고를 하는 듯한 기분. 딱 그런 기분이었다.

다행히도 파킨슨이었다. 파킨슨이 다행이라고 하니 이상하지만 그래도 내 증상에서 이 정도가 천만다행이라고 한다. 앞으로 파킨슨의 유사한 증상이 나타나는지 관찰도 잘 해야 하고 유전자 검사도 해야 한다고 앞으로 갈 길이 멀다며 서울대병원 의사 선생님과 똑같은 말을 했다.

파킨슨이라 다행이라며 평생을 같이 지내야 한다고 하지만 나는 낯선 이름의 파킨슨이랑 잘 지내고 싶지 않다. 하지만 평생을 같이 있어야 한다니 이름이라도 바꾸기로 했다. 그래서 '미스 파.' 이제부터 나의 책에 나오는 파킨슨은 '미스 파'이다.

"아들에게 얘기했습니까?"
"아니요."
"왜 얘기 안 합니까. 빨리 말을 해야죠."
"군대 있는 아들에게 어떻게 말을 해요."
"약 먹고 어떻던가요."
"잘 모르겠는데 남들이 사람이 덜 삐뚤어졌다고들 합니다."
"그거 다행이네요. 약을 좀 더 올리겠습니다."
"앞으로는 전쟁이 일어나도 약은 꼭 가시고 가야 됩니다. 약 없으면 도망도 못 갑니다."
그때는 왜 약이 없으면 도망도 못 간다고 하는지 알지 못했다.
그냥 그렇게 담담하게 진료를 마치고 검사 결과에 따라 처방전을 받았는데 골다공증 약이 추가가 되었고, 변비약 두 종류와 위 보호약과 도파민을 대체하는 약을 한 보따리 받아 왔다.

지금처럼 이 약을 먹으면 다리도 덜 절고, 손도 덜 떨리고, 폴더형 자세가 일자형으로 바뀌고, 행동이 조금은 빠르게 원상복귀가 되었다.
약을 먹지 않으면 근육이 차츰차츰 굳어 손가락 하나도 전혀 움직일 수가 없으니 전쟁이 일어나면 약부터 챙겨서 도망가야 된다는 말이 무슨 말인지 알게 되었다.

5 사라진 근로능력

혼자서 아이들을 키우면서 힘들게 살 때 미라 언니가 항상 말을 했었다.

"영순아, 주민센터에 가서 기초수급자 신청을 해 봐라."

그럴 때마다 "기초수급자는 무슨… 저는 해당 안 돼요" 하고 그냥 넘어갔다.

그런데 병원을 다니면서 계속 일을 못 했다. 이때에 미라 언니가 또 말을 했다.

"주민센터에 가서 기초수급자 신청을 해 봐. 그래서 기초수급자만 되면 보험 안 되어서 비싼 약값도 혜택을 받아 부담이 덜 될 거야. 그러니 기초수급자 신청해서 받을 수 있는 혜택을 다 받아."

사실 나는 한부모 가정으로 두 아이를 키우면서도 주민센터에서 한번의 도움도, 어떤 도움도 받은 적이 없다. 지금은 산정특례자로 지정이 되어 병원비가 확 줄어서 부담이 되는 것은 아니지만 복용하는 약 중에서 두 가지는 보험이 되지 않는 약이라 약값이 많이 나왔다. 기초수급자가 되면 다른 것은 혜택을 못 받아도 약값에 대한 혜택을 받을 수 있다고 하기에 주민센터를 방문하게 되었다.

"기초수급자 상담을 하러 왔습니다."

"신분증 주세요. 어디 아프세요?"

"예. 좀 아프다고 하네요."

"혹시 병명이 무엇인데요?"

"파킨슨이래요."

"파킨슨은 근로능력이 없습니다. 1년 후에 장애 진단도 나옵니다."

"헉!"

잠시의 망설임도 없이 "파킨슨은 근로능력이 없다"고 하는데 그 말을 듣는 순간 눈물이 핑 돌다 못해 주르륵 흘러내렸다. 100m 날리기를 하기 위해 준비하고 있다가 "땅" 하는 총소리와 함께 질주라도 하듯이 기다리고 있기라도 한 것처럼 그렇게 주르륵 흘러내렸다.

젊은 사람 앞에서 눈물을 흘리는 게 창피해서 얼른 눈물을 닦았는데 소리 없이 흐르는 눈물이 길거리 상수도관이 터져서 나오는 물줄기처럼 계속 흘러내리는 것을 겨우겨우 닦고 멈추었다.

"파킨슨은 근로능력이 없어서 신청할 수 있습니다. 서류 준비해 드릴까요."

"어떤 서류인데요."

"서류가 좀 많습니다."

진해에 계시는 엄마에게도 서류 보내서 사인 받아 오고 일본에도 서류 보내서 아들에게도 사인을 받아 와야 된다고 한다. 엄마는 내가 아픈 것도 모르는데 이렇게 사인하고 많은 서류를 준비해서 넣은 후 재산조사를 하고 나면 매달 50만 원 중 현금은 43만 원 정도 지급을 해 준다고 한다.

수급 자격은 일단 자동차는 차 값은 따지지 않고 경차만 해당이 되고 재산은 전세보증금 포함, 보험 해약금 모두 포함해서 5,400만 원까지라고 한다. 그리고 5,400만 원에서 부족한 부분만 채워 준다는 것이다. 그나마도 아들이 군대에서 제대하고 와서 취업하면 이것도 끝이라는 것이다.

이 말을 듣고 나니 서류를 준비할 필요도 없었다. 지금까지 직장 다녔는데 보증금에 국민연금만 해도 해당사항이 안 되는 것이었다.

우리가 살던 동네에서도 재산이 있는 사람들이 임대아파트에 살면서 기초수급자가 되어 혜택을 받는 사람들을 많이 봤다. 그 사람들은 전세보증금도 다른 사람 이름으로 해 놓으면서 명의를 바꾸어 놓는 것을 보았는데, 그땐 왜 그런지를 몰랐었다. 주위 사람들은 말을 한다. "그 사람은 재산이 얼만큼 있는데도 기초수급자 하던데." "누구도 재산이 있는데 했어." "아들이 있는데도 하던데." 그랬다. 실제는 그러한데 막상 내가 도움이 필요해서, 지금 이 순간이 힘이 들어서 평생 처음으로 도움을 청하려고 하는데 실상은 그렇지를 않았다.

그렇게 상담을 하고 주민센터를 나오는데 발걸음이 얼마나 무겁던지. 발걸음이 천근만근이라는 말을 이럴 때 쓰나 보다. "근로능력이 없다"는 말이 계속 귓가에 맴돌았다. 또다시 눈물이 흐른다. 지나가는 사람들이 쳐다보는데도 그냥 눈물이 흐른다. 9월 25일 처음 병명을 들은 날부터 매일매일 얼마나 울었는지 정말 징글징글하게도 많이 울었다. 하도 많이 울어서 눈물이 다 말랐을 것 같은데 또 눈물이 난다.

나는 지금 이렇게 약 먹고 멀쩡한 것 같은데 근로능력이 없다고 하니 참 기가 막히고 코가 막힐 일이었다. 어처구니가 없었다. 5년을 살든 10년을 살든 약 먹고 있으니까 사는 날까지는 지금처럼 활동하고 움직일 수 있고 이렇게 살았으면 좋겠는데, 자료들을 찾아보면 그렇지가 않았다. 파킨슨 정말 힘들고 무서운 병이었다.

지금 이 순간 내가 아프다는 것보다 나를 더 힘들게 하는 것이 바로 이것이다.

나는 우리 집 가장으로서 일을 해야 하는데, 앞으로 몇 년은 일을 더 해야 하는데 일을 할 수가 없다는 것이 나를 더 힘들게, 정말 힘들게 한다.

큰아들 군복무 중이고 작은아들 아직 학생이고, 지금처럼 일을 해야 하는데 근로능력이 없다면 생활비는 어떻게 하냐고, 내가 가장이고 나를 책임질 사람이 아무도 없기에, 내가 나를 책임져야 하는데 근로능력이 없다는 말은 나를 너무 슬프게 하고 힘들게 하고 마음을 아프게 했다.

닭똥 같은 눈물을 뚝뚝 떨어트리면서 가는 나를 바삐 지나가는 많은 사람들이 쳐다보는 것도 아랑곳없이 집으로 가는 길은 마치 「헨젤과 그레텔」에서 집을 찾아가는 길을 표시하기 위해 빵 조각을 떼어 길에 뿌리면서 가는 것처럼 주민센터에서 집으로 가는 길을 눈물로 표시를 하고 가는 것이었다.

집에 돌아와서는 자리를 잡고 앉아서 또 울었다. 처음에 서울대병원에서 파킨슨이라고 했을 때보다, 파킨슨이 불치병인 것을 알았을 때보다, 근로능력이 없다는 지금이 더 눈물이 났다.

어느 책에서 본 내용인데 미국 어느 기관에서 '사람이 언제가 제일 행복한지'에 대해 조사를 한 것을 본 적이 있다.

돈이 많은 것도 아니고, 여행을 다니는 것도 아니고, 사랑을 할 때도 아니었다. 제일 행복한 때는 바로 '일을 할 때'였다. 사람들은 일을 하고, 돈을 벌고, 그 돈으로 생활을 하고, 여행도 다니고, 봉사도 하고, 취미생활을 하고, 희망을 가지고 꿈을 이루어 간다. 일을 통해서 보람을 느끼고 생활의 즐거움을 찾는다고, 일할 때가 제일 행복하다고 했던 것이 기억이 난다. 맞는 말이다.

나도 지금까지 일할 때가 제일 행복했다. 아들 둘 이만큼 키우고 공부시키고, 내가 일을 하지 않았다면 어떻게 되었을까, 지금까지 산모들과 같이 울고 웃으며 강산이 변한다는 세월을 같이한 시간들이 어찌 힘들지 않았겠는가. 그래도 힘이 들면서도 아이들을 생각하며 한 가정의 가장으로서 엄마의 위치에서 열심히 일할 때가 제일 행복했다.

한국에서도 아이 둘 대학 보내면 학자금 대출 받아야 하는데, 나는 아이들 유학을 보냈으니 그것도 여자 혼자의 힘으로 얼마나 열심히 일을 했을까. '나 홍영순'이라는 사람은 없었고 '엄마'와 '홍 실장'만 존재했지만 나로 인해서 아이들이 하고 싶은 공부를 할 수 있었고 또 '엄마'와 '홍 실장'으로 충실했기에 내 가정을 지킬 수 있었던 것이 오로지 '일하는 것'에 행복을 느끼며 살았기에 가능한 것이었다.

돈만 많아서 쓰고 사는 것보다 이처럼 '일을 한다는 것'은 꿈을 이룰 수 있게 하는 것, 희망 그 자체인데 이렇게 꿈을 이룰 수 있는 '일'을 공식적으로 할 수 없다고 사형선고를 받은 느낌이었다.

또, 아들이 제대하고 나면 그나마 받을 수 있는 혜택도 없어진단다. 이 말인즉 내가 아이들에게 짐이 된다는 소리가 아닌가. 아이들에서 짐이 되지 않으려고 65세까지 일하고 65세부터는 일아지 않아도 '나 홍영순'을 찾으면서 신나게 즐기면서 살 거라고 노후의 계획을 얼마나 잘 세워 놓았는지 모른다. 그런데 '나 홍영순'을 찾아보지도 못하고 나의 노후가 산산조각이 나서 흐트러지는 것이다. 노후라는 단어는 고사하고, 내가 언제까지 누구의 도움을 받지 않고 나 스스로 움직이고 할 수 있을까. 일을 못 한다는 자체가, '근로능력'이 없다는 자체가 이렇게 나를 힘들게 한다. '근로능력'이 없어지면서 희망도 없어지고 꿈도 같이 없어지는 것이다. 이처럼 일이란 나에게 있어 행복을 만드는 제조기인데 이 행복 제조기가 박살이 나버린 것이다.

꼬마 김밥 아르바이트

내가 아프다고, 서류상에 근로능력이 없다고 적혀 있어도 나는 이렇게 무너지고 싶지 않았다. 지금 이렇게 움직이고 있는데 행복 제조기인 일을 가만히 눈 뜨고 포기할 수가 없었다. 나를 책임질 사람이 나뿐이기에 나는 뭐라도 해야 했다. 벌써부터 주저앉고 싶지 않았다. 그래서 김밥 싸는 일을 시작했다.

꼬마 김밥이 처음 나올 때 오토바이에 김밥 재료를 싣고 건널목이 있는 목 좋은 곳에 오토바이를 세워 놓고 김밥 싸는 일을 했다. 원래 손이 빠르고 김밥을 잘 말았기에 자신 있게 취업을 했다. 아침 출근 시간에 맞추어 새벽같이 나가서 바쁜 출근길에 아침을 못 먹고 가는 사람들의 김밥을 싸 주어야 하니 얼마나 손이 빨리 움직여야 될까. 내가 움직이기 위해서 약 먹는 시간보다 빠른 시간에 약을 먹고, 추운 날 겨울옷도 여러 겹을 껴입고, 양말을 여러 겹 신고, 추운 날 때문에 몸이 더 굳지 않도록 단단히 단도리를 하고 완전무장을 했다.

출근 시간 정신없이 김밥을 말았다. 고추김밥, 참치김밥, 야채김밥 등등 8가지의 김밥을 각양각색대로 주문을 하면 즉석에서 김밥을 만들어 주는데 출근 시간만큼은 화장실 갈 시간도 없이 바쁘게 지나간다. 비록 길에서 김밥을 싸고 있지만 그래도 내가 일을 할 수 있다는 것이 너무 좋았다. 추운 겨울, 가게도 아니고 노점에 서서 일을 하는데도 따뜻한 온돌방에 편안하게 누워서 자는 것보다 더 좋았다. 이것이 바로 일을 할 때 느낄 수 있는 것. 일이 행복 제조기이고 이것이 바로 행복인 것이다.

그런데 이 행복이 오래가지 않았다. 행복 제조기가 망가지고 말았다. 나는 그 사실을 알면서도 받아들이고 싶지도 않았고 인정하지도 않았다. 그런데 아무리 아니라고 하고 싶어도 몸은 따라 주지를 않았다. 바쁜 출근 시간 한창 김밥을 말고 있는데 손이 배터리가 다 닳아 없는 것처럼 천천히, 아주 천천히 움직이고 있었다. 나는 열심히 김밥을 말고 있는데 사람들은 주문을 하고 손에 돈을 들고 줄을 서서 기다리고 있었다. 김밥 한 줄이 나오는 데 얼마나 오랜 시간이 걸리는지 사람들이 서서 기다리다가 짜증을 내고 그냥 가버리는 일이 생겼다. 약도 잘 먹었는데 몸이 말을 듣지 않으니 사장이 직접 나섰다. 그런데 옆에서 돈을 받고 거스름돈을 내어 주고 사장이 싸 주는 김밥을 도시락에 담아서 주는 것만 하는데도 느리게 움직이는 손은 그것마저도 처리를 해주지 못했다.

주문을 받아서 김밥을 말아 도시락에 담고 돈을 받고 거스름돈을 내어 주고 혼자서 척척 하던 일을 사장이 김밥을 싸 주어도 못하게 되자 당연히 일을 그만둘 수밖에 없었다. 솔직히 그만둔 것이 아니라 아침 장사를 망쳤다고 야단을 맞고 잘린 것이다. 김밥 재료를 정리해서 오토바이에 담아 주고 집으로 오는 길은 말로 표현할 수 없을 정도로 슬펐다. 저것도 일이라고 천하의 홍영순이 저 일도 못 해서 잘리다니, 아침에 퇴근을 하며 집으로 오는 길에 눈물을 흘리지 않으려고 꾹꾹 참았는데도 집으로 들어오자마자 기다렸다는 듯이 울음이 터지고 말았다. 엉엉엉 하고 실컷 울고 나서야 이런 단순한 것도 못 한다는 것에 대해서 나의 자신감이 한없이 작아지고 있다는 것이 아픔으로 남았다. 이렇게 단순한 일에서만큼은 "근로능력이 없습니다" 하는 말을 인정하고 싶지 않았지만 이것마저도 인정을 해야 된다는 것이 나를 슬프게 만들었다.

그 후에도 또 다른 곳에서 일을 하다가 멈추고 119를 부른 적도 있고, 며칠 일한 것 병원비로 들어가니 끝이었던 적도 있다. 이렇게 하나를 잃게 되고 내가 작아지는 것을 느끼지만 그래도 나는 또 무엇인가를 할 것이다. 아니 뭐라도 해 볼 것이다.

내가 사는 이유

내가 세상을 살면서 제일 잘한 일이 바로 두 아들을 얻은 것이다. 나의 젊은 인생을 몽땅 투자해서 키운 아들들이며 내가 살 수 있도록 버팀목이 되어 준 아들들이다. '고슴도치도 자기 새끼는 예뻐한다'고 엄마니까 아들 사랑하는 팔불출 엄마가 아니라, 어디에 내놓고 자랑해도 될 정도로 정말 멋진 아들들이다.

아이들을 키울 때 산모들과 같이 모든 얘기를 하며 키웠는데 산모들은 아이들 키운 얘기를 책으로 쓰라고 했다. 아이들 키우는 얘기를 듣고 싶고 아이들 키우는 노하우를 배우고 싶다고, 일부러 '홍실장'을 찾는 사람도 있었다.

우리는 참 어렵게 살았다. 한부모 가정이라서 어렵게 산 것이 아니라 남편이 있어서, 아빠가 있어서 더 어렵게 살았다. 남편 때문에 세 식구는 똘똘 뭉쳐 한마음으로 서로를 위하며 살았다. 누가 가르쳐 준 것도 아닌데 '콩 한 톨을 나누어 먹어도 마지막에 먹는 사람 배터진다'고 했던 옛말처럼 껌 한 개가 있으면 3등분으로 나누고, 껍질을 벗겨서 입에 홀랑 넣어버리면 되는 사탕이 하나 있어도 깨어서 3등분으로 나누는 것은 우리 집에서는 당연한 것이었다. 두 아이들은 한번도 좋은 것 먼저 가지겠다고, 큰 것 먼저 먹겠다고 싸운 적도 없었다. 좋은 것이 있으면 형은 동생을, 동생은 형을 서로 챙겨 주며, 다정하고 사이좋은 아이들 덕분에 늘 뿌듯함으로 살았다.

예의바르고 도덕적이고 인성이 제대로 된 아이들! 늘 '엄마 친구 아들'로 불린 아이들.

친구 아들에게서 옷을 물려 입거나 학교 바자회에서 교복을 구해 입혀도 한번도 불평하지 않은 아이들, 어느 날 아침 다 낡은 교복을 입고 가는 아이들을 보며 "우리 아들들 공부도 잘하고 반듯하니까 볼 만하지, 만약에 공부도 못하고 이렇게 낡은 교복을 입고 가면 정말 쳐다보지도 못하겠다."

빳빳하게 다림질한 옷을 입지 않고 학교에 가도 선생님들로부터 최고의 인정을 받는 아들들이었다. 선생님들은 "학교에 너희 같은 아이들만 있으면 정말 좋겠다" 하고 노래를 부를 정도로 인정을 받았는데, 전교총학생회장이었던 형이 있는 학교로 동생이 가던 날 인성 되고 성적 좋은 아이가 우리 학교로 왔다고 교감선생님께서 직접 기다리기도 했다.

바빠서 임원인 아이들 학교에 가 보지 못해도 "어머니, 어떻게 하면 이렇게 키울 수 있어요? 이렇게 키운 어머니가 궁금합니다" 하면서 학교 선생님에게서 전화가 오기도 했다. 졸업식 날은 아들 잘 키웠다고 아들 덕분에 엄마가 표창장도 받았다.

한창 어려울 때 바빠서 걸어다닐 시간이 없어 뛰어다녔던 나는 일하다가 말고 화장기 없는 맨얼굴에 청바지 입고 잠바 입은 채로 나가도, 아들 이름으로 참석을 하는 자리는 언제나 아들 덕분에 제일 상석에 앉았고, 밍크코트 입고 멋 부리고 온 사모님 같은 엄마들에게서도 아들을 어떻게 키웠냐는 부러움을 한 몸에 받는 선망의 대상이었다.

그래서 나는 자신 있게 말할 수 있다. "두 아들 키우면서 나처럼 목에 힘주고 늘 다른 사람들의 부러움의 대상이 되어 살아온 사람 있으면 나와 보라 그래!" 하고 말이다.

또 엄마들이 제일 부러워하는 우리 십반의 특별한 행사가 있었다.

우리 집의 행사 중 하나로, 책 욕심이 많은 아이들은 학교 중간고사나 기말고사가 끝나면 PC방으로 가는 것이 아니라 교보문고나 영풍문고로 가서 마음껏 책을 본 후 사고 싶은 책 한 권을 사 오는 것이 우리 아이들의 정례행사(定例行事)이다. 이럴 때 사는 책은 학업과 상관없는 책 『잠수함학개론』, 『10년 20월』 등등 '밀리터리 매니아'로서 사고 싶은 책을 사는 것이다.

고등학교를 졸업하고 일본에 갈 때까지 퇴근이 늦은 엄마를 대신해서 항상 선홍이가 밥을 했다. 반찬이 없을 땐 유부초밥을 만들었는데 예쁘게 만든 것은 엄마 것으로 남겨 놓고 터지고 못생긴 유부초밥으로 제홍이와 나누어 먹었다는 사실을 선홍이가 일본을 가고 나서야 알았다. 밤에 세탁기 돌려 놓고 잠을 자면 탁탁 털어서 빨래를 넣어 놓는 것도 선홍이의 몫이었다.

이러니 어느 딸이 이보다 더 잘해 줄 수 있을까. 딸이 있었으면 하고 생각할 턱이 없었다.

전교총학생회장을 하던 선홍이가 "엄마, 일본에서 대학을 다니고 싶은데요." 늘 하던 이야기여서 대학을 졸업하고 취업을 일본에서 할 줄 알았다. 그런데 고등학교를 졸업하기도 전에 말을 하니 깜짝 놀랐다.

"왜? 아는 사람도 아무도 없는 곳에 가서 어떻게 하려고."

"앞으로 일본과 한국을 오가며 일을 할 것인데 일본에 아는 사람이 없으니 그곳에서 대학을 다니면서 인맥을 만드는 것이 좋을 것 같아요." 그 말도 맞는 말이었다.

"잘할 수 있겠니."

"예."

"그래, 그럼 한번 알아보고 어디서 만날지 엄마 끝나는 시간에 보자."

그리고 유학원에서 알아보고 결정, 끝이다. 이렇게 간단하게 결정할 수 있는 것은 선홍이를 어디다 데려다 놓아도 믿을 수 있으니까, 선홍이의 됨됨이를 아니까 믿고 보낼 수 있었던 것이다. 두말할 필요도 없었다.

중학교 때부터 독학으로 일어 공부를 하더니 일본을 갈 때는 일어를 쓰고, 읽고, 말하는 데 문제가 없는 상태였다.

학비와 기숙사비만 엄마가 책임지고 생활비는 선홍이가 벌어야 하는 처지라 학교 끝나면 아르바이트, 아르바이트 끝나면 밤늦게 집. 낯선 타국에서 학교, 알바, 집을 쳇바퀴 돌며 엄청난 고생과 빈틈없이 바쁜 생활을 했다. 그래도 밤마다 화상 화면으로 얼굴을 보며 하루도 빼놓지 않고 엄마와 동생의 안부를 물으며, 우리는 늘 그날그날의 모든 얘기를 하기 때문에 한국에 오면 따로 할 말이 없었다.

공부하고 아르바이트를 하면서도 경제신문을 구독해서 보고 아침에 일어나면 전 세계의 뉴스를 보면서 하루를 시작하는 선홍이는 잠자는 시간이 제일 아깝다고 말하면서 틈틈이 다른 나라 언어를 공부하더니 독학으로 러시아어도 배워서 알바 하는 곳에 러시아 재무부상관이 왔을 때 통역을 아기도 했다.

한번은 일본에 있을 때 어느 중학교 앞에 학부모 참관수업을 한다는 플랜카드를 보고 교무실로 찾아가서 한국에서 온 유학생인데 일본은 우리나라와 어떻게 다른지 알고 싶어 왔다며 참관수업을 할 수 있냐고 했다. 학교에서는 각 교실을 안내해 주고 학부모랑 같이 참관수업을 하고 학부모 임원 선출하는 것도 보고 왔다고 말을 했다.

"너 학교는 왜 갔어?"라고 물으니 "엄마가 경험할 수 있는 것은 해 보라고 했잖아요" 하는 것이다. 이처럼 생각 자체가 또래들과 확연히 차이가 나는 아이. 연예인, 가수, 운동선수 이런 것은 전혀 관심 없고 역사, 경제, 철학 이런 것에 대해 책을 많이 보다 보니 대화도 친구들보다 선생님들과 말이 잘 통하는 애늙은이였다.

또 2011년 일본 후쿠시마 원전 사고가 났을 때 모든 유학생들이 비행기를 타고 일본을 떠날 때도 선홍이는 꿋꿋하게 아르바이트를 했다. 원전이 터진 당일 모든 교통수단이 끊어진 상태에서 4시간을 걸어서 아르바이트 하러 갔다가 다시 4시간을 걸어서 집으로 돌아 왔다. 유학생들이 모두 도망갔는데 4시간을 걸어서 맡은 바 책임을 다하기 위해서 아르바이트 하러 온 선홍이를 보고 놀라는 것은 당연한 일이었다.

이렇게 맡은 일에 책임감을 가지고 최선을 다하는 선홍이는 유학생인데도 점장 대행으로 일을 했고, 본사에서 학교 그만두고 바로 본사로 들어오라는 스카우트 제의를 받기도 했다.

이렇듯 선홍이는 어디를 내놓아도 특출하였으며 학창 시절 '무인도에 홀로 떨궈 놓으면 살아서 나올 놈 1인'이기도 했다.

두 아들 형제 사이가 너무 좋아서 무엇을 차지하겠다고 단 한번도 욕심 부리며 싸운 적이 없다. 다양한 책을 많이 봐서 그런지 수준이 친구들이 아니라 늘 선생님과 대화하고 어울리는 것을 더 좋아하는 아들들이었다.

큰아들 선홍이는 동생을 위해서는 자기 것을 포기하고 양보하는 동생 바보이고, 작은아들 제홍이는 큰아들과는 완전히 다른 성격이지만 형만 아는 형 바보이다.

제홍이는 취학통지서도 나오기 전에 조기입학을 했는데도 부족함 없이 따라갔고 친구들보다 형 친구들과 어울리는 제홍이는 형이 일본 가고 없을 때도 형 친구들이나 형의 선배들과 더 잘 어울

렸고 형의 친구들은 우리 집에 모여 날을 새기도 했다.

'엄마 친구 아들'로 불린 제홍이 덕분에 모습이 초라한 엄마도 밍크코트 입고 자랑하는 멋진 엄마들보다 상석에 앉을 수 있었고, 시험을 보고 나면 엄마인 나보다 친구 엄마들이 제홍이의 성적을 먼저 알았고 시험이 어려웠는지 쉬웠는지 제홍이의 기준에 맞추어서 자기 아이들 성적을 관리했다.

제홍이 앞으로 편지가 한 통 왔다. 중학교에 처음으로 온 교생 선생님이었다. 처음 나온 남학교에서 힘들었던 선생님은 제홍이의 위로에 감동을 받아 제홍이 앞에서 눈물을 보이며 울었다고 고맙다는 편지였다. 이렇게 의젓하니 배려하고 위로하는 제홍이는 여자아이 같은 자상함이 있는데 누구도 흉내낼 수 없는 그런 자상함이 있다.

행동이 빠른 선홍이가 너무 급하게 일을 하다 보면 실수가 있을 수 있지만, 제홍이는 반면에 얼마나 꼼꼼한지 노트 필기한 것 보면 책에서 복사를 한 것으로 착각을 할 정도이다. 그래서 아이들에게 늘 하는 말이지만 선홍이와 제홍이가 둘이 '합체'한다면 정말 완벽해지는 것이다. 서로의 부족한 부분들을 서로가 가지고 있는데 정말 둘이 합친다면 이보다 완벽할 수는 없는 것이다.

중학교에서부터 뛰어난 성적을 보이던 제홍이는 교감선생님이 따라다니며 잔소리를 했다. "제홍아 조금만 더 노력해 봐." "넌 더 잘할 수 있는데 왜 안 하니. 조금만 더 해 봐."

고등학교에서도 교감선생님께서 성적관리를 하며 열심히 하라고 관심을 가져 주셨다.

공부를 잘하는 아이들은 학교에서도 대접이 달랐다. 학교 수업이 끝나고 야간 학습 시간에 공부를 할 독서실을 갈 때는 좋은 자리를 잡기 위해서 빨리 가서 자리를 잡아야 한다. 그런데 전교 몇 등까지는 독서실 자리에 각자의 이름이 붙어 있어서 언제 가든 그 공간을 사용할 수가 있다. 그리고 다음에 시험을 봐서 성적이 떨어지면 그 자리를 내어 주어야 한다. 제홍이의 자리는 항상 정해져 있었다.

학교 대회란 대회는 모두 다 나가고, 하루에 상장을 많이 받아서 반 친구들이 야유를 보낼 정도였다. 중학교 때에는 영재교육원에도 뽑혀 가서 공부도 하고, 고등학교 때에는 서울대에 뽑혀서 수업을 받기도 했다. 서울대에 갔다 온 제홍이는 "엄마, 로터리가 서울대 안에 있어요." "서울대 안에 버스가 다녀요" 하며 고려대학교와는 학교 크기 자체가 다르다고 했다.

그런데 이렇게 공부 잘하는 것보다 더 중요한 것은 마음이 너무 따뜻하고 자상하다는 것이다. 엄마가 다리가 아프다고 하면 주물주물, 찜질팩을 만들고 파스를 가져오고, 몸이 안 좋아서 누워 있으면 먹을 것을 가지고 와서 "이것 드셔 보세요. 저것 드셔 보세요" 하며 이마에 손도 올려 보고 열도 재어 보며 정성이 하늘을 찌르는데 이 모든 것을 시키지 않아도 척척 알아서 한다.

또 한번은 우리 집에 유명한 양파 사건.

매일 늦게 퇴근을 하고 반찬을 잘 못 하다 보니 삼삼한 양파 장아찌는 우리 집의 인기 메뉴이다.

"제홍아 우리 양파 장아찌 다 먹었는데 또 담을까 말까?"

"집에 반찬도 없는데 담으세요."

"알았어. 이번에도 맛있게 담아 줄게" 하고는 퇴근하고 밤에 장아찌를 담아야 하기에 아침에 미리 양파 10㎏을 주문해 놓고 출근을 했다. 늦은 퇴근으로 집에 왔는데 현관문을 열어 주는 제홍이가 울고 있었다. 깜짝 놀라 "왜 울어" 물으며 현관으로 들어서는데 세상에나, 배달되어 온 양파 10㎏을 다 까서 씻어서 물 빠지라고 싱크대 위에 올리고 있는 중이었다.

"양파를 왜 깠어. 엄마가 와서 하면 되는데."

"엄마 늦게 와서 피곤하잖아요" 하면서 양파를 마저 건져올려 놓는다. 이건 양파를 건져올리는 것이 아니라 엄마를 걱정하는 진심 어린 효심으로 사랑을 건져올리는 것이었다.

"너도 고3이라 늦게 오잖아. 고3이 얼마나 힘든데 집에 와서 양파 까고 있어."

제홍이는 엄마 오기 전에 양파를 다 까놓으려는 마음 때문에, 집에 오자마자 쉬지도 못하고 교복만 벗어 놓고 바로 양파를 까기 시작한 것이다. 이렇게 울어 가면서도 멈추지 않고 매운 양파를 껴안고 씨름을 했다. 사람들은 내가 딸이 없다고 안됐다고 하는데 천만의 말씀이다.

이런 아들이 있는데 0.1초라도 딸이 있었으면 하는 생각을 할 수가 있을까? 어떤 딸이 이렇게 해줄 수 있을까. 양파를 까놓으라고 말도 하시 않았는데 집안일을 도와주는 남편도 양파 10kg 까라고 하면 알았다 하고 까 줄 사람 몇 안 될 것이다.

선홍이가 유학을 가고 난 후 우리 집에 어려움이 생겼다. 전 남편이 찾아와서 우리가 살고 있는 집을 내놓으라고 했다. 생명의 위협을 느낄 정도로 협박을 해서 학교에서 오는 제홍이와 교복을 입은 채로 경찰서로 피신을 하기도 하고 경찰서에서 날을 새기도 했다. 그러다 결국은 집을 주지 않을 수가 없었다. 그래서 20년을 넘게 살고 있던 우리 집을 팔아서 통째로 빼앗기고, 빈털터리가 된 우리는 겨우 지하방으로 이사를 갔다. 도박에 빠진 전 남편은 돈이 필요할 때마다 연락을 했고 우리를 협박하고 괴롭혔다. 이런 상황이 되고 보니 제홍이 대학 학자금이 걱정이었다.

그런데 제홍이도 형이 있는 일본으로 유학을 가고 싶어 했다. 그런데 제홍이까지 유학을 보낼 수가 없었다. 선홍이가 처음 유학을 갈 때보다 집도 빼앗기고 형편이 영 아니었다. 한국에서 대학을 다녀도 장학금을 받는 방법밖에는 없었다. 모든 정보를 다 뒤져서 알아보던 제홍이는 수능 전국 1%에 든 과목도 있었지만 한국 대학에 진학하지 않고 유학 시험을 보겠다며 일 년만 도와 달라고 했다. 선홍이는 엄마가 유학 갈 수 있도록 밀어주었는데 지금 아무리 어렵다고 해도 일 년을 도와 달라고 하는데 반대할 부모가 어디 있겠는가. 신용카드를 내밀며 과감하게 투자했다. 제홍이는 일본 대학 시험에 맞게 공부를 하기 위해 재수를 시작했다. 학교에서는 난리가 났다. 모든 선생님들은 그 시험은 어려워서 안 된다고 반대를 했다. 지금까지 그 시험에 도전한 선배들이 많이 있었지만 학교 생긴 이래로 딱 한 명이 합격을 했다고, 그냥 한국에 있는 학교로 진학하라고 했다.

하지만 제홍이는 국비장학생 시험을 보았고 보란 듯이 합격을 했다. 단짝 세 명이서 같이 시험을 보았는데 한 명은 일본으로, 한 명은 서울대로, 한 명은 울산과학기술대로 각각의 길을 갔다.

한국에서의 연수과정부터 일본에서의 연수과정 중 학비, 생활비, 기숙사비가 모두 지급되고 왔다갔다하는 비행기 표까지 다 나오는 상학금을 받고 제홍이는 일본으로 유학을 갔나.

남편이 있을 때 일도 하지 않고 놀면서 하루 24시간 일 년 365일 TV를 틀어 놓고 살았는데 그것이 지겨워서 우리 세 식구는 TV를 보지 않고 살았기에 집에 TV가 없었다. 그런데 제홍이가 한국에서 연수과정을 할 때 나온 생활비용 장학금을 몇 달 모아서 엄마 혼자 있으면 심심하다고 TV를 한 대 선물로 사 주고 갔다.

제홍이는 대학 학자금과 생활비, 기숙사비 모두 장학금으로 해결해서 가니 엄마의 짐을 얼마나 많이 줄여 주었는지 모른다. 그 금액이 대략 1억 정도 될 것이라고….

제홍이도 마찬가지로 일본에 가서 하루도 빠지지 않고 엄마의 안부를 물었고 우리 세 식구는 화상으로 그날그날 있었던 일을 애기하며 밤늦도록 같이 있었다. 아이들이 한국에 있을 때에도 다른 집하고 다르게 아들들이랑 너무 친하니까 사람들은 모두 다 입을 모아 한마디씩 했다.

"아들들을 서렇게 옆에 끼고 살년 상가도 못 보내요."

"남편 없이 혼자서 아들 키운 엄마들은 절대로 아들을 분가 못 시킨다니까."

"저 엄마는 아들 끼고 살지, 절대 분가 못 시켜, 분가시키면 내 손에 장을 지진다니까" 하며 무지하게 샘을 냈었다.

그런데 선홍이를 고등학교 졸업을 하자마자 떠나보내니 "아들이 하나 더 있으니까 보내지, 없어봐라. 보내나"라고들 입방아를 찧었다. 그러다 제홍이까지 고등학교를 졸업하자마자 그것도 다른 나라로 보내니 엄마들은 완전히 달라졌다.

"역시 대단한 엄마다. 저러니까 아이들을 저렇게 훌륭하게 키우지."

"제홍이 엄마 정말 대단해요."

이렇게 고등학교를 졸업하자마자 아이들을 보냈고 각자 1인 가구로 독립세대가 되어 스스로 살림을 하게 되었다. 평생 옆에 끼고 살 줄 알았는데 제일 먼저 독립을 시키니 주위의 사람들이 놀라는 것은 당연했다. 그것도 아는 사람 한 사람 없는 다른 나라 일본으로 말이다.

아이들이 각자 처음으로 따로 엄마와 분리가 되어 살림을 꾸리고 살면서 똑같은 말을 했는데 "엄마는 대단하다"였다. 매달 돌아오면 내야 하는 세금을 자기의 생활비에서 내어야 하고 집에서는 전혀 신경 쓰지 않고 사용하는 물건들을 일일이 구매해야 하는 일을 직접 하면서 화장지가 떨어지면 알아서 사야 하고 치약을 다 쓰고 나면 자기의 생활비로 사야 하고 한 달 생활비를 하루에 얼마씩 계산을 하고 살림을 살아도, 책도 사고 생각지도 않는 지출이 생기고, 비상금을 두어도 병원 갈 일이 생기고, 매일 계산기를 두드리며 엄마가 어떻게 살림을 살았는지 몸으로 느끼고 나니 엄마가 생활하는 데 불편함이 없도록 미리미리 알아서 준비해 놓은 것들이 생각이 나는 모양이었다. 두 아이 다 유학을 간 후 처음 준비해 가지고 간 것 다 쓰고 새로 살 때쯤 되는 한 달 반쯤 되는 때에, "엄마 정말 대단해요. 나 혼자 사는 것도 힘들고 돈이 많이 드는데." "통상에 논이 늘어오기가 무섭게 나 나가네요." "이렇게 힘드네 엄마는 우리들 키우며 보험까지 넣고 어떻게 다 하셨어요. 우리 엄마 정말 대단하세요" 하고 엄마를 대단하다고 인정해 주며 엄지를 척 세워 주었다.

나는 없는 살림에 두 아들을 키우면서도 이런 두 아들 덕분에 주위의 모든 사람들로부터 부러움을 받으며 어깨 힘 팍팍 주고 살아왔다. 남편 복은 없는데 아들 복이 있다고 고생은 죽어라 했는데 아이들이 반듯하게 자라 주어서 견디어 낼 수 있었던 시간들, 솔직히 엄마인 내가 잘 키운 것이 아니라 아이들이 잘 자라 준 것이었다. 어려움 속에서 잘 자라 준 아이들이 고마운데 아이들은 엄마가 잘 지켜 주어서, 엄마가 잘 키워 주어서 고맙다고 엄마를 가장 존경하는 인물로 뽑아 주었다.

아들이 나가 있으면 얼굴 보기가 더 힘들어진다고 하는데 우리 아이들은 남자아이들인데도 불구하고 매일 화상을 보면서 "엄마 몸은 어떠세요." "엄마 사랑해요." 보이스톡으로 전화통화를 할 때에도 "엄마 몸은 어떠세요." "엄마 사랑해요" 하며 엄마를 걱정하고 챙기고 애정표현을 하는데 이런 아이들 덕분에 내가 앞만 보고 살아갈 수 있는 힘을 얻게 되고 또 내가 사는 이유이기도 하다.

그런데 이런 아이들에게 엄마가 병에 걸렸다는 얘기를 어떻게 할수가 있겠는가.

"제홍아 열심히 해라. 이제는 엄마가 아무것도 해줄 수가 없어."

"엄마가 해주긴 뭘 해줘요. 이만큼 해주었으면 됐죠."

"제발이지 너희들에게 짐이 안 되어야 되는데 그게 제일 걱정이다."

8

깜깜한 공중전화 박스 안에서

이때 선홍이는 군복무 중이었다. 일본에는 휴학 자체가 없어서, 학교를 마치고 오다 보니 늦은 나이에 입대를 해서 중대장과 같은 나이에 동생보다 훨씬 어린 선임들과 군 생활을 했다. 어린 선임들이랑 힘들 텐데 선홍이 특유의 밝은 성격과 양보하고 배려하는 넉넉한 마음으로 타의 모범이 되는 군 생활을 했다. 선홍이는 학교에 다닐 때도 최고의 모범생이었고, 일본에서도 마찬가지였다. 절대로 일본 아이들에게 지지 않겠다는 생각으로 공부하고 아르바이트를 하며 0.1초의 빈틈도 허락하지 않고 열심히 생활했다.

선홍이가 군 입대를 할 때 일본에서 후배들이 왔다. 선홍이가 다니던 학교의 담당 교수는 새로 들어온 신입생들에게 늘 선홍이 얘기를 하며 선홍이만큼만 하라고, 항상 선홍이를 기준으로 말씀하셔서 모두가 힘들다고 했다. 한국에서 온 유학생인데 긍정적이고 부지런하고 열정적이고, 아르바이트까지 하면서도 성적이 뛰어난 선홍이, 선홍이, 선홍이. 하도 선홍이 이야기를 해서 후배들도 선홍이를 다 알고 있다고 했다. 컴퓨터를 잘하는 선홍이가 교수님의 일을 많이 도와주어서 교수가 제자인 선홍이에게 예쁘게 포장한 고급 술을 포함해서 선물 공세를 했다.

　논산훈련소에서 훈련을 받는 동안 선홍이를 볼 수가 없는 것은
당연한 것이었다. 일본에 있을 때에도 하루도 빠지지 않고 화상으
로 얼굴 보며 안부를 물었는데 훈련소에 들어가고 나서는 이렇게
오랫동안 못 본 적은 처음이었다.

　우체국 택배 상자에 입고 간 옷과 신발이 담겨져 왔을 때는 선홍
이를 보듯 반가웠지만 그 상자를 열어 보고 울지 않은 부모가 있을
까. 눈물은 나의 허락도 없이 기다리고 있었다는 듯 그냥 저절로
나온다.

　속에 들어 있는 편지를 읽고 또 읽고 하며 눈물을 얼마나 많이
흘렸던지 글씨가 제대로 보이질 않아 눈물을 닦고 또 닦고 눈물에
콧물에 옆에는 화장지가 수북이 쌓이고 있었다.

　이것은 아들을 사랑하는 나 혼자만의 감정이 아니라 대한민국에
서 군대 보낸 엄마라면, 아니 근엄한 아빠들도 아들 군대 가면 눈
물 흘리며 운다고 하는데 아들 군대 보낸 부모들은 그때의 나와 똑
같은 심정이 아닐까 싶다.

　처음에는 종이 나누어 주는 것 두 장으로 편지가 상자에 담겨 왔
지만 그 다음 편지는 일주일에 한 번씩 편지를 보낼 수 있다고 했
다. 그 후 일주일에 한 번씩 두툼한 편지봉투가 배달되어 왔다.

　화상을 보며 얘기하던 것처럼 일기 형식으로 매일매일 적은 편지
에 1, 2, 3 숫자를 적어 표시를 해서 엄마의 건강을 제일 먼저 걱정
을 하고 그 날 받은 훈련을 적어 놓았다.

바쁜 날은 날아가는 글씨로 "엄마 몸은 어떠세요." "오늘은 불을 꺼서 그냥 잡니다" 하며 하루도 빠지지 않고 엄마의 건강을 걱정하는 선홍이는 훈련이 끝날 때까지 훈련을 중계방송하듯 매일매일 글로 적어 일주일 분을 모아 보내 왔고, 엄마는 인터넷 편지를 하루도 빠지지 않고 매일매일 써 보내며 서로 잘 있으니 걱정하지 말라는 내용을 주고받았다. "엄마 사랑해요." "선홍아 사랑해"라는 말로 마음을 전했다.

논산훈련소에서 훈련을 마치고 자대배치를 받은 선홍이는 부대에서 엄마 면회 올 수 있냐는 질문에 "엄마는 몸이 불편해서 면회 못 오십니다" 하고 미리 말을 해 놓아서, 엄마의 부담을 한결 덜어 주었다. 선홍이가 입대할 때는 병명을 진단받기 전이었는데, 단지 엄마의 몸이 여러 이상 증세를 보여 다리도 절뚝이고 팔에 힘도 없고 하는 것을 보고 군 입대를 한 것이었다. 눈으로 보기에도 엄마의 한쪽으로 찌그러진 모습 때문에 "엄마의 건강이 안 좋아서 면회 못 오십니다" 하고 아예 못을 박아 놓은 것이었다.

아들을 군대 보낸 엄마들의 말을 들으면, 아들이 자대 배치를 받으면 면회를 가는데 같이 생활하는 내무반 선임들과 같이 먹을 음식을 준비한다고 했다. 어느 부대는 집에서 음식을 만들고 준비해서 바리바리 싸 들고 가야 하는 부대도 있고, 어느 부대는 돈만 가져가면 그곳에서 시켜서 먹으면 되는 곳도 있다고 했다. 그래도 돈이 많이 들긴 해도 돈만 가지고 가서 배달하면 되는 곳은 정말 좋다고들 했다.

준비해 가는 음식 중에는 삼겹살이 제일 인기가 있어서, 삼겹살, 마늘, 쌈장, 상추, 고추 등등을 일일이 준비해서 가져가야 하고 논만 가져가서 배달이 되는 곳은 피자와 치킨이 제일 인기라고 했다. 하도 말을 많이 들어서 나도 면회를 가야 되나 마음의 준비를 하고 있었다. 그런데 선홍이는 "우리 엄마는 면회 못 오십니다" 하고 깔끔하게 정리를 해주었다.

자대 배치를 받고 저녁 식사 후 자유시간에는 꼭 전화를 한다. 첫 마디가 "엄마 몸은 좀 어때요?"

"응 괜찮아."

"다리는요? 팔은요?"

토씨 하나 안 틀리고 똑같은 소리를 매일 물어보는 선홍이.

외출이나 외박을 나올 때는 엄마 선물이라며 PX에서 과자를 사 온다. 처음 먹어 보는 것이라고 사 오고, 새로 나온 맛있는 것이라고 사 오고 월급 140,000원 받아서 70,000원 저금하고 나머지로 필요한 것들을 사는데, 절대로 빈손으로 오는 일이 없고, 선물이라며 꼭 먹을 것을 사 들고 온다.

한번은 내가 심한 몸살로 입맛을 잃어 며칠째 음식을 거의 못 먹고 약 먹을 정도만 겨우 먹고 있을 때였다. 새벽 두 시쯤 화상으로 일본에 있는 제홍이를 보고 있을 때 TV에서 탕수육이 나왔고 떡볶이도 나왔다. 그 순간 "아, TV에 탕수육과 떡볶이가 나왔는데 먹고 싶다. 며칠째 음식이 먹기 싫어서 고생했는데 웬일로 탕수육과 떡볶이가 먹고 싶다야" 하며 말을 했는데 제홍이는 컴퓨터로 글을 남겼고 선홍이는 외출 나오는 날 오만 원을 은행 봉투에 담아서 내밀었다.

"이게 뭐야."

"탕수육하고 떡볶이 사서 드세요."

"엄마가 탕수육하고 떡볶이 먹고 싶은 것 어떻게 알았어."

"제홍이가 글 남겼더라고요" 하며 오는 길에 시장에 떡볶이를 사러 갔는데 아침 일찍이라 떡볶이집이 문을 안 열었고, 탕수육집은 전화번호를 적어 왔다며 돈봉투와 같이 내밀면서 "이모랑 같이 가서 드세요" 하는 것이다.

"야, 아까워서 이 돈으로 어떻게 사 먹어."

"이모랑 같이 사서 드시고 먹었나 안 먹었나 냉수증 검사할 겁니다" 하며 꼭 안아 주며 "엄마 사랑해요" 하는 것이다.

"월급 140,000원 받아서 적금 70,000원 들어가고 엄마 50,000원 주고 교통카드 충전해야 하는데 너는 어떻게 생활하려고 그래."

"PX 안 가면 되지요" 하고 대답을 하는데 어디 이런 아들 또 있을까.

9월에 처음 진단을 받은 이후 의사 선생님은 혼자서는 못 견딘다며 가족들에게 말하고 같이 오라고 한다. 그러나 매일같이 이렇게 엄마를 걱정하는 아들에게 엄마가 병이 들었다고 그것도 불치병이라고 말을 할 수가 없었다.

"선홍아, 이제는 엄마가 너희들에게 아무것도 해줄 수가 없어."

"엄마는 지금까지 해줄 것 다 해주었어요."

"엄마가 너희들에게 짐이 되면 어떡하냐."

"엄마 왜 짐이 된다고 생각하세요."

"그럴 수도 있잖아."

"엄마가 지금부터 할 일은 건강만 챙기면 되는 거예요."

"건강을 챙겨도 내가 어찌할 수 없는 것도 있잖아."

"그래도 엄마, 운동도 하고 똥 싸는 기계 되지 않게 항상 새로운 것에 도전하며 머리를 자꾸 써야 하는 거예요."

"그러게." "그래도 똥 싸는 기계는 표현이 좀 그렇다"고 대답하며 선홍이의 머리를 쓰다듬는데 눈물이 나왔다. 소리 없이 가만히 흘러내리는 눈물. 그냥 가슴이 아팠다. 선홍이는 놀라서 "엄마 왜 그러세요." "어디 아파요?" "무슨 일 있으시죠."

"아니 옛날에 우리 고생했던 것이 생각나서 제홍이를 끔찍이도 챙겼었는데 제홍이는 형을 엄청 챙기고 너희들은 합치면 진짜 완벽해지는데 엄마가 똑똑한 너희들을 밀어주어야 되는데 이제는 아무것도 못 도와주고, 앞으로도 아무것도 못 해주어서 어떡하냐."

"엄마 걱정하지 마세요. 제홍이 박사과정 공부할 동안 내가 도와줄게요."

"너도 박사까지 공부한다면서 언제 동생 도와주냐."

"내가 제홍이보다 앞에 가면 제홍이를 끌고 갈 거구요. 내가 뒤에 가면 제홍이를 밀고 갈 거예요. 걱정하지 마세요."

"우리 선홍이 너무 착하다." "그런데 돈 벌어서 장가도 가야 하잖아."

"결혼은 천천히 해도 돼요" 하며 언제나처럼 동생을 위해서는 자기 공부를 포기할 수 있다고 말하던 선홍이는 지금도 옛 생각 그대로였다.

외박을 나왔을 때 선홍이에게 질문을 했다.

"만약에 엄마가 병들어서 혼자 생활하기 힘들어지면 어떻게 할 거야."

선홍이는 0.1초의 망설임도 없이 대답했다.

"나는 돈을 벌기 위해서 직장을 다녀야 하니 간병인을 곁에 두어야지요. 내 성격에 무조건 엄마를 맡기진 않을 것이고 집에 CCTV도 달아 놓고 엄마에게 소홀하지 않게 확인을 해야지요. 또 요양병원도 엄마에게 진실로 대하는 곳을 알아보아야죠."

"엄마 때문에 일본을 못 가면 어떡하니."

"지금 못 가는 것이지만 나중에는 갈 거예요. 내 목표가 조금 늦어실 뿐이에요."

이렇게 선홍이는 인터뷰를 하는데 대본을 미리 받아 본 것처럼 막힘없이 그냥 간단하게 대답했다.

어릴 때부터 책을 많이 읽어서인지 또래 아이들과는 전혀 다른 애늙은이처럼 생각하는 것도 말하는 것도 남달랐던 선홍이가 초등학교 1학년 때의 일이다. 우리나라 납골당 화장 문화가 처음 생기고 인식이 별로 안 좋았던 20년 전의 일이었다.

나도 화장하는 게 좋은지 무덤을 만드는 게 좋은지 결정을 못 할 때였다. 솔직히 화장하는 것을 받아들이고 있지 않은 상태였다. 그때 8살인 선홍이에게 "선홍아, 나중에 엄마가 죽으면 무덤을 만들 거야, 화장할 거야?"

물어볼 질문에 답이라도 미리 준비하고 있었던 것처럼 0.0001초도 안 되어 바로 대답했다.

"화장해야지요."

"어떻게 너는 고민도 안 해 보고 대답하냐. 화상하면 뜨거워서 죽은 사람이 벌떡 일어났다가 다시 죽는대."

"한 번 뜨거운 것이 나아요, 아니면 캄캄하고 축축한 땅속에 누워서 온갖 벌레들이 왔다갔다하며 천천히 썩는 게 나아요?"

"한 번 뜨거운 것."

둘 중에 답을 고를 필요도 없었다. 어린아이처럼 한 번 뜨거운 것이라고 대답을 했다.

"우리나라 땅도 좁은데 무덤만 만들어 놓으면 어떡해요. 지금도 좋은 자리는 전부 묘지가 자리 잡고 있잖아요."

화장에 대한 인식이 안 좋았던 나의 생각을 깔끔하게 한 방으로 정리해 주는 선홍이는 판단력이 굉장히 빠른 아이였다. 그래서 만약에 엄마가 아프다면? 하는 질문을 해 보았다.

12월에 병원을 갔다. 검사 결과가 나오는 날이다.

"제발 파킨슨이 아니길" 바라며 병원 갔다가 "제발 파킨슨이길" 바라며 왔었는데 그 결과가 나오는 날이다. 의사 선생님은 결과부터 보자며 정상인 사진과 나의 사진을 비교해 보여 주었다.

PET 검사에서 선조체 도파민신경 말단의 상태를 파악할 수 있는데 도파민성 신경세포가 손상된 것이 한쪽 눈을 감고 보아도 될 정도로 표시가 확 났다.

다행히 파킨슨이었다. 파킨슨 증후군이 아니라서 다행이라고 했다.

"아들에게 얘기했나요."

"아니요."

"빨리 얘기해야죠. 왜 얘기 안 합니까. 얘기하고 같이 오세요."

"군대 있는데 어떻게 얘기를 합니까."

"약 먹고 어떻던가요."

"사람이 덜 삐뚤어진 것 같아 좋아진 것 같습니다."

"약효를 받아서 다행입니다. 약을 더 올리겠습니다."

하며 간단하게 진료가 끝났다.

이날까지는 아이들에게 말하고 싶은 마음이 전혀 없었는데 이날 이후 말을 할 기회를 찾고 있었다. 동생들도 아이들에게 말을 해야 앞으로 계획도 세우고 하니 하루라도 일찍 말을 해주는 것이 아이들을 위해서라도 더 좋다고 했다.

선홍이에게 말은 해야 하는데 어떻게 말을 하나, 엄마가 병이 들었다는 얘기를 그래서 너희들에게 짐이 될 거라는 것을 아들에게 말을 해야 된다는 자체가 너무 힘들고, 힘들게 살아온 아들에게 죄를 짓는 것 같았다.

선홍이가 12월에 휴가를 나왔다. 며칠을 고민을 했다. 책상에 앉아 있는 선홍이의 뒷모습만 쳐다보며 이틀이 지났다. 사흘째 되는 날 선홍이를 불렀다.

"선홍아 엄마랑 얘기 좀 하자." 선홍이가 엄마 옆에 와서 앉았다. 입이 안 떨어졌다.

"말씀하세요" 하며 기다리고 있었다. 입이 안 떨어지는 건 마찬가지였다. 선홍이의 눈치.

"엄마 뭐 숨기는 것 있죠. 말씀해 보세요. 빨리요."

한참을 방설이다가 "사실은 엄마가 좀 아프대."

"어디가요."

"…"

말없이 손가락으로 내 머리를 가리켰다. 눈이 동그래지는 선홍이는 놀라며 눈으로 묻고 있었다.

"도파민이 부족하대."

선홍이는 아무 말도 안 하고 핸드폰으로 네이버 검색을 빠르게 했다.

"파킨슨이네요."

"응."

순간 선홍이는 동작 그만, 얼음이 되었다. 움직이는 건 손가락 하나와 눈동자뿐이었다. 엄마와 눈을 마주치지도 않고 파킨슨에 대해서 굉장히 빠르게 검색을 했다. 짧은 시간 동안 사사사사 검색을 하는데 고개 숙인 아들 얼굴에서 은방울이 뚝 떨어졌다. 순간 내 마음도 쿵 내려앉았다. 아들은 울고 있었다. 숨소리도 내지 않은 채 고개를 푹 숙여서 얼굴은 정면으로 보이지 않았지만 비스듬히 보이는 이마가 빨개지고 있었다. 소리 없이 흘러내리는 눈물 사이로 검색을 계속 하고 있는데 보석 같은 은방울이 또다시 뚝 떨어졌다. 발등에 떨어지면 발등이 깨어질세라 낙숫물에 맷돌 뚫어질세라 뚝뚝뚝 은방울이 떨어졌다. 말없이 화장지를 내밀었다. 눈도 마주치지 않고 화장지를 받아드는 아들은 얼굴까지 빨갛게 되어 눈물을 계속 흘리며 소리 없이 울고 있었다.

눈물을 흘리는 아들을 보며 마음이 메어 왔다. 나도 울었다. 소리 없이 울고 있는 아들 앞에서 아무 말도 못 하고 숨소리조차 낼 수가 없어서 입을 벌리고 날숨을 쉬며 숨죽이고 울었다. 떨리는 입술을 깨어물며 참으려 해도 내 마음은 아랑곳없이 주르륵주르륵 눈물은 빗물이 되어 하염없이 두 뺨을 타고 내렸다. 우린 한 공간에서 같이 울고 있는데도 방 안에는 고요한 적막이 흘렀다.

어느 엄마가 자녀가 우는 모습을 보고 싶겠는가. 그것도 장성한 아들의 눈물을 보고 싶겠는가. 장성한 아들의 눈물을 보고 있다는 건, 정말이지 독립군들이 감옥에서 죽을 때까지 심한 고문을 당하는 고통이 이런 것일까. 그것도 엄마 때문에 울고 있는 아들의 모습을 낳사사인 그 엄마가 보고 있으려니 천 살래 만 살래 찢어시는 듯 마음이 아파 왔다. 말을 안 할 걸 그랬나. 괜히 말했다는 후회가 들었다.

한참 후 선홍이는 입을 열었다.

"언제 아셨어요."

"추석 전날."

"어떻게 알았어요."

지금까지 병원 다니고 검사하고 약 먹고 한 이야기들을 모두 다 해주었다.

"왜 진작 말씀해 주시지 않으셨어요."

"군대서 힘들게 훈련받고 있는데 어떻게 얘기해."

"그래도 엄마가 어떤 상태인지 알아야 그 상황에 따라 대책을 세우지요. 아무 말도 안 하면 눈 감고 코끼리 다리 끌어안고 이게 뭔가 더듬고 있는 꼴이잖아요. 자세하게 말을 해야 코끼리 꼬리를 만지는지 코끼리 다리를 만지는지 알 수 있으니 앞으로는 무슨 일이 생기면 바로 말씀하세요."

"알았어."

"제홍이는 혼자 일본 있는데 이런 말 들으면 아마 미쳐버릴 거예요. 지금 시험 기간이니까 한국에 오면 얘기하고 지금은 말하지 말고 그냥 있는 게 좋겠어요."

"알았어."

"지금 드시고 있는 약이랑 처방전 보여 주세요."

"알았어."

순간 나는 무언가를 잘못해서 엄마에게 혼나고 순종하는 아이가 되었고, 판단력이 빠른 선홍이는 큰 임무를 맡은 어른이 되어 일사천리로 일을 척척 처리하며 일을 분배해 딱딱 나누어 주며 깔끔하게 정리하는 보호자가 되었다.

선홍이는 네이버에서 잠깐 찾아보았는데도 지금까지 몇 달을 알아본 나보다 더 많은 것을 알아냈다.

파킨슨으로 죽는 사람은 없다. 하지만 대부분 파킨슨 약 복용 후 약의 부작용으로 사망한다고 한다. 그래서 선홍이는 약의 부작용을 제일 먼저 알기 위해서 엄마가 먹는 약의 처방전을 보여달라고 하는 것이었다. 파킨슨에 대한 설명을 덧붙이며 주의해야 할 것을 설명해 주었다.

엄마의 병명을 들은 선홍이는 이틀 동안 컴퓨터도 하지 않고 게임도 하지 않고 조용히 있다가 엄마를 꼭 안아 주며 "엄마 사랑해요" 하고는 부대로 복귀를 했다.

부대에 복귀한 날 밤에 전화가 왔다.

"여보세요."

"…"

군부대 공중전화 번호인데 강한 바람 소리와 함께 흐느끼는 소리만 약하게 들릴 뿐 대답이 없었다.

"여보세요. 선홍아, 선홍아." 깜짝 놀라 심장이 땅에 툭 떨어졌다. 선홍이를 다급하게 불렀다.

"선홍아 왜 그래. 왜 울어."

"엄마. 엄마. 엄마."

목이 메는 선홍이는 엄마를 겨우 부르며 말을 했다.

"엄마를 혼자 누고 온 것이 마음에 걸렸어요."

"휴우, 야아, 엄마 괜찮아. 지금까지도 씩씩하게 잘 있었잖아. 엄마 걱정하지 마."

애써 아무렇지도 않은 척 큰 소리로 말을 했다.

"엄마가 무언가 숨기고 있다는 것을 알았는데 이렇게 큰일일 줄은 몰랐어요. 그리고 엄마가 아픈데 내가 아무것도 해줄 수가 없어요."

"엄마 걱정하지 마" 하며 뭐 그까짓 것쯤이야 별것 아니야 하는 것처럼 씩씩하게 선홍이를 달랬다. 엄마 앞에서는 소리도 내지 않고, 우는 모습도 보여 주지 않으려고 고개를 푹 숙이고 눈물만 흘리고 있던 선홍이는 모두가 잠든 고요한 한밤중에 어둡고 깜깜한 공중전화 박스 안에서 소리내어 울고 있었다. 엄마 앞에서 울지도 못하고 참고, 참고 있다가 부대에 들어가서야 아무도 없는 그 공간에서 아픈 속을 열었던 선홍이.

추운 겨울밤 그 넓은 운동장을 거침없이 지나온 바람은 인정사정 없이 비수 되어 뼛속까지 찬바람이 파고들고, 살을 에이는 적막한 겨울밤에 아무도 없는 공중전화 박스 안에서 소리내어 밤하늘을 가르며 엉엉, 혼자서 그렇게 엉엉 울고 있었던 것이다. 처음 진단을 받고 와서 벽에 등을 기대고 엉엉 울었을 때의 나처럼 선홍이도 공중전화 박스에 등을 기대고 쪼그리고 앉아 어두운 하늘을 가르며 그렇게 엉엉 울고 있었다.

전화기 속에서 들리는 아들의 울음소리, 엄마 앞이라 애써 울음을 참으려고 삼키고 있는 선홍이의 목소리가 나의 마음을 더 아프게 만들었다. 내가 내 입을 한 손으로 막고 아들의 숨소리를 듣고 있는 것처럼 아들도 그렇게 자신의 입을 막고 엄마의 숨소리를 듣는 것 같았다. 우린 서로 울고 있으면서도 우는 소리는 들려주지 않으려는 자신을 감추고 있는 거짓말쟁이가 되어서 서로를 속이고 있는 꼴이었다. 그러면서 흘러내리는 눈물을 무슨 수로 막을 수 있단 말인가. 홍수 되어 넘쳐나는 눈물을 막을 수는 없었다.

선홍이는 엄마가 아픈데도 군부대 안에서 아무것도 해줄 수 없는 자신이 용서가 안 되고 마음에 걸렸나 보다. 아무도 없는 깜깜한 공중전화 박스 안에서 자신의 속을 열어 놓고 꺼이꺼이 울음을 토해내고 있었다.

9

미스 파

　부대로 들어간 선홍이는 특별한 일이 없는 한 전과 똑같이 매일 전화를 했다. 첫마디가 "엄마 몸은 어떠세요. 다리는요. 팔은요. 약은 드셨어요." 이제는 "약은 드셨어요"가 하나 더 붙었다.

　"그럼, 엄마는 괜찮아. 엄마 걱정하시 마셔." 매일마다 섯마니는 토씨 하나 틀리지 않고 똑같은 안부를 물어본다.

　그런데 선홍이가 위가 아파 고생을 하기 시작했다. 군병원에서 약을 지어서 먹는데도 계속 토하며 위의 통증은 선홍이를 괴롭혔다. 엄마 때문에 신경을 써서 스트레스를 받은 것이다.

　고3 때도 아빠가 도박에 빠져서 빚쟁이들이 찾아오고 각종 독촉장이 날아올 때 아주 심한 위궤양으로 피를 토하며 병원에 실려간 적도 있었다. 그래서 위가 아프면 또 얼마나 고생을 할지 알기에 걱정에 걱정이 더해진다.

　군부대에서도 비상이 걸렸다. 선홍이 같은 상황이 일어나면 바깥 출입이 안 되는 병사들은 무슨 일이 일어날지 몰라 관심병사가 된다. 그래서 군부대에서 심리상담사와 상담도 해야 했다.

　그런데 선홍이의 정신 상태는 강했다. 근무하며 쉬는 시간이 있을 때마다 일본, 미국, 러시아, 한국 이렇게 파킨슨에 대한 증세에 관한 자료와 지료방법과 신약은 어디까지 개발뇌었는지와 약의 부작용들을 알아가고 있었다.

일본이 국가에서 지원해 주며 환자들을 케어해 주는 것이 제일 잘되어 있다며 새로운 정보를 알아낼 때는 기분이 좋아서 전화가 온다.

일본에서 자료를 찾았는데 의학용어를 알 수가 없어서 의학용어 사전까지 준비해 놓고 의학공부를 해 가며 일일이 자료들을 준비하고 있었다.

외출을 나오는 날 영어, 러시아어, 일본어, 한국어로 된 자료들을 각각 프린트해서 책으로 만들어 왔다. 각 나라마다 설명이 다른 점들도 이야기해 주며, 그때부터 선홍이의 잔소리 교육이 시작되었다.

"엄마 여기 앉아 보세요."

"왜?"

책을 일일이 펴 보이며 설명을 했다. 앞으로 엄마의 병이 어떻게 진행되어 갈지를 4개 국어로 된 책자를 넘기며 설명에 또 설명을 했다.

"엄마, 앞으로 가면을 쓴 것같이 얼굴 표정이 굳어 갈 것입니다. 웃어도 표정이 없이 무표정이 되어 사람들에게 오해를 받을 수도 있으니까 엄마가 얼굴 운동을 많이 해야 돼요. 혀도 굳어져서 말소리도 잘 안 나오고 발음도 이상해져요. 물을 먹을 때도 옆으로 줄줄 흘리게 되고요. 식도도 위도 모든 근육들이 굳어 갈 거라 나중에는 음식도 먹기 힘들어 부드러운 죽 같은 것만 먹어야 돼요.”

“아아, 그래서 파킨슨 환자들이 실제로 폐렴으로 사망을 많이 한다고 하는데 음식물을 삼킬 때 식도가 굳어져서 음식물이 기도로 들어가게 되고 그래서 흡인성 폐렴으로 사망을 한다고 하는구나.”

“예. 장도 움직이지 않으니 지금 변비 있는 것보다 나중에는 더 심해질 거예요. 소변보는 것도 힘들어질 거예요. 오른쪽 한쪽에서 시작된 증세는 양쪽으로 다 증세가 나타날 것이라 혼자서는 생활을 할 수가 없게 돼요. 다리가 움직일 때 뇌에서 지시를 하면 다리까지 바로 전달이 되어서 움직여야 하는데 이 파킨슨 환자들은 도파민이라는 신경전달 물질을 생성하는 뇌조직의 손상으로 인해서 행동이 나무늘보처럼 느릿느릿 느림보가 되고, 근육이 뻣뻣해지며 몸이 굳어지니 항상 몸을 따뜻하게 하고요. 손발도 힘이 없고 떨리고 그래서 젓가락 사용이 힘들면 아기들이 쓰는 포크 숟가락 같은 것을 사용하면 편할 거예요. 옷도 단추나 지퍼 있는 옷도 못 입을 것이라서, 찍찍이 옷으로 바꾸어야 하고, 바지는 고무줄 바지로 입어야 해요. 그리고, 방바닥에 문지방도 걸려서 넘어지니까 없애야 하고 벽에다 손잡이도 달아야 해요. 나중에 몸이 마음대로 움직이지 못하고 자꾸 넘어지거든요. 그때 넘어졌을 때 다치지 않도록 방바닥에 푹신한 매트도 깔고 벽과 모서리도 위험하니까 보호 장치도 해야 돼요.”

“알았어.”

“또 우울증과 파킨슨 치매, 밤에 잘 때 수면 상태에서 소리를 지르기도 하고 수면 상태에서 밖으로 나가 아침에 경찰서에서 연락이 오기도 하고 환각 상태가 되어 헛것을 보고 놀라기도 해요” 등등 많은 설명들을 했다.

"그러니 엄마 옆에 누군가가 같이 있어서 엄마를 관찰을 해야 하는데 말입니다" 하며 걱정을 태산같이 한다. 그러고도 "14년~17년을 산다면 심각한 장애로 고통을 받으며 누워서 사는 경우가 더 많고 나중에 파킨슨 치매도 올 수 있고, 아무것도 못 하고 누워서 생활할 때, 그때는 이미 늦은 것입니다. 지금 이 순간이 엄마가 살아있는 날 중에서 제일 건강하고 좋은 날입니다. 지금 이 순간이 엄마에게 얼마나 중요한지, 나중에 같이 지내자는 소리는 엄마가 똥 싸는 기계가 된 후입니다. 똥 싸는 기계가 된 후에 엄마랑 같이 있는 건 아무 의미가 없어요"라고 말하며 지금 같이 할 수 있는 것들에 대해서 얘기를 했다.

선홍이는 사람도 못 알아보고 의식 없이 누워 있으면 똥 싸는 기계라고 표현을 한다.

"그래도 똥 싸는 기계는 너무하다. 듣기가 영 그래" 하고 말하면 "의식 없이 밥 먹고 똥 싸는 것 외에 무얼 할 수 있나요, 똥 싸는 기계랑 똑같은 것이잖아요"라고 하는데 맞는 말이었다. 그 모습이 앞으로 나의 모습이 될 수도 있는 것이다. 좋건 싫건 나도 똥 싸는 기계로 갈 수 있는 확률이 치료약이 나오거나 그 전에 죽지 않는 다음에야 정해진 기정사실이라고 해도 과언이 아닐 것이다.

"엄마가 다닐 수 있을 때 제홍이랑 세 명이서 여행을 많이 다녀야겠습니다. 엄마가 쉴 수 있는 곳으로 여행 같이 다녀요" 하면서 포근히 안아 주는 선홍이. 군부대 안에서 의과대학 다니다 군복무하러 온 줄 알 정도로 파킨슨에 대해서 공부를 많이 해 온 선홍이는 일어, 러시아어, 영어, 한국어로 된 책자를 펴 놓고 엄마를 붙들고 차근차근 설명을 했다. 그 유명한 무하마드 알리도 이 병으로 고통받았으며, 로빈 윌리엄스도 이 병으로 고통을 받았다고 한다.

또 발병 13년 되었는데 아무렇지도 않은 사람도 있고, 얼마 전까지는 잘 움직이고 있었는데 지금은 침대에 딱 붙어서 손을 들지도 못하는 사람도 있다. 이처럼 이 병은 사람들마다 증상이 다 다르게 나타난다.

엄청난 고통 때문에 "차라리 죽었으면"하고 죽음을 생각할 정도로 삶의 실을 널어뜨리는 이 파킨슨을 절대로 받아들이고 싶지 않지만, 그래도 이제는 이 병마를 인정할 수밖에 없다면 내 허락도 없이 내 몸 안에 들어와 평생 같이 있으며 심술을 부릴 낯선 외국 이름을 가진 이 병마의 이름을 친구처럼 사이좋게 잘 지낼 수 있도록 부드럽게 '미스 파'라는 이름으로 바꾸어버렸다. 힘이 센 '파킨슨'에서 힘이 약한 '미스 파'로 개명(改名)을 하고 나니 왠지 얌전해져서 더 이상 이 병마가 진행되지 않고 멈추어 있을 것 같은 기분이 든다(앞으로 이 책에서 미스 파는 파킨슨의 이름을 개명한 것임).

미스 파는 지금은 약을 먹고 있어서 멀쩡하니 이상 없이 움직이고 있는데 선홍이가 설명한 것처럼 된다는 사실이 와닿지가 않았다. 남의 이야기인 것 같았다. 약 먹고 있으니 나는 괜찮을 것 같다는 생각마저 들었다. 아직까지는 세계 어디에도 치료약이 없는 이 병은 머리로는 어떻게 진행될 것이고 어떤 결과가 될 것이라고는 알고 있지만 마음으로는 받아들여지지 않는 것인지, 긍정적인 마인드로 이미 받아늘인 것인지 모르겠지만, 그냥 아무렇지 않게 태연한 것이 선홍이가 보기에는 소 귀에 경 읽기쯤으로 보였나 보다.

"엄마, 몸에 이상이 나타나면 바로 얘기해야 합니다" 하며 갑자기 정색을 하며 힘을 주어 말을 했다.

"응 알았어."

"그런데 문제는 이상이 나타나도 자기 스스로가 잘 모르고 한참 진행이 된 후에 알게 됩니다. 옆에 누군가 있어서 관찰을 하고 봐주어야 하는데 엄마 혼자 있는 것이 마음에 걸립니다."

"사람이 없는데 어쩌겠어. 조금이라도 이상 있으면 말할게. 걱정하지 마."

선홍이의 두 번째 잔소리 교육이 시작되었다.

일본어로 된 책을 펴 놓고 그림 보고 따라하라며 운동을 가르쳐 준다.

"병원에서 운동방법 배워 왔어."

"이것은 없네요" 하며 얼굴이 굳어 무표정이 될 것을 방지하기 위해서 하는 얼굴 운동을 따라하라며 시범을 보였다.

"이런 동작들이야 내가 할게" 하고 말을 하는데도 끝까지 시범을 보이며 엄마가 직접 따라서 운동을 하게 만들었다.

또 선홍이는 엄마가 똥 싸는 기계가 되기 전에 엄마랑 제홍이랑 여행을 다니는 것 외에 또 우리 세 식구가 같이 할 수 있는 것이 뭐가 있을까, 어떻게 하면 엄마랑 같이 시간을 보낼 수 있을까 생각하고, 다른 나라에서 치료약이 개발 중에 있는데 우리나라에는 언제 들어오는지, 또 엄마가 복용하는 약의 부작용은 어떻게 나타나는지 얼마나 상세하게 보고 또 보고 했는지 신경과 의사보다 더 많이 아는 것이 아닐까 싶을 정도였다.

언젠가 정말 좋은 책을 찾았다며 들뜬 목소리로 전화가 왔다. 일본 의학 서적인데, 의사들에게 참고서 같은 것으로 일본 신경학회 치료 가이드라인이 되는 책을 찾았다면서 우리나라 의사들도 이 책을 보면서 참고한다고 했다.

이 책을 보면 의사가 어느 약을 처방했을 때, 왜 이 약을 처방했는지도 알 수 있으며, 일본 정부에서 이렇게 하면 좋다는 요양 가이드라인을 정해 놓은 책도 찾았다고 들뜬 목소리로 말했다.

파킨슨 박사학위라도 받을 것처럼 파킨슨에 대해서 4개국의 자료를 찾아 공부하는 선홍이는 얼마나 신경을 썼으면 머리카락이 빠지기 시작했다. M자형 이마인데 한쪽만 빠지기 시작한 머리카락은 보는 사람들에게 웃음을 주는 짝짝이 이마로 변해 가고 있었다. 내 목숨을 주어도 아깝지 않을 아들이 엄마 때문에 위가 아파 고생하고 머리카락이 빠져서 짝짝이 이마가 된 모습을 보니 마음이 아프고 또 미안한 마음으로 가득했다.

선홍이는 군복무 중이고, 제홍이는 공부 중이며 3월에 입대도 해야 하고 지금까지처럼 아직은 내가 우리 집 가장으로 일을 해야 하는데 몇 달을 일도 못 하고 있으니, 생활이 어려운 건 당연한 것이었다. 지금은 내가 아프다는 것보다 더 중요한 것은 내가 일을 해야 된다는 것이었다.

군복무 중인 선홍이는 아무것도 할 수 없는 자신이 더 괴로운 것 같았다.

"내 장기라도 떼어 팔아서 엄마에게 주고 싶다"고 할 정도로.

군부대에서 엄마 보호자로 병원을 다녀올 수 있게 외출을 보내준 덕분에 1월엔 보호자인 선홍이의 손을 잡고 병원을 갔다.

"이곳에 온 사람 모두 다 나이 많은 노인들인데, 우리만 젊은 사람이야. 보호자도 우리만 젊어."

"그러게" 하며 진료실로 들어갔다. 바쁘게 양쪽으로 왔다갔다하며 진료를 보는 의사 선생님은 옆방에서 와서 의자에 앉는 동시에 말했다.

"변비는 어떠세요."

"약 먹고도 가끔 힘들 때도 있지만 약으로 조절하고 있으니 이 약 더 먹어도 될 것 같습니다."

"그래요. 이 약으로 더 먹어 봅시다. 소변은 어때요."

"너무 자주 갑니다"라고 대답을 하는데 기분이 이상했다. 그래서 다시 물었다.

"그런데 소변은 왜요."

"앞으로 소변도 안 나오게 될 겁니다."

깜짝 놀라며(선홍이가 파킨슨에 대해서 설명을 해줄 때 앞으로 소변도 잘 안 나올 것이라고 설명을 했는데 깜빡 잊어버리고 소변이 잘 안 나올 것이라는 소리에 놀란 것이다) "예? 그럼 어떡해요."

"배를 꾹꾹 누르면서 나오게 해야지요."

"헐!" 순간적으로 놀라서 아찔했는데 틈도 주지 않고, "자 한번 걸어 봅시다. 눈 감고 숫자 세어 보세요. 자, 손가락 이렇게 해 보세요."

의사 선생님이 시키는 대로, 감정 없는 로봇처럼 잘 따라했다.

"이상한 것은 없나요."

"이상한 걸 어디까지 얘기해야 하는 건가요."

"모두 다요."

"얼마 전부터 발가락이 주먹을 쥐고 있습니다. 가만히 있을 때도 나섯 발가락이 힘을 싹 주고 수벽을 쉬고 힘이 안 빠집니다. 운전을 할 때 가속페달을 밟고 있을 때도 여전히 발가락은 주먹을 꽉 쥔 상태입니다. 걷고 있을 때에도 신발 속의 발은 주먹을 꽉 쥐고 발바닥 가운데를 아치를 높이 만들며 이상하게 걷고 있고, 이상한 발 모양과 걸음걸이 때문에 무릎에 통증 오기 시작했습니다. 또 다리가 한 번씩 움직이기 시작하면 잠을 잘 수가 없습니다. 아들이 휴가 나왔을 때 보았는데 잠 잘 때도 다리가 혼자서 움직인다고 합니다. 또 이번에 위가 아파서 내시경 검사를 했는데 위염이 너무 심해서 궤양으로 갈 정도의 염증이라며 조직검사도 했습니다."

"약 추가로 더 넣어서 처방하겠습니다. 아침 식후에 하나, 밤 자기 전에 하나 추가되었습니다."

"무슨 약인데요."

"아침은 발가락 힘주는 것이고 잠자기 전의 것은 다리 움직이는 것입니다."

"그런데 왜 그런 건가요."

"전형적인 파킨슨 증세입니다."

"참, 위 약은요."

"여긴 전문의가 아니니 내과에 가서 처방받으세요" 하며 처방전을 남기고 옆방으로 이동하며 진료는 끝났다.

이렇게 해서 지금 먹는 약은 식사 1시간 전에 한 번, 식사 30분 전에 한 번, 식사 30분 후에 한 번으로, 아침, 점심, 저녁 하면 9번, 잠자기 전에 한 번 이렇게 하루에 10번이나 약을 시간 맞추어 먹어야 한다. 이렇게 약을 먹고 좋아진다면 차도가 있고, 낫는다면 얼마나 좋을까. 약을 먹어도 낫지 않고, 일상생활도 못하게 되고, 누군가의 손을 빌리고 도움을 받아야 되고, 그러다 휠체어에 의지를 하게 되고, 그 후는 똥 싸는 기계로 있다가 이별을 하는 것이다. 10번의 약도 처음이라 양이 적은 것이라고 한다. 앞으로는 1회에 먹는 약의 수도 갈수록 많아질 것이라고 하는데, 이렇게 위가 아파 죽을 먹어도 토하는 지금은 약을 먹을 일도 걱정이다.

선홍이는 처음으로 병원과 약국을 같이 다녀 본 후 일본 병원과 한국 병원을 비교해서 말을 했다. 일본은 약을 처방해 줄 때 의사가 약에 대한 부작용을 직접 설명해 주고, 약국에 가면 약사가 약의 부작용에 대해서 또 한 번 설명해 주는데, 한국에는 의사도 약사도 전혀 부작용에 대해서 설명해 주는 사람이 없다며 깜짝 놀란다. 또 일본에서는 파킨슨 환자들은 집에서 케어를 할 수가 없으므로 국가 차원에서 지원을 해주는 파킨슨 병원도 있다며 일본이 훨

씬 낫다고 엄마가 일본에서 치료받는 것을 알아보아야 되겠다고 했
다. 그러나 일본이 아무리 좋으면 뭐하겠는가. 말도 안 통하는 그곳
은 창살 없는 감옥이나 마찬가지일 텐데.

나까지 힘들게 하면 안 되잖아요

학교 시험을 끝내자마자 군대를 가기 위해서 제홍이가 돌아왔다. 일본에는 병역 휴학이 없는데 한국 학생에 한해서만 병역 휴학을 인정해 주었다. 그런데 병역 휴학 24개월, 군복무 24개월 이러다 보니 날짜가 하루만 틀어져도 제대 후 복학에 문제가 생기면 국비장학금을 못 받게 될 수도 있다. 그러니 하루라는 시간이 얼마나 중요한지 모른다.

제홍이는 시험을 보면서 짐 정리를 하고 일본에서의 모든 것을 깔끔하게 마무리하고 한국으로 와야 하고 한국에서는 군대 문제로 머리털이 빠질 정도로 신경을 쓰고 여러 곳으로 전화를 하고 날짜를 맞추었는데 군대를 안 가겠다는 것도 아니고 군대를 간다고 하는데도 이렇게 힘이 들 수가 없었다.

초등학교 6학년 때 교통사고를 당한 제홍이는 발목과 무릎 수술을 했다. 그 이후부터 거짓말같이 일 년에 한 번씩 다친 다리를 다치고 또 다쳐서 일 년에 한 번씩은 꼭 깁스를 했다. 결국 군대 가기 전까지 총 3번의 발목과 무릎 수술을 하였고 총 7번의 깁스를 하게 되었는데, 그래서 우리 집에는 일 년에 한 번씩 방에서 짚는 목발과

밖에서 짚는 목발 이렇게 두 조의 목발이 항상 대기를 하고 있었다.

이렇게 다리 때문에 뛰지도 못하는 제홍이는 공익판정을 받았다.

혼자서 시험에 짐 정리에 한국행까지 쉬지도 못하고 강행군이었는데 논산훈련소 입소하기 전에 제홍이에게 엄마가 아프다는 말을 해야 한다고 했다.

내 마음 같아서는 군대 가서 훈련이라도 받고 오면 얘기했으면 좋겠는데, 선홍이는 군대 가기 전에 얘기해야겠다는 것이다. 선홍이 자신도 엄마가 아프다는 것을 늦게 안 것이 제일 싫었다면서 하루라도 먼저 알아야 한다는 것이다.

이때 선홍이는 엄마 걱정 때문에 심한 스트레스로 탈모와 20대에 노안이 왔으며 굉장히 심한 불면증에 위장병까지 국군수도병원으로 다니며 약봉지를 산더미처럼 품고 다녔다.

아픈 엄마는 집에 혼자 있는데 군부대 안에서 마음대로 나올 수가 없으니, 엄마 옆에서 엄마를 관찰하고 엄마랑 같이 있을 제홍이가 하루라도 빨리 알아야 마음 놓고 엄마에 대해서 말할 수 있다고 다그치는 선홍이의 재촉에 할 수 없이 말을 하기로 했다. 그런데 도저히 말이 나오지를 않았다.

제홍이를 쳐다보니 이 아이는 또 얼마나 걱정을 하고 속상해하고 슬퍼할까.

그 추운 겨울밤, 칠흑같이 어두운 밤 아무도 없는 캄캄한 밤에 공중전화 박스에서 목 놓아 울던 선홍이의 울음소리가 지금도 귓가에 맴돌고 있는데 그 울음소리가 생각날 때마다 가슴이 메어 와 눈물이 절로 나는데, 또 제홍이는 이걸 어떻게 받아들이나 걱정이 되어 노저히 입이 떨어지실 않았다.

그래도 한번은 넘어야 할 고비라며 우리 집 문제를 아는 사람들은 "작은아들에게 말했어?" "작은아들은 알아?" "작은아들에게는 언제 말할 거야" 하는 것이 인사 대신이었다.

고민에 고민, 걱정에 걱정을 하다가 제홍이가 책상에 앉아 있을 때 말을 꺼냈다.

"제홍아 엄마가 글 쓴 것 좀 봐줄래?"

"다 쓰면 보라고 했잖아요."

"아니, 그냥 지금 엄마가 쓴 것만큼만 조금 봐 봐."

"지금 봐야 되나요."

"응 지금 봐야 돼."

"알았어요. 지금 읽어 볼게요."

"그래, 끝까지는 안 읽어도 되고 앞쪽 3분의 1 정도만 읽으면 되니까 금방 읽을 거야."

"알았어요. 어디 있어요."

"응, 여기" 하며 컴퓨터 속에 있는 파일을 손가락으로 짚어 주었다.

제홍이는 공부를 하다 말고 엄마가 쓴 글을 열고 있었다.

그 순간 제홍이만 방에 두고 살며시 나왔다. 도저히 같이 있을 수가 없었다. 혼자서 가만히 읽게 두는 것이 좋을 것 같았다. 아니, 나의 진심은 제홍이의 반응을 볼 수가 없어서 피했다는 것이 더 맞는 말일 것이다. 그랬다. 솔직히 그 자리에서 피신을 한 것이었다.

밖에서 다른 일을 하면서 시간이 지나가길 기다렸다. 말이 다른 일이지 무엇이 손에 잡히겠는가. 안절부절 앉지도 서지도 못하고 그냥 왔다갔다 서성이고 있었다.

입에 침도 바싹바싹 마르고 속이 타고 하는 그 와중에 선홍이 생각이 났다.

유난히도 추운 겨울 아무도 없는 캄캄한 밤에 눈물이 나오면 꽁꽁 얼어버릴 것 같은 그 추운 날 밤 공중전화 박스 안에서 울고 있던 선홍이의 흐느끼는 울음소리는, 칼로 내 가슴을 후벼파듯 아프게 전해져 왔었다.

그래서인지 아님 막내라서 아직도 내 마음에 어리게 느껴져서인지 지금 이 시간이 정말 싫고 빨리 지나갔으면 하는 마음뿐이었다.

솔직한 심정은 내가 죽을 병에 걸렸다고 해도 죽을 때까지 내 스스로 움직이고 한다면 아이들에게는 영원히 비밀로 하고 세상을 떠나고 싶다.

엄마 때문에 울고 있는 아이들을 본다는 것은 정말이지 엄마로써 못할 짓 중에 하나인 것 같았다.

얼마나 지났을까. 제홍이에게 엄마가 적어놓은 글을 보라고 하고 나왔을 때하고 똑같이 방안은 조용했다. 아무도 없는 것처럼 미동도 없고 조용해도 너무 조용했다. 약간의 움직이는 소리도 숨소리조차도 들리지 않을 정도로 고요하게 침묵이 흐르고 있었다.

방 안의 상황이 어떻게 되고 있는지 알 수 없었기에 방 안으로 들어갈 수도 없었다. 정말 방으로 들어가기가 무서웠다. 문 앞에서 보초병처럼 한참을 서성이는 동안 내 몸 안에 있는 피가 다 빠져나가는 느낌이었다. 사람들이 흔히 하는 말 중에서 피가 바싹바싹 마른다고 하는 말이 지금 내가 겪고 있는 이 상황이 아닌가 하는 생각이 들었다. 이 정도면 책을 3분의 1 정도는 읽었겠지 하는 생각을 하고(솔직히 시간이 얼마나 지났는지는 전혀 모르면서) 심호흡을 크게 한번 하고 살며시 방 안을 들여다보았다.

뒤에서 바라본 제홍이의 모습은 처음에 책상 앞에 앉아 있던 그 모습 그대로 꼼짝도 하지 않고 아무 미동도 없이 고개만 푹 숙이고 있었다. 얼핏 보면 책상에 앉아서 잠이 들었나 싶을 정도로 움직임도 소리도 없었다. 그런데 어깨 너머로 좀 전에는 없었던 하얀 산이 눈에 띄었다. 그게 무엇인지 목을 쭈욱 빼고는 뒤꿈치를 들고 소리 없이 제홍이 쪽으로 걸어갔다. 책상 위에는 눈물과 콧물을 먹어 마음대로 찌그러진 화장지가 산처럼 쌓여 있었고 또 계속 쌓이고 있었다. 제홍이는 고개를 푹 숙인 채로 아무 소리도 내지 않고 울음을 속으로 삼키며 왕방울만한 보석만 뚝뚝 떨어트리며 소리 없이 울고 있었다. "헉" 깜짝 놀랐다. 하지만 놀란 표시를 낼 수가 없었다. '세상에 아니 도대체 얼마나 운 거야.' 속으로 생각만 했다.

책을 많이 보는 제홍이는 책을 보는 속도도 빠를 것인데 책 내용을 어디까지 읽었는지 알 수는 없었지만 얼마나 많이 울었는지 보지 않아도 책상 위의 마음대로 찌그러진 화장지가 대신 말을 해주고 있었다. 화장지가 책상 위에 산을 이루는 동안, 아무 표시도, 아무 소리도 내지 않고 속으로만 울음을 삼키고 있던 제홍이를 보는 순간 마음이 쿵 내려앉으며 위경련이 일어나듯 갑자기 위가 아파 왔다.

　나는 아무 말 없이 제홍이 옆으로 다가가 제홍이를 꼬옥 안아 주었다. 제홍이는 쓰러지듯 내 가슴에 들어왔다. 이제야 소리 없이 울고 있던 제홍이의 흐느낌이 나의 가슴으로 그대로 전해져 왔다. 울음을 속으로 삼키느라 참았던 떨림도 전해져 왔다. 순간 내 마음에 지탱하고 있던 그 무엇이 와르르 무너졌다.
　억장이 무너지는 느낌이 이런 것일까. 제홍이는 쓰러지듯 머리를 엄마의 가슴에 기대고 두 팔로 엄마의 허리를 끌어안으며 눈물만 흘리고 있었다. 나 또한 소리 없는 눈물이 두 뺨을 타고 내리고 있었지만 우리 두 사람은 아무 말도 하지 않았다. 아니 아무 말도 할 필요가 없었다. 무슨 말로 서로를 위로하겠는가. 시간이 멈춘 듯 그렇게 애꿎은 눈물만 흘리며 스스로가 마음을 조절하며 안정시키고 있었다.

　분명하게 울고 있다는 것을 서로가 알고 있는데도 혹시나 제홍이가 알아챌까 봐 신음소리조차도 숨소리조차도 낼 수가 없었지만 제홍이도 마찬가지였다. 우리 두 사람은 수도꼭지를 잠그지 않은 듯 소리 없이 눈물을 흘리고 제홍이를 안고 있는 가슴은 따뜻하게 젖어 가는데 얼굴을 보지 않아도 제홍이가 얼마나 많이 울고 있는지 알 수가 있었다. 하지만 우린 서로가 울고 있으면서 서로가 눈물을 보여 주지 않았다.
　나도 제홍이도 그렇게 소리 없이 계속 울었고 시간이 멈춘 듯 그대로 그렇게 한참을 있었다.

시간이 얼마나 지났을까. 이대로 계속 울면 홍수가 날 것 같은 생각이 들어 애써 눈물을 닦으며 씩씩한 척을 하고 아무렇지도 않은 듯 말했다.

"제홍아, 엄마 괜찮아. 엄마 아무렇지도 않고 잘 있는 것 봤잖아."

"누가 알아요?"

"할머니 빼고 다."

"그럼 알아야 할 사람들 중에 내가 제일 마지막에 안 거네요."

"응."

"왜 말 안 했어요."

"일본에 혼자 있는데, 혼자서 힘든데 어떻게 말을 하겠니."

"그래도 말을 해야지요. 어떻게 이런 일을 말도 안 하고 제일 늦게 알게 할 수가 있어요."

선홍이랑 똑같은 말을 했다. 왜 늦게 말하느냐고. 엄마가 아픈 것은 충격이고 늦게 말한 것은 속상한 일인 것 같았다. 제홍이는 "그때 엄마가 병원 다녀왔다고 했을 때 눈치를 챘어야 했는데, 괜찮다고 그래서 아무 일 없는 줄 알았어요. 내가 바보였어요" 하며 자신이 모르고 있었다는 것이 용서가 안 되는지 더 속상해하며 계속 울었다. 나는 제홍이의 눈물을 닦아 주며 "아니야. 엄마가 말도 안 했는데 모르는 것은 당연하지. 어떻게 그걸 알 수가 있겠어."

"우리 엄마 어떡해요."

"괜찮아. 형이 의학서적 다 뒤지고 의사들이 보는 참고서 같은 의학서적까지 우리나라에서는 시도하지 않는 것들도 다른 나라에서 시도하고 있는 것들까지 다 알아보고 있어. 저기 책 봐 봐. 영어, 일본어, 러시아어, 우리나라 것까지 전부 다 형이 엄마 병에 대한 정보들을 다 알아보고 의사보다 더 자세하게 설명해 주고 있어. 엄마 걱정 안 해도 돼."

그때부터 제홍이도 엄마의 병에 대해서 앞으로 엄마가 어떻게 될지에 대해서 공부하기 시작했다. 실컷 울어서일까, 엄마랑 같이 있어서일까, 제홍이는 생각 외로 침착했다. 다행이었다.

"제홍아, 걱정 많이 했는데 제홍이가 담담하니 잘 받아들여 주어서 고마워."

"엄마가 걱정하고 있는데 나까지 힘들게 하면 안 뇌삲아요."

"그래 맞아."

"엄마랑 형이랑 얼마나 마음 졸이고 있었겠어요."

"그래, 정말 걱정 많이 했는데."

"엄마는 화나면 형에게 화풀이하고 형은 화나면 나에게 화풀이하고 나는 화풀이할 데가 없으니까 혼자서 참고 있는 게 습관이 되어서 참을 수 있어요" 하고 말해서 소리 내어 웃기도 했다. 이렇게 제홍이까지 알게 되었고 그날 저녁 선홍이에게서 전화가 왔다.

이제는 제홍이도 알았고 선홍이는 제홍이에게 엄마의 이상 유무를 잘 관찰하라고 말하면서 형이 만들어 놓은 책을 차근차근 보라고 했다. 제홍이가 엄마의 병을 알고 난 후부터 선홍이는 제홍이에게 엄마 병에 대해서 이야기해 주고 이제는 제홍이가 엄마 옆에 있어서 마음이 놓인다면서 그렇게 심하던 불면증에서 차츰 벗어날 수가 있게 되었다.

제홍이 또한 형이 만들어 놓은 책을 보며 엄마의 병에 대해서 알아 가고, 엄마에게 앞으로 다가올 일에 대해서 이해를 하고, 엄마에게 나타나는 증상들을 관찰하기 시작했다. 약 먹는 시간이 굉장히 중요한데 엄마가 혹시라도 약 먹는 것을 빠트리기라도 할까 봐 체크를 하며 엄마의 약 먹는 시간에 관심을 가지고 제홍이 특유의 자상함으로 엄마를 챙기기 시작했다.

이때부터 두 아들의 대화 내용은 이렇게 바뀌었다.

어떻게 하면 엄마에게 도움이 될까, 어떻게 하면 엄마가 더 편안할까, 어떻게 하면 엄마가 더 좋아할까, 어떻게 하면 엄마에게 이로울까 하고 이야기하는 두 아들을 보면서 내 마음을 바꾸기로 했다. 아빠의 사랑을 받지 못하고 자란 이 아이들에게는 아직까지 엄마가 필요했다. 그래서 아이들에게 짐이 되지 않기 위해서 내가 움직일 수 있을 때까지만 살고 혼자서 움직일 수가 없으면 죽어야겠다고 계획을 세우고 죽는 연습을 했는데, 이제부터는 이 마음을 고쳐먹고 아이들에게 짐이 되지 않기 위해서 다시 일어나기로 했다. 그래서 지금까지 아이들에게 든든한 버팀목이 되어 주었던 것처럼 앞으로도 든든한 버팀목이 되어 주기로 했다.

그래서 나는 이렇게 다시 일어났다.

2장

그럼에도 불구하고
일어나잖아

작가로 불리던 날

일찍 책장을 덮지 마라. 삶의 다음 페이지에서 또 다른 멋진 나를 발견할 테니…

- 시드니 셸던

병원에서 진단을 받고 절망 속에 빠졌을 때 삶을 포기하고 내 인생의 책장을 덮어버렸다면 지금의 나는 없을 것이다. 내 삶의 다음 페이지가 이렇게 멋지게 기다리고 있다는 것을 책장의 다음 페이지를 열어 보고 나서야 알 수 있었다. 그런데 중요한 것은 내 인생의 다음 페이지는 오늘 내가 만든다는 것이다.

'점부터 찍고 시작하세요' 하고 시작했던 것이 책으로 나왔다.

나의 절망과 희망을 담아 『절망 속에서 희망을 품다』라는 이름을 달고 나의 저서가 나왔다.

세상에 하나뿐인 책. 호랑이는 죽어서 가죽을 남기고 사람은 죽어서 이름을 남긴다고 했다. 이제 내가 죽어 이 세상에서 없어진다 해도 나의 이름을 남길 수 있다는 것이 너무 좋다.

평균수명 120세를 바라보고 있는 요즘에 이 병을 가지고는 당연히 그렇게 살 수 없다는 것을 알고 있기에 내가 없어져도 아이들에게 엄마의 이름을 남겨 놓았다는 것만으로도 엄마는 그냥 대충 살지 않았다는 것을 보여 줄 수 있는 그 무엇이 있다는 것에 기분이 어떻게 표현을 할 수가 없을 정도로 좋았다.

내 책이 나왔다는 사실을 단톡방에 띄웠다.

여기저기에서 전화가 왔다.

책이 나온다고 하더니 남들이 다 쓰는 공저인 줄 알았다고, 어떻게 이렇게 책이 나왔느냐, 언제부터 준비했느냐, 얼마나 걸렸느냐, 심지어는 어떻게 책을 썼느냐며 지방에서도 올라와서 이것저것 물었다.

전국 대형 서점에 나의 책이 깔렸다. 그런데 사람들이 서점으로 책을 사러 가면 책이 없다는 것이다. 서점에 책이 없다고 모두가 나에게 연락이 온다. 어느 사람은 책을 사서 보고 있는데 어느 사람은 책이 없다고 난리가 났다. 인터넷에 주문을 해도 며칠씩 걸린다고 했다.

알아보았더니 무명작가들은 책이 나왔다고 해서 대형 서점에서 책을 많이 받아 주지를 않는다고 했다. 형식적으로 몇 권씩 받아 주었는데 이때 빨리 간 사람은 책을 살 수 있었고 늦게 간 사람들은 주문을 하고 기다려야 했다.

그런데 사람들이 책을 많이 찾기 시작하자 광화문 교보문고에는 종로 쪽에서 들어가는 문을 열고 들어가면 자기계발서 코너에 제일 잘 보이는 곳에 나의 저서인 『절망 속에서 희망을 품다』가 자리 잡게 되었다.

광화문 교보문고에 가는 사람들에게서 전화가 온다. 문을 열고 들어가면 홍영순이가 웃으며 맞이해 준다고, 이런 소리를 들을 때마다 입이 귀에 걸리며 저절로 미소가 지어지는 것은 어쩔 수가 없었다. 그 기분을 어떻게 말로 표현할 수 있을까. 기분이 하늘로 붕붕 뜬다는 것이 이런 것일까?

아는 사람들이 이 책을 읽고 나면 모두가 똑같은 반응들이었다.

첫 번째는 미안하다, 두 번째는 고맙다.

세 번째는 울고 또 울었다. 너무 많이 울었다. 태어나서 이렇게 많이 운 것은 처음이었다 하고 말들을 한다.

> 엄청 예쁜 홍영순 작가님.
> 책을 읽으며 크리넥스 한 통을 다 쓰게…
> 감동과 감명을 주셨네요.
> 사나이에게 귀한 닭똥 같은 수도 눈물을 흘리게 하셔도 되시나요?
> 형제간 밀고 땡기고, 땡기고 밀고입니다.
> 매너리즘에 빠져 가는 저에게 경각심을 주셔서 감사합니다.
> 책장에 모셔 놓고 힘들 때 아무 데나 열리는 페이지부터 읽고 몸가짐과 마음가짐을 바로 하겠습니다.
>
> 고맙습니다.
> 감사합니다.

모두 똑같은 것은 너무 많이 울었다는 것이었다.

많이 울어서 더 볼 수 없었다는 이야기와, 남자분들도 이렇게 울어 보기는 처음이었다는 것이다.

그리고 어쩜 그렇게 아이들을 잘 키웠냐고 물었고 그 다음은 몸은 괜찮냐고 물었다.

모든 사람들이 읽어 보아야 할 책이라며 대한민국 사람들이 모두 다 읽어 보고 희망을 가지고 살아야 한다고 입을 모았다.

뜨거운 반응 속에 책은 선을 보였고 나는 '홍영순 작가'로 불리며 평생 듣고 싶었던 호칭, 누가 도와준 것이 아닌 내 스스로 만들어 낸 작가라고 불리는 호칭에 내 스스로 반하고 있었다.

내가 태어나서 내 스스로 생각하고 내 꿈을 정했던 것이 초등학교 다닐 때의 일로, 10살이 되었을 때 작가의 꿈을 꾸었다. 그리고 40년도 더 지난 지금까지 나의 꿈은 한 번도 바뀐 적이 없이 가슴속에 묻어만 두고 살았다.

꿈을 이루기 위해 국문학과를 간 것도 아니다. 그냥 책을 좋아했고 편지 쓰는 것을 좋아했다. 같은 동네 살다가 이사를 간 동네 엄마들에게 손편지를 쓰고 우표를 붙여서 편지를 보내면 엄마들에게서 전화 온다. "세상에 이런 편지 난생 처음 받아 보았어요." "어떻게 이렇게 써요" 하며 얼마나 좋아하는지 모른다. 아이들 키우면서도 매일같이 육아일기도 쓰고, 내 일기도 쓰고, 그릇이나 접시 하나 깨어지는 건 아깝지 않은데 책 조금 찢어지면 마음까지 아파 왔다. 책 욕심이 많아서 누가 책을 주면 신이 났다. 그렇다고 그 책들을 다 읽는 것도 아니면서 군데군데 뒤져서 필요한 부분만 볼 때도 있지만 그래도 책이 좋다.

신혼집에서 처음으로 이사 가던 날 제일 크고 제일 좋은 박스에 내가 좋아하는 책들을 차곡차곡 담았다. 그리고 신주단지 모시듯 조심조심 용달차에 실었다. 그런데 이삿짐 나르는 아저씨가 "아니, 책을 이렇게 담으면 어떡합니까. 책은 무게가 많이 나가니 조그만 박스에 나누어서 담아야지요. 이렇게 큰 박스에 담아서 어떻게 옮길 겁니까" 하고 야단을 하셨다. 그때 이후로 책은 무거우니 나누어서 담아야 한다는 것을 배웠다. 책을 좋아해서인지 산모들을 보는 일을 할 때도 항상 책 이야기를 했고 아이들을 키운 이야기와 산모들과 있었던 일을 책으로 쓰겠다고 입버릇처럼 말을 하면서도 엄두도 내지 못하고 살았다.

그렇게 40여 년이 지나서 벼랑 끝에 섰을 때에야 비로소 마음속에 품었던 꿈을 꺼내어 세상에 내어놓고 그 꿈을 이루기 위해서 도전을 시작했다.

책을 써 본 적도 없으면서 누구의 도움도 받지 않고 그냥 나의 마음을 있는 그대로 글로 적었다. 그런데 신기한 일이었다. 점을 찍는 순간 어떤 내용을 어떻게 써야 할지, 순서는 어떻게 해야 할지 머릿속에 그림이 그려졌다. 미리 답안지를 보고 쓰는 것처럼 한번 시작해서 마무리를 하는 순간까지 그냥 한 방에 끝냈다고 할 정도로 글을 적었다.

300페이지가 넘는 한 권의 책을 써내려간다는 것이 쉽지 않은데 나는 나 혼자 쓴 책이라고 말은 하지만 내가 혼자 책 한 권을 쓴다는 것은 누가 봐도 불가능한 것이었다.

늘 항상 언제나 보이지 않는 곳에서 나를 지원해 주고 계신 분,

내가 점을 찍고 글을 쓰기 시작하면서 300페이지가 넘는 책을 한 꺼번에 쭉 써내려갈 때까지 끝까지 함께 하신 분, 내게 그런 재능을 주셔서 불가능을 가능하게 해주신 그분. 바로 나의 스폰서, 나의 하나님. 오직 살아서 역사하시는 하나뿐인 나의 주 하나님 아버지 덕분에 가능한 일. 나의 든든한 스폰서 그분이 능력을 주지 않았다면 어림 반푼어치도 없는 것이었다.

책이 나오고 나서 알았지만 사람들이 책을 쓸 때 옆에서 코치해 주고 도와주는 데 대략 500만 원 정도의 비용이 들어간다는 것을 알았다.

무식하면 용감하다고 나는 그런 사실도 모른 채 혼자서 책을 다 쓴 후에 제홍이에게 한번 읽어 달라고 부탁을 했다.

제홍이는 냉정하게 말했다. 다듬어야 할 곳이 많은데 다듬어 줄 수는 없다고, 다른 사람이 다듬으면 말하는 게 바뀌어서 작가의 의 도와 다른 책이 나올 수 있다면서 작가가 직접 다듬어야 한다며 코 칭만 해주었다.

굳어져 가는 한쪽 손목이 힘들어서인지 '어차피 다 쓴 책인데 말 이 안 되는 부분만 조금 손봐 주면 되지' 하는 기대 심리 때문인지 제홍이의 말이 서운하기도 했다.

하지만 제홍이 말이 맞는 말이었다.

책을 읽고, 읽고, 또 읽으며 문장 하나하나가 물 흐르듯이 자연스 럽게 읽어지도록 다듬었다. 그런데 문제가 생겼다. 읽을 때마다 계 속 운다는 것이다. 수십 번을 읽어 보았는데도 매번 읽을 때마다 눈물이 나는 건 어쩔 수가 없었다.

이렇게 나는 교보문고를 비롯해서 전국 대형 서점이나 인터넷 서점 어디에서나 만날 수 있는 『설방 속에서 희망을 품다』라는 책의 저자로 홍영순 작가로 불리며 첫 번째 꿈을 이루었다.

2

자기소개

어떤 모임에 가든, 어느 단체에 가든 첫인상만큼이나 중요한 것이 자기소개이다. 사람들이 자기소개를 하는 걸 보면 준비된 사람은 뭔가 달라도 다르다. 그러니 제일 먼저 자기소개를 잘 해야 하는 건 기본이라는 답이 나온다. 그렇다고 자기소개를 하나만 가지고 계속 사용할 수는 없다. 무슨 목적으로 모였는지, 어떤 장소, 어떤 자리인지, 모인 대상들은 누구인지에 따라서 각각 그에 맞는 자기소개를 해야 한다. 그러니 장소에 따라서 어떻게 자기소개를 할 것인지 미리 정리를 해 둔다면 많은 사람들 앞에서 버벅대지 않고 멋지게 자기소개를 할 수 있을 것이다. 그러나 어려운 것이 자기소개이고 어렵지만 넘어야 할 것이 자기소개이다.

밤마다 전화 통화를 하며 웃음친구인 김정숙 선생과 웃음치료를 했다. 하루에 있었던 일을 이야기하며 '오늘은 박장대소를 15초 합니다. 오늘은 20초, 오늘은 30초' 이렇게 하루의 일과를 웃음으로 마무리지었다. 그런데 이제부터는 자기소개를 하는 연습을 하기로 했다.

책이 나오자마자 「아침마당」에 출연하기로 되었는데 출연 전에 연습도 할 겸 개인 방송국인 공감방송에서 '유연숙의 이런 사람이 좋다」에 먼저 나오라는 것이다. 이 프로에서 인사를 하고 자기소개를 하라는 것이다. 그래서 자기소개서를 써서 연습을 했다.

"안녕하세요." "안녕하세요." "안녕하세요." 도대체 안녕하세요를 몇 번을 했는지 모른다. "안녕하세요. 홍영순입니다." "안녕하세요. 홍영순입니다." 세상에, 내가 태어나서 "안녕하세요. 홍영순입니다" 가 제일 어려운 말 같다는 생각이 들 정도였다. 정말 어려웠다. "안녕하세요"의 발음을 앞에서 올렸다가, 중간에서 올렸다가, 꼬리를 올렸다가, 이렇게 인사말이 끝나면 자기소개를 하는데 목이 메어서 자기소개를 할 수가 없었다. 자기소개를 하는 나도 울고, 듣고 있는 김정숙 선생도 울고, 얼마나 많이 울었으면 "이야. 그렇게 울었는데 또 눈물이 나네. 정말 징글징글하다" 하면서도 "선생님 다시 해 보세요." "한 번만 더 해 보세요" 하며 연습에 또 연습을 했다. 그런데 이렇게 연습을 하면 국가대표급으로 금메달이라도 따야 하는데 막상 무대에 서고 나니 아예 깜깜이었다. "안녕하세요" 하고 인사하고 자기소개를 해야 하는데 머릿속도 깜깜하고 입은 꿀 먹은 벙어리가 되어 아무것도 생각이 나지를 않았다. 결국은 자기소개를 A4용지에 적어서 보고 읽기로 했다. 그리고 진행자가 질문을 하면 대답을 했다.

TV에서 보면 진행자의 질문에 게스트들이 말도 잘하고 하더니만 나는 단답형이었다. 머릿속에서만 말이 뱅뱅 돌고 입 밖으로 나오지를 않았다. 뽀대나게 말도 잘하면 얼마나 좋을까. 그런데 질문을 받고 대답을 하면서 목이 메이고 눈물이 났다. 아니 또 울었다. 창피하게 이놈의 눈물은 왜 자꾸 나는 건지. 어떻게 했는지는 모르겠지만 시간이 지나니 방송은 끝이 났다. 난생 처음으로 카메라를 보며 녹화를 했는데 이런 걸 시원섭섭하다고 해야 하나, 잘할 수 있었는데 하는 생각에 아쉬움이 남았다. 그 와중에서도 진행을 맡은 유연숙 선생이 너무 멋있었다. 마음속에서 나도 프로그램을 하나 맡아서 진행을 해 봤으면 하는 생각을 잠깐 했다. 물론 진행자를 못 한다는 것은 당연한 것이다. 카메라 보며 말 한마디 못 하는데 진행은 무슨, 언감생심(焉敢生心)이다. 그래도 목표를 세우고 꿈을 살짝 가져 보는 것쯤이야 무슨 문제가 있겠는가. 목표를 가지는 것도, 꿈을 꾸는 것도 논 늘여서 낭비하는 것도 아닌데 말이다.

녹화 방송이지만 방송이라는 것을 끝내고 나니 뭔가는 하나 남겼다는 생각이 드는 것은 왜일까. 병원에서 진단을 받고 난 후 갑자기 이런 것이 생긴 것 같다. 앞으로 병이 계속 진행되어 내 스스로 움직이지 못한다면 내가 할 수 있는 일도 하나씩 줄어들 것이다. 그러니 지금처럼 상태가 좋을 때 무엇이든지 해서 뭔가를 남겨야 한다는 생각이 집착처럼 생기는 것 같다. 또 지금 내가 하고 있는 행동들을 앞으로 내 스스로 할 수 없게 된다는 생각, 또 누군가의 도움을 받아야 살 수 있게 된다는 생각들 때문에 자꾸 눈물이 난다.

병 진단을 받은 후 죽음의 문턱에서 돌아와서 제2의 인생을 살며 평생 꿈꾸었던 작가의 꿈을 이루었고, 유명인들마냥 개인 방송이지만 게스트로 출연도 했다. 울고 또 울고 하면서도 제2의 인생을 새롭게 준비하고 있다. 지금까지 있었던 일로도 자기소개를 하는 데 버벅댔지만 이제부터는 달라지리라. 무엇인가를 배우고, 무엇인가에 도전해서, 뭐라도 해 보며, 무엇인가를 만들어 내어 이름을 남기리라. 선홍이, 제홍이에게 우리 엄마는 환자이지만 이렇게 많은 일들을 했고, 또 이렇게 많은 일들을 해냈다고, 우리 엄마 멋지다고 홍영순이라는 엄마의 이름을 자랑스러워하며 가슴 활짝 펼 수 있도록 새로운 꿈을 만들어 갈 것이다.

3

특별한 인연 삼인방 + 반쪽

『절망 속에서 희망을 품다』라는 저서가 나오자 지금과는 다르게 웃음치료가 아닌 강연을 해야 된다고 한다. 그래서 제대로 된 스피치를 배우기 위해서 ○○○ 스피치에 등록을 했다. 처음 스피치를 배우면서 서는 자세, 인사하는 법, 손짓, 아이컨택 등등 하나하나 새롭게 배워서 나 자신을 업그레이드시키기로 했다. 내가 등록을 하니 웃음친구인 단짝 김정숙 선생도 같이 등록을 했다. 일주일에 한 번씩 스피치도 배우고 끝난 후 식사도 같이 하고 모든 시간들이 재미있었다. 어른이 되어서 무엇을 배운다는 것이 더 재미있는 것 같다. 김정숙 선생과는 항상 짝꿍이 되어서 붙어 다니고 같이 앉아 있고 하니 다른 사람과는 말을 할 틈도 없었다. 그렇게 하루 수업을 듣는 것도 금방 시간이 지나가 버리더니 벌써 수료식을 해야 하는 날이 되었다. 4기 수료식날 4기의 회장과 총무를 뽑았다.

최종서 선생은 ○○○ 스피치 4기로 같은 동기생이었는데 수업을 받을 동안은 한마디의 말도 해 보지 않은 사이였다. 그러나 10주 동안 같은 수업을 들으며 같은 강의장에 있었으니 낯설지 않았다. 수업이 끝나고 수료식을 할 때 4기 총무로 최종서 선생을 뽑았지만 이름만 4기 총무일 뿐 단 한번도 4기 모임은 없었다.

웃음친구이며 단짝인 김정숙 선생은 말했다.

"우리의 모임에 최종서 끼워 주자."

"왜요?"

"잘생겼잖아, 착하게 생겼고."

"좋아요."

"그럼 권숙희도 끼워 주자."

"예쁘니까?"

"그렇지."

"알았어요. 하하하하."

권숙희 선생은 5기로 4기인 우리들이 수료식을 하는 날 사회를 보며 진행을 맡아서 인연이 되었다. 이렇게 웃음친구이며 단짝인 김정숙 선생과 나, 단 둘뿐인 우리 모임에 최종서 선생과 권숙희 선생을 합류시키면서 특별한 인연이 시작되었다. 인연이 시작된 첫날부터 카페에 앉아서 난 손 유희 시범을 보여 주고 다른 선생님들은 노래를 부르며 손 유희 연습을 했다. 최종서 선생이 직장에서 아침 조회 시간에 사무실 직원들에게 손 유희를 해야 하는 시간이 있다며 배워야 한다기에 시작된 손 유희는,

십오야 밝은 둥근 달이 둥실둥실둥실 떠 오면

설레는 마음 아가씨 마음 울렁울렁 울렁거리네

하모니카 소리 저 소리 삼돌이가 부르는 사랑의 노래

떡방아 찧는 소리 저 소리 두근두근 예쁜이 마음

하는 노래에 맞추어서 진행되었는데 권숙희 선생의 특이한 웃음소리와 함께 배꼽 분실신고를 해야 할 정도로 웃고 또 웃으며 재미있는 시간이 되었다.

네 명이 모였으니 사총사 또는 사인방이 되어야 하는데 권숙희 선생의 지극한 신랑님의 사랑이 권숙희 선생의 시간을 허락하지를 않다 보니 굳이 이름을 붙이니 삼인방 + 반쪽이 되었다.
"작가님 지금 어디세요."
"오늘 강의 있어서 나와 있습니다."
"시어머니께서 김장을 하셨는데 너무 맛있어서 한통 드리려고 가지고 나왔어요."
"우와 감사합니다. 그런데 오늘 늦게 들어갑니다."
이렇게 시간이 어긋나서 김치를 차에 실은 채로 몇 날 며칠을 서울시내 관광만 시켜 주고 푹 익혀서 집으로 되돌아간 사건. 김치는 아직 맛도 보지 못했지만 서로가 챙기고 나누는 삼인방 반쪽.

모임이란 게 뭐라고 눈에 보이지도 않는 울타리 안에 들어 있는 것 같은 소속감을 느끼게 만든다. 서로가 같은 안부를 물으며 같이 만나고 같은 행동을 하게 되니 참 신기하기까지 하다. 이렇게 뭉친 특별한 인연 삼인방 반쪽은 일이 있을 때마다 늘 함께하는 소중한 사이가 되었다.

「아침마당」에 출연하는 날 새벽에 집에서 나섰다. 비가 억수같이 쏟아져서 방송을 못 할 정도로 걱정이 되었는데 삼인방인 김정숙 선생과 최종서 선생이 KBS방송국까지 함께 와서 응원을 해주었다. 아무도 모르는 낯선 곳에서 두 사람의 응원은 든든한 힘이 되었다. 두 번째로 「아침마당」에 출연하는 날도 새벽같이 달려온 두 사람은 함께해 주었다.

말이 없고 절대 속을 보이지 않으면서도 매너가 좋고 눈치가 빠른 최종서 선생은 내가 북콘서트를 하는 동안 늘 함께하며 힘이 되어 주었고, 김정숙 선생은 나의 첫 번째 저서인 『절망 속에서 희망을 품다』가 전국 서점에서 판매가 시작되자마자 강남에 있는 교보문고로 달려갔다. 그리고는 매일 가서 책을 구입하고 또 주문하고 구입하고 또 주문하고를 반복하며 "선생님, 강남 교보문고에 책이 없어서 내가 주문해 놓고 왔어요" 하며 나보다 더 신이 났다. 그리고 이렇게 산 책은 선물이 되어, 선물할 곳에 책으로 대신 선물을 하며 책을 홍보하기도 했다.

인연이라는 것이 참 신기하다. 우리는 그냥 단 둘이서 "우리 모임에 끼워 주자"라는 말 한마디로 뭉친 것뿐인데, 좋은 정보는 서로 나누며 축하해 주고, 아픈 소식은 서로 염려해 주며, 장례식장도 결혼식장도 병문안도 항상 같이 하는 사이가 되었다. 피를 나누진 않았지만 피를 나눈 형제자매처럼, 유비, 관우, 장비가 도원결의(桃園結義)를 하고 늘 같이 뭉쳐 하나가 된 것마냥 서로를 위하는 특별한 인연이 계속되고 있다.

봉숭아학당에서 쏘아올린 신호탄

하나를 새롭게 배우면 뿌리를 뽑고 마는 내가, 처음 웃음치료를 배울 때 배움에 갈급해서 이른 새벽 같은 아침에 서초동 카페로 달려갔다. 그 카페에서 짧은 시간 웃음 교실이 열렸는데 그날의 강사가 성창운 종장이었다.

성창운 총장은 "왜 이렇게 목소리가 작아요." "왜 이렇게 박수 소리가 힘이 없어요. 힘 있게 해 봐요. 이렇게, 이렇게" 하며 행동을 크게 해 보이며 힘 있게 따라하라고 지적을 엄청 하신 분이다.

그리고는 듣도보도 못한 '봉숭아학당'이라는 단톡방에 나를 초대해 주었고 나는 단톡방에서 봉숭아학당 가족들과 간간이 인사를 나누었다.

준비물이 몸과 마음만이라고 적힌 공고문을 보면 이해가 되질 않았지만 한 번도 참석을 하지 못했고 참석을 할 수도 없었다. 행사가 끝나고 나면 멋지고 재미있게 포스팅을 해서 블로그에 올리면 그 블로그를 통해서만 보는 것이 전부였지만, "총장님 저도 나중에 책 나오면 포스팅 해주세요" 하고 미리 예약을 해 놓을 정도로 멋지게 포스팅을 했다.

그러다 그해 겨울 12월 송년회 모임에 가서 처음으로 봉숭아학당 가족들과 대면을 통한 인사를 나누었다.

봉숭아학당 가족들은 모두 다 오래전부터 알고 있었던 사람들처럼 하나같이 두 팔을 벌리고 가슴으로 품어 안아 주며 반겨 주었다.

낯선 풍경이었다. 남녀노소 누구나 할 것 없이 모두가 포옹으로 안아 주며 반겨 주는데 어색했지만 기분 좋은 만남들이었다.

허그의 여왕 유정순 이사, 김은아 사무총장, 최상명 대표 등등….

이렇게 새로운 문화를 만들어 가는 봉숭아학당이랑 인연이 되었다.

그러나 봉숭아학당에는 참석할 수가 없었다. 간간이 단톡방에서 인사를 나누는 정도로 소식을 전하고 있을 때에 나의 저서인 『절망 속에서 희망을 품다』라는 책이 나왔다.

나는 책 표지를 전체 단톡방에도 올리고 책이 나왔음을 알렸다.

이때 성창운 총장에게서 연락이 왔다.

"아니 책이 나왔네요."

"예, 총장님. 가을에 책이 나온다고 했잖아요."

"예, 알고 있습니다. 그런데 책이 나온다고 해서 그냥 여러 사람이 쓴 공저가 나오는 줄 알았지 이렇게 저서로 나올 줄은 몰랐습니다."

"제가 제 책이 나온다고 말씀드렸었는데 말입니다."

"언제 이렇게 썼습니까? 아, 대단합니다."

"감사합니다."

"그럼 이제 작가이니 봉숭아학당에서 저자 특강 한번 하시지요."

"예, 못 합니다."

"아니 왜요."

"저는 강의를 해 본 적도 없고요. 할 줄도 몰라요."

"그러니까 해 봐야지요. 앞으로 강의 안 할 겁니까?"

"해야지요."

"그럼 봉숭아학당에서 시작하자고요."

"그래도 자신이 없습니다."

"학당이 무엇입니까? 잘하는 사람들이 하는 곳이 아니라 저음 나온 분들, 아직 제대로 서지 못한 분들을 세워서 잘 할 수 있도록 격려해 주고 응원해 주는 곳이 학당입니다. 봉숭아학당 말입니다."

"말씀은 맞는 말인데요. 「아침마당」도 나오라고 하는 걸 안 나간 다고 거절하고 있는 중입니다."

"예에, 「아침마당」요."

성창운 총장은 깜짝 놀랐다.

"예."

"아니 왜 거길 안 나갑니까?"

"거기도 자신 없고, 엄마도 보시면 안 되거든요."

"참 이해가 안 갑니다. 누구는 나가고 싶어도 못 나가는데 나오라 고 하는데도 안 나갑니까? 무조건 나가세요."

"…"

"아셨지요. 무조건 나가세요. 그리고 봉숭아학당에서 강의 합시다."

"알겠습니다. 일단은 「아침마당」 나가는 것부터 해결하고 봉숭아학당 생각하겠습니다."

그렇게 처음으로 통화를 한 후 얼마나 지났을까.

생방송 「아침마당」에 출연하고 얼마 후에 다시 성창운 총장에게서 전화가 왔다.

"자 언제 할까요. 다음 주에 할까요?"

"아니요. 아직 결정을 못 했습니다. 저 못 하겠습니다."

"아 참. 아니 왜 그렇게 자신이 없어요. TV도 나갔으면서."

"저 한 번도 안 해봤어요. 어떻게 하는지 몰라요."

"그냥 책 쓴 것 자기 이야기 하는 것이니 담담하니 얘기하면 돼요."

"그럼 다음에 할게요."

"아니, 시작을 해야 다음에 하지요. 시작도 안 하고 언제 하겠어요. 부담 갖지 말고 하세요. 봉숭아학당은 바로 설 수 있도록 준비하는 곳입니다. 모든 강사들이 제대로 설 수 있도록 발판이 되어주는 곳이니 부담 갖지 말고 하세요. 마지막 주 월요일 하자고요. 왕십리에서 마지막 하고 이사 가니까 부담 갖지 말고 편하게."

"예, 알겠습니다."

기어들어가는 목소리로 대답을 하고 전화를 끊었다.

정말 갑갑할 정도로 자신감이 없었다. 내가 생각해도 얼마나 소심하고 소극적이고 자신감이 없었는지 세상에서 내가 제일 못하는 것 중에 하나가 사람들 앞에 서서 말하는 것이다. 학교 다닐 때 친구들 앞에서도 너무 긴장해서 교과서도 제대로 못 읽고 더듬더듬 했었는데, 그러다 웃음을 배우고 사람들 앞에서 웃음 치료를 하고 다니던 것은 신기한 일이었다.

나에게 능력을 주신 나의 스폰서, 전능하신 하나님께서 사람들 앞에 서지 못하는 나를 위해서 웃음치료를 하며 사람 앞에 서는 연습을 할 수 있게 해주신 것이었다. 이제는 본격적으로 강연 준비를 하고 다시 시작하여야 한다.

성창운 총장님도 생전 처음 서는 자리라고 거의 꼬이는 수준으로 설득을 하며 저자 특강을 할 수 있게 힘을 실어 주지 않았는가. 앞으로는 내 스스로 강연을 할 수 있도록 준비도 하고 연습도 해야 되니 해 보자. 무엇이든 시작이 있어야 과정도 있고 결론도 있는 것이니까.

책의 줄거리를 쓰고 PPT 몇 장을 만들고 연습을 시작했다.

내가 내 이야기를 책으로 썼으니 내 이야기를 하라면 못할 리가 없을 텐데도 긴장을 하면 무슨 말을 해야 할지 모르고 입이 얼어붙어 있을 것이라는 생각에 A4 용지에 가득히 한 시간 분량의 글을 썼다.

그리고 저녁마다 연습을 했다.

나의 웃음친구인 김정숙 선생과 전화 통화를 하며 나는 연습을 하고 김정숙 선생은 듣고 있다가 지적을 하며 고쳐야 될 부분과 부족한 부분들을 체크해 주었다.

저녁마다 몇 시간을 통화를 하며 연습할 때마다 말하는 나도 울었고 듣고 있는 김정숙 선생도 울었다.

"이놈의 눈물은 마르지도 않느냐"며 또 울었다.

정말 징글징글하게도 많이 울었다. 다섯 번을 연습하면 다섯 번을 울고 일곱 번을 연습하면 일곱 번을 울었다. 드디어 첫 강연을 하는 날 입지 않던 치마를 입고 정장으로 폼을 내고 책을 박스에 담아서 차에 싣고 왕십리 복숭아학당으로 향했다.

지난 송년회 때 처음 본 봉숭아학당 가족들. 하지만 봉숭아학당엔 처음 가는 것이다.

혼자서 책을 들고 들어가면 얼마나 쓸쓸할까. 김정숙 선생은 당연히 동승을 했고 입구에서 나의 롤모델 유연숙 선생도 만났다. 유연숙 선생은 말했다.

"아니 옷이 이게 뭐예요."

"왜요. 안 입던 치마를 입으니 어색하고 불편해서 힘들어요."

"안 되겠어요. 차에 타세요."

그러고는 차 안을 뒤지더니 "자, 이 옷으로 갈아입으세요."

"싫어요."

"그냥 갈아입으세요."

나는 엄마 앞에서 혼나는 아이처럼 유연숙 선생이 챙겨 주는 원피스로 갈아입고 스타킹을 신고 차 안에서 변신을 하고 나왔다.

"아, 훨씬 좋아졌어요. 그리고 갑시다."

변신을 하고 차에서 내리는 순간에 딱 맞추어 최종서 선생이 합류를 했다.

최종서 선생이 책 박스를 들고 드디어 봉숭아학당에 입성.

얼마나 반갑게 맞아 주는지 일 년 전쯤 송년회 때 한번 간 것뿐인데 나의 이름표가 나를 기다리고 있었다. 입구에서 이름표를 목에 걸어 주는 것으로 내 생애 첫 강연, 봉숭아학당에서의 첫 강연을 준비했다. 유연숙 선생은 제일 앞에 앉아서 필기 준비를 했다. 나는 A4 용지에 10장이 넘게 적은 강의 내용을 선생님 앞에 놓으며 한 장씩 넘겨 달라고 부탁을 했다. 그리고 혹시나 해서 조그마하게 컨닝 페이퍼도 만들어서 손에 들었다. 그렇게 준비를 해 놓고 화장실을 다녀오니 A4 용지가 모두 없어졌다.

"헐" 깜짝 놀라서 물었다.

"어디 갔어요?"

"총장님께서 가져가셨습니다."

"어떡해요" 하고 발을 동동 구르고 있는데 성창운 총장님께서 다가오며 "그냥 하세요. 그건 아니야. 보고 하지 말고 있는 그대로 그냥 하세요."

"…"

그렇게 무대의 막은 오르고 성창운 총장님은 나를 소개했다.

"얼마 전에 「아침마당」에 나온 것 보았지요. 「아침마당」 말고는 처음 하는 강연입니다. 강연을 안 하겠다고 하는 것 여기서 연습해 보라고 해서 모신 것입니다. 얼마나 잘하나 보자 하고 심사하듯이 보지 말고 그냥 진솔하게 하는 얘기를 그대로 들어주었으면 합니다. 자, 홍영순 작가님을 모시겠습니다."

드디어 역사적인 순간이 시작되었다.

"안녕하세요. 엄청 예쁜 홍영순입니다. 너무 떨려서 컨닝 페이퍼를 만들어 왔는데 이것이 눈에 보이기나 할지 모르겠습니다" 하며 인사를 했다.

그렇게 인사와 함께 시작은 했는데 걱정했던 것같이 한마디 하고 나면 다음은 무슨 말을 해야 할지 생각도 나지 않았다. 이럴 때를 대비해서 만들어 놓은 컨닝 페이퍼는 눈에 보이지도 않고 있으나마나한, 한마디로 무용지물(無用之物)이었다. 처음 몇 번 띄엄띄엄 하고 나서 가속도가 붙었다. 어떻게 강연이 끝났는지 모르지만 모두 다 훌쩍훌쩍 눈물바다가 되었다. 조용한 침묵의 그림자가 지나갔다.

강연을 하는 사람도, 강연을 듣는 사람도 하루에 몇 번을 들은 김정숙 선생도 앞에 앉아서 손수건을 들고 훌쩍훌쩍 울었다.

어쨌거나 눈물바다가 된 강연은 끝났다. 가속도가 붙을 때까지 버벅버벅했던 부분이 아쉬움으로 남았다. 그런데도 복숭아 학당 가족들은 모두 다 한마음으로 응원을 해주며 많은 박수를 쳐 주었다. 강연이 끝나고 감사장을 받았다. 이런 감사장도 생전 처음으로 받아 보는 것이었다. 감사장을 받은 기분을 채 느끼기도 전에 "홍 작가님, 빨리 오세요" 하고 누군가가 불렀다. 뒤편에는 책상과 의자가 따로 준비되어 있었다.

"자, 여기 앉아서 사인하세요."

"예."

지정해 주는 의자에 앉아서 책을 구입하고 온 사람들에게 사인을 해주었다. 그리고 저자와 독자의 기념사진을 찍었다. 사진을 찍을 때마다 사람들은 모두 다 한마디씩 했다. "힘내세요. 기도할게요." "대단하시네요" 하며 엄지를 척 세워 주었다.

사인한 책을 들고 폼을 잡으면 나의 매니저를 자처하신 정택수 교수님께서 사진을 찍어 주셨다. 책이 나오고 난 후 용마산 입구에서 정택수 교수님을 만나 책을 선물했는데, 정택수 교수님은 사인한 책을 받아들고 다른 이에게 사진을 찍어 달라고 부탁하여 기념사진을 남겼다. 그리고는 나의 매니저를 하시겠다고 자처하셨다.

그리고 며칠 후 정택수 교수님은 사인을 받을 때 찍은 기념사진과 책을 읽을 때 밑줄 쭉쭉 긋고 중요 표시를 한 부분을 찍은 사진으로 블로그 포스팅을 해 SNS에 올려놓았다.

책을 먼저 본 정택수 교수님은 책을 보면서 너무 많이 울었다고 했는데 이날도 손수건을 들고 있을 정도로 또 우셨다.

그리고 지금 이 순간 이 장면들, 태어나서 처음으로 작가로 소개되는 것부터 내가 저자 특강을 하고 저자 사인을 하고 기념촬영을 하고 등등 모두가 낯선 장면들, 처음 경험하는 것들. 그렇게 나는 작가로 불리며 봉숭아학당에서의 평생 잊지 못할 추억을 만들며 새로운 시작을 알리는 신호탄을 쏘아 올렸다.

그 후 많은 시간이 지날 때까지 내 생애 첫 저서가 나오고도 출판기념회를 못 한 것이 가슴에 한이 될 때마다 봉숭아학당에서의 첫 강연이 나의 출판기념회였다고 위안을 삼고 있다. 강연이라는 큰 산에 막혀 이러지도 저러지도 못하고 있을 때 반강제로 설득을 해서 봉숭아학당에 세우며 첫 강연의 산을 넘게 해주신 성창운 총장님이 없었다면 지금쯤 어쩌고 있을까.

 이쯤이면 성창운 총장님께 큰절이라도 한번 해야 하는 것 아닌가 하는 생각을 해 본다.

5 나는 어싱 위에서 잠을 잔다

　7월 17일 임옥란 작가의 출판기념식이 있던 날 봉숭아학당 성창운 총장님이 "홍영순 작가님 나오세요" 하고 각본에도 없던 나를 불렀다.

　얼떨결에 앞으로 나갔는데 어싱의 왕새롬 대표께서 198만 원짜리 어싱 매트를 나에게 주기로 했다고 갑자기 정해진 것이라 준비가 되어 있지 않다며 옆에 있는 책으로 증정식을 했다.

　순식간에 일어난 일이었다.

　내가 왕새롬 대표를 처음 만난 건 봉숭아학당 1부가 끝난 후 화장실 앞에서 줄을 섰을 때였다. 전화 통화 중이던 왕새롬 대표는 얼굴을 약간 옆으로 돌려 턱으로 방향을 가리키며 먼저 들어가라고 순서를 양보했고 "감사합니다"라는 말을 남기고 화장실 안으로 들어갔다가 볼일을 보고 문을 열고 나올 때의 일이었다. 내가 나오는 문으로 들어가던 사람이 갑자기 다시 나오며 "홍영순씨? 홍영순씨 맞죠?" "예."

　어떻게 나를 아는지 눈이 동그래지면서 대답을 했다.

　"내가 얼마나 찾았는데. 이거 하나 받아 가세요."

하며 화장실을 들어가다 말고 다시 나와서 명함을 한 장 꺼내 주고는 다시 화장실로 들어갔다.

많은 사람들이 줄을 서 있는 좁은 화장실에서의 첫 대면이었다.

명함을 받아들고 화장실에서 나와 명함을 보았다. 새롬어싱 왕새롬 대표라고 적혀 있었지만 내가 모르는 사람이었다. 나름 이름이 알려졌다고 나는 상대방을 모르는데 상대방은 나를 알고 있는 일이 더 많기 때문에 이상한 것은 아니었다. 나는 명함을 호주머니에 넣고 뒷문으로 들어가 오랜만에 만난 분들과 반가움을 나누고 있을 때였다. 그런데 갑자기 마이크에 대고 "홍영순 작가님" 하고 부르는 것이다. 갑자기 부른 이름에 "예" 하고 대답과 동시에 일어섰지만 나를 왜 부르지 하는 생각을 할 시간도 없이 "홍영순 작가님 앞으로 나오세요." 얼떨결에 앞으로 나갔다.

왕새롬 대표는 화장실을 다녀오며 앞문으로 들어가서 성창운 총장께 홍영순 작가를 만났으니 홍영순 작가에게 어싱을 기증하겠다고 말을 했고, 이 말을 들은 성창운 총장은 당사자가 있는 오늘 증정식을 하자고 갑자기 나를 부른 것이다. 어싱이 준비가 되어 있지 않은 상태에서 갑자기 즉석에서 정해진 것이라 어싱을 대신해서 옆에 있는 책으로 대신 증정식을 했다.

왕새롬 대표는 앞으로 나왔고 어싱을 대신한 책을 건네주며 마이크를 잡고 이야기를 시작했다. '안 돼, 안 돼. 제발 그 말은 하면 안 되는데, 제발 그 말은 하면 안 되는데.' 이 말이 입안에서 맴돌았지만 처음 본 왕새롬 대표의 입을 막을 수는 없었다.

왕새롬 대표는 나의 손을 꼭 잡고 입을 열었다.

"내가 암이 세 번이나 걸렸는데 다 나았습니다. 우리 언니가 파킨슨 환자입니다. 파킨슨은 낫는 병이 아닙니다. 그런데 우리 언니가 어싱을 사용하고 몸이 많이 좋아졌습니다. 그래서 홍영순 작가가 파킨슨 환자라는 소문을 들어서 홍영순 작가를 찾고 있었는데 여기서 만났습니다. 그래서 성창운 총장님께 홍영순 작가에게 어싱을 주겠다고 말을 했는데, 이 자리에서 발표를 해버린 것입니다" 하며 한 손에는 나의 손을 꼭 잡은 채로 한 손에는 마이크를 잡은 채 계속 말을 하고 있었다.

'제발 그 말은 하지 말지. 안 돼. 그 말은 하지 말지' 하고 마음속으로 바라던 말을 당당하게 말하고 있는 왕새롬 대표의 손에 한쪽 손을 잡힌 채 고개를 뒤로 돌려 많은 사람들에게 등을 보이고 있었다. 주르륵 주르륵 내리는 눈물은 무방비 상태에서 쏟아진 빗물로 인해 홍수가 나고 둑이 무너지는 느낌이었다.

198만 원짜리 어싱을 그냥 준다고 하는데 고마운 마음보다는 내가 파킨슨 환자라고 큰 소리로 말하고 있는 이 순간이 너무 싫었다.

이 강의장에 있는 모든 사람들에게 공식적으로 공표를 하고 있는 이 순간이 속이 상했다.

하지만 이미 엎질러진 물이었다. 솔직히 말해서 내가 제일 처음 봉숭아학당에서 나의 스토리텔링으로 강연을 했기 때문에 내가 파킨슨 환자라는 사실을 알 사람은 다 알고 있는 상황이다. 그래서 봉숭아학당 가족들은 항상 응원해 주고 걱정해 주고 기도를 해주고 있다는 것을 잘 알고 있다. 그런데도 이렇게 밝히는 것은 속이 상했다.

사실 처음부터 알고 있는 사람들은 어쩔 수 없지만 지금은 모르는 사람들이 더 많기 때문이다. 나에 대해서 잘 모르는 사람들에게까지 내가 환자라는 사실을 알리는 것이 정말 싫었다. 그냥 눈물이 두 뺨 위로 줄줄 타고 내리고, 사람들에게 등을 보이고 있던 나는 내 손을 잡고 있는 왕새롬 대표의 손을 뿌리치고 앞문으로 도망 나오다시피 빠져나와 화장실로 갔다.

화장실에서 한참 동안 울었는데도 또 눈물이 난다. 그렇게 울고 난 후 눈물을 정리하고 아무 일도 없었던 것처럼 해서 밖으로 나왔지만 코끝은 빨갛게 되어 있었다.

봉숭아학당 강의장 뒷문으로 돌아왔으나 강의장으로 들어갈 수가 없었다. 그래서 강의장 밖에 의자를 갖다 놓고 앉아서 목소리로만 강의를 들었다. 눈물 자국이 표가 나지 않게 되자 강의장 안으로 들어갔다. 강의가 끝나고 뒷문으로 나오는 사람들이 나에게 한마디씩 했다.

"어머, 몰랐어요."

"힘내세요."

"용기를 내세요."

"대단하세요." 등등.

나는 그렇게 숨기고 싶은 나의 병명을 다 털어놓고 발가벗겨진 기분으로 고개를 숙인 채 봉숭아학당 가족들과 인사를 하고 있었다.

며칠이 지났을까. 왕새롬 대표에게서 전화가 왔다. 어싱을 가지고 와서 설치를 해주겠다고 하셨다. 나는 고마운 마음만 받기로 하고 거절을 했다. 무슨 자존심에서도 아니고 그냥 부담이 되는 것이 싫었다. 고가의 제품을 받는다는 것이 마음이 편칠 않았다.

왕새롬 대표는 주소만 알려 주면 집에 와서 설치해 주겠다며 어싱 위에서 자면 몸이 좋아진다고 대표님의 언니 이야기를 했다. 그렇게 거절하기를 몇 번이나 며칠을 계속 했는지 모른다. 결국 주소는 넘어가고 왕새롬 대표께서 사람을 보내기로 하셨다.

그렇게 선물로 주는 어싱을 "안 받겠다고, 안 받겠다고" 한참을 빼고, "제발 가져가라고, 가져가라고, 가져가서 사용하면 몸이 좋아진다"고 말하는 대표님과의 실랑이는 끝이 났다. 그리고 얼마 후 직원분이 어싱을 설치하러 오셨다.

집에 흐르고 있는 전자파를 검사하고 어싱에 대한 설명을 들었다. 집이 옛날 집이라 땅에서 접지가 안 되는 집이라고 수도꼭지에 선으로 연결을 하는 것으로 198만 원짜리 어싱이 우리 집에 자리를 잡고 나와 동거를 하게 되었다.

며칠 후 왕새롬 대표를 만나기 위해서 어싱 사무실로 향했다. 그곳에서 파킨슨을 앓고 있는 언니의 영상을 보았다. 처음에 잘 걷지를 못해서 종종걸음으로 제자리걸음만 하고 있는 영상을 보며 저

모습이 앞으로 나의 모습이란 말인가 하는 생각에 가슴이 먹먹하니 저며 왔다. 그런데 바로 다음 장면에서 어싱을 5일 사용하고 난 후의 영상에서는 너무나 잘 걷고 있었다.

"세상에 말도 안 돼. 어떻게 저렇게 걷지."

어싱 위에서 주열 치료를 같이 받았다고 하지만 말도 안 되는 장면을 내가 직접 보고 있는 것이다. 그렇게 몇 번을 어싱 사무실을 가게 되었다. 갈 때마다 왕새롬 대표께서 밥상을 차린다.

김치, 야채, 고추, 파프리카 등등 완전 풍성한 자연식으로 해서 오는 사람들마다 모두 밥을 챙겨 먹이신다. 숟가락도 밥공기도 얼마나 많은지 대식구가 사는 것 같은 그런 살림이 사무실 한쪽에 깨끗하게 자리 잡고 있다.

하나의 암이 몸에 있다고 해도 힘들어하는데 자궁암, 갑상선암, 임파선암 세 개의 암을 한 몸으로 받아서 견디고 이겨내며, 웃음치료사로 봉사하며 어려운 이를 돕기 위해 어싱 사업을 하신다는 왕새롬 대표는, 아무것도 바라지 않고 그냥 예수님 사랑을 실천하고 있다고 했다. 하루 종일 웃고 있는 밝은 표정을 옆에서 가만히 보고 있어도 좋은 기운이 전해져 오는 것을 느낄 수 있는 왕새롬 대표는, 조건 없이 그냥 막 퍼 주고 또 퍼 주며, 진실된 사랑을 담아 주고 있는 것이 보는 눈이 있다면 누가 봐도 알 수가 있는 분이었다.

한 사람과 한번 사귀면 변하지 않는 인간관계를 만들어 가지만 아무나하고 말도 잘 안 하는 내 성격에 어느 날 갑자기 훅 나타난 거침없는 왕새롬 대표는 큰 부담으로 다가왔는데 그분의 진실한 마음이 나의 닫혀 있는 문을 활짝 열고 "언니", "영순아" 하고 이름을 부르는 언니 동생 사이가 되었다. 지금도 "영순아, 밥 먹게 와라" 하고 나를 부른다.

얼마나 지났을까, 사무실에서 왕새롬 대표의 언니를 만났다. 눈으로 보고도 믿을 수가 없을 정도로 정말 멀쩡했다. 영상에서 보았던 그 사람인데 실제로 보니 눈동자도 또렷하고 혼자서 활동을 하고 다니고 있었다. 나를 알지도 못하는 그 언니를 보며 얼마나 좋았는지. 어싱을 사용하면 나도 저렇게 멀쩡하니 다 나을 수 있다는 것인가, 머릿속으로 여러 가지 생각들이 지나갔다. 파킨슨은 낫는 병이 아니다. 몇 년은 약으로 잘 지나가지만 몇 년이 지나면 증세들이 나타날 것인데 이렇게 좋아지고 있다니 내 눈으로 보고도 믿지 못할 장면들이었다. 왕새롬 대표의 조건 없는 베풂으로 내 형편에 감히 꿈도 꿀 수 없는 어싱 위에서 잠을 자며 나도 몸이 좋아지는 꿈을 꾼다.

그런데 신기한 일이 생겼다. 어싱 위에서 잠을 자면서 왕새롬 대표의 언니처럼 신나게 활보하는 꿈을 꾸었는데 조금 다른 꿈이 이루어졌다. 한여름 복날에도 등이 시려서 전기장판을 제일 약하게 켜고 잠을 자야 했는데 어싱을 사용하고 나서는 한겨울에도 전기장판을 사용하지 않고 잠을 자고 있다는 것에 내 스스로 놀라지 않을 수가 없었다. 어떻게 이럴 수가 있지. 정말 신기했다. 혹시 한여름에 전기장판이 고장나면 여름엔 전기장판을 구할 수가 없어서 미리 여유분까지 사 놓고 있어야 하는데 한겨울에도 전기장판을 사용하지 않고 잠을 잔다는 것은 나에게 있어서 기적 같은 일이다. 그래서 미리 사 놓고 미개봉한 전기장판 2개는 처분을 하기로 했다.

그리고 추석에 고향에 갔는데 오빠가 "영순이 머리숱이 많아졌네. 어떻게 된 거야" 하고 물었다.

"응, 오빠. 진짜 머리숱이 많아졌지. 가르마가 고속도로였는데 지금은 고속도로가 안 보여" 하며 머릿속을 들여다보며 신기하다고 한참을 말을 했다. 이땐 몰랐다. 나중에 알고 보니 어싱에서 잠을 자면 머리숱이 많아진다는 것이다. 세상에나 신통방통하네.

처음에 봉숭아학당에서 인연이 되어 왕새롬 대표의 후원을 받을 때는 굉장히 부담으로 다가왔는데 이렇게 신기한 일이 있고 보니 많은 사람들도 도움을 받을 수 있도록 예수님 사랑을 실천하는 왕새롬 대표께도 조건 없이 예수님 사랑을 실천하는 후원자가 많이 나타나서 좋은 일을 하며 봉사하는 왕새롬 대표에게 날개가 되어 주었으면 하는 마음을 간절히 담아 본다.

6

눈물로 물들인 종각

6월이었다. 정말 힘든 2017년 6월을 보냈다. 지금까지 손으로 힘 쓰는 일을 해와서일까. 양쪽 손가락에 통증이 오기 시작했다. 관절 도 빨갛게 부어올랐다. 작년 이맘땐 손가락 염증이 심해서 병원에 서 약을 먹었는데 약의 부작용으로 힘들게 고생한 적이 있어서 이 제는 무조건 약을 먹을 수도 없다. 그런데 이번에도 손가락 염증이 생겼다고 하는데 스테로이드제가 든 약을 마음 놓고 먹을 수는 없 고 빨갛게 부어올라 옷에 스치기만 해도 깜짝깜짝 놀랄 정도로 되 었을 때 며칠 동안 진통소염제를 먹으며 지내야만 했다. 눈으로 보 기에 빨갛게 부었던 부분은 가라앉았지만 계속되는 손가락 통증 은 나를 비참하게 만들기 시작했다.

어느 화장실에 갔을 때의 일이다. 변기의 물 내림 버튼이 동그란 단추 모양으로 된 것을 손가락으로 누르는데 눌러지지를 않았다. 엄지손가락으로 눌러 보고 검지로도 눌러 보고 심지어는 공항을 출입할 때 지문검사를 하듯 손가락마다 눌러도 단추모양의 물 내 림 버튼이 눌러지지를 않았다. 변기의 물 내림 버튼 하나를 누르기 위해서 두 손의 양쪽 엄지를 공손하게 포개서 겨우겨우 물을 내렸는데 물을 내릴 때까지 한마디로 쌩쇼를 해야만 했다.

처음 이 일을 겪으면서 마음에 상처가 생기기 시작했다. 내 의사와는 상관없이 눈물이 시작되었고 마음속에 눈물 자국으로 얼룩이 자릴 잡고 있었다. 6월, 손가락 관절 통증이 계속되었고 어디를 가다가 화장실에 들어가면 물 내림 버튼부터 확인하는 버릇이 생길 정도가 되었다. 손가락 통증으로 인해 핸드폰으로 문자를 주고받던 일도 단톡방에서 문자로 소통하던 일도 서서히 멀어지게 되었다. 이렇게 손가락 통증으로 힘든 6월을 보내고 있을 때, 인사동에서 포럼을 준비하는 단체의 모임이 있었다.

국회에서 큰 포럼을 진행하던 단체였는데 김영란법 때문에 국회에서 나온 뒤로 많은 사람이 모일 수 있는 장소가 없어서 한곳에 정착하지를 못하고 이곳저곳으로 옮겨다니다 보니 그 단체가 이름만 남게 되었다. 시간은 무심하리만큼 빠르게 지나갔다. 이름만 남아 있던 단체가 다시 일어나기 위해서 고개를 들고 수면 위로 올라오며 사람들을 모으는 첫 미팅이 있었다.

많은 사람들이 모였고 나름 아는 사람들도 생겨서인지 낯설지 않은 자리, 반가움에 인사도 나누며 식사도 하고 인사동 길에서 사진도 찍고 즐거운 시간을 보냈다.

모두 다 함께한 자리, 그렇게 소통을 한 후 각자가 집으로 돌아가기 위해 헤어졌다. 나도 발걸음도 씩씩하게 집으로 가는 발걸음을 재촉하고 있었다.

인사동 길에서 나와 종로 3가 버스정류장으로 가기 위해 큰길을 건너고 있을 때 문제가 생겼다.

"어, 이게 뭐지!"

걸음을 씩씩하게 걷고 있는 중에 다리가 갑자기 무릎이 접히지를 않고 한쪽으로 기울면서 뻐덩 다리가 되었다.

"어!" 하며 걷는 순간 또다시 다리가 굳어 뻣뻣하니 걸음걸이가 한쪽으로 기울었다. 이제 중앙선인데 나를 바라보고 있는 신호등이 깜빡이기 시작했다. 아무 생각도 나지 않았다. 어떻게든 건널목은 건너야 하기에 움직이지 않는 다리를 질질 끌고 힘들게 건널목을 건너갔다. 왕복 6차선 중에서 3차선 신호등의 삼각형이 깜빡이며 사라지기 시작했다.

마음은 급해지고 다리는 무릎이 접히지 않는 상태이고, 몸은 한쪽으로 기울어진 상태로 다리를 질질 끌며 건널목을 건넜다.

"갈 수 있어, 건너갈 수 있어, 자 조금만 더, 조금만 더 힘내" 하며 혼자 계속 중얼거렸다.

이제 남은 건 편도 3차선 중에서 두 차선이 남았는데 신호등은 무심하게도 빨간불로 바뀌고 2, 3차선에 서 있던 버스는 내가 건널 때까지 기다려 주는 듯했지만 슬금슬금 차바퀴를 굴리며 건널목 절반을 넘어오고 있었다. 멀쩡하게 씩씩하게 걸어가던 건널목을 버스의 압박을 받으며 마지막 3차선을 건널 때까지만 해도 다른 생각을 할 수가 없었다. 머릿속엔 빨리 건너야 한다는 생각 외에는 아무것도 없었다.

드디어 길을 건너고 보도블록을 밟으며 인도로 올라섰다. 그렇게 겨우 길을 건너고 나니 한숨이 저절로 나왔다.

"휴우."

한숨을 쉬며 건널목을 돌아보는 순간 저절로 눈물이 확 쏟아졌다. 주르륵 눈물이 흐르는 것이 아니라 양동이 물을 확 뒤집어씌우듯 그냥 확 쏟아져 내렸다.

다행히 건널목 한가운데에 노란 중앙선 위에 갇혀서 양쪽으로 달리는 차들의 바람소리를 듣지 않고 있어서 다행이다 하고 생각을 해도 눈물은 인정사정없이 계속 쏟아졌다. 건널목을 건너오는 동안 얼마나 가슴 졸이며 힘들게 건너왔는지 이 눈물이 말해 주고 있었다.

종로 3가 버스정류장에 앉았다. 눈물이 두 뺨 위로 계속 타고 내리며 눈앞이 보이질 않을 정도로 계속 흐르는데 어떻게 그칠 방법이 없었다. 아무리 닦아도 아무리 다른 생각을 하려고 해도 눈물을 잠그는 꼭지가 고장이 난 것 같았다. 나중에 병이 진행이 되면 걸음도 잘못 걸을 것이고 도로를 건널 때 노란 중앙선에 갇혀 있다가 나오는 수가 많다고 들었지만, 아니 앞으로 그렇게 될 것이라고 들었지만, 이렇게 막상 당하고 나니 눈물이 쏟아지는 것을 어떻게 할 방법이 없었다. 밤중에 버스정류장에 앉아 사람들이 보거나 말거나 두 뺨을 타고 흐르는 눈물은 보도블록을 적시며 얼룩진 무늬를 만들었다.

정류장에 사람은 많았지만 소리 없이 눈물을 흘리며 앉아 있는 나를 누구 하나 쳐다보는 사람은 없었다. 정말 다행이었다. 누군가 옆에서 왜 우냐고 물어보면 더 터질 것 같은 상황인데 아무도 관심 갖지 않는 무관심이 이럴 땐 정말 다행이었다. 그렇게 얼마나 울고 앉아 있었을까, 일어나서 걷기 시작했다.

종로 길을 걸으며 종각으로 향했다. 밤인데도 사람들이 왜 이렇게 많은지, 이 사람들은 언제 집에 들어가는지, 이런 것은 궁금하지도 않았다. 사람들이 울고 있는 나에게 무관심하듯 사람들 사이에서 어깨를 부딪치며 걷고 있어도 나 또한 무관심한 것이었다. 종로 길을 걸어 종각에 도착해서 종각을 빙빙 돌았다. 절에서 해도 뜨지 않은 깜깜한 새벽에 탑을 빙빙 돌며 탑돌이를 하듯 밤중에 보신각이 있는 종각을 돌고 또 돌았다. 물론 눈물은 두 뺨을 가득 적시며 멈출 줄 모르고 머릿속엔 나의 미래의 모습들이 스크린의 영화 장면들처럼 지나갔다.

몸이 이렇게 하나하나 망가지다가 나중에는 걷지도 못하고, 앞뒤로 또는 양쪽 옆으로 마구 흔들릴 것이고, 내 손으로 숟가락을 들어 입으로 가지고 가도 입으로 가면서 숟가락 위의 음식을 이미 다 쏟은 상태가 될 것이고, 그나마 빈 수저조차도 내 입으로 들어가지 못하게 되는 모습들, 혼자서 밥도 못 먹고, 혼자서 세수도 못 하고, 혼자서 화장실도 못 가고, 이런 기초적인 일상생활들을 누군가 다른 사람들의 도움을 받아야 할 수 있다는 생각 속에 빠져드니 눈물이란 게 끝도 없이 끝도 없이 타고 내렸다.

나는 이제 겨우 50대 중반이다. 하늘이 무너지는 것 같았다. 울고 울고 울어도 눈물이 났다. 이 병을 받아들인다는 것이 죽기보다 싫고 무섭고 두렵다. 늦은 밤 막차가 나를 마중 나올 때까지 그렇게 보신각 종이 있는 종각을 눈물로 물들인 후 마지막 버스를 타고 집으로 향했다.

7

무릎 꿇은 향기

　강남의 스카리움에서 임옥란 작가의 출판기념식이 있는 행사장에 갔다. 많은 사람들이 모인 곳, 내가 아는 사람들이 모두 다 모인 것 같은 곳, 아는 사람들은 총집합을 한 것 같았다. 오랜만에 만난 사람들과 기념사진도 찍고 일찍 가서인지 여유롭게 사람들을 만나서 담소를 나누었다. 일찍 간 사람들의 특권으로 제일 좋을 것 같은 앞자리에 편안하게 자리를 잡고 앉았다.

　사람들이 한 사람씩 들어오면서 자리는 채워져 갔고 드디어 행사가 시작되었다.

　역시 우리나라 시간 코리안 타임은 따로 있는 것 같다. 행사를 시작할 때는 빈자리가 너무 많았는데 행사를 한참 하다 보니 거의 자리가 없을 정도로 채워졌다. 늦게 온 사람들과 함께 행사의 열기가 뜨거웠고, 「박물관은 살아있다」라는 영화를 보면 박물관에 전시되어 있던 전시품들이 밤만 되면 살아서 움직이는 것처럼, 카톡 안에 갇혀 인사만 하던 사람들이 카톡 밖으로 나와서 마음껏 자기의 재능을 보여 주며 즐거운 시간을 가졌다. 멋진 사회자의 진행으로 저자의 강연과 마술과 노래와 행운권 추첨까지 모든 행사가 끝이 났다.

"이제 기념 촬영을 하겠습니다. 모든 분들께서는 앞으로 나와 주시기 바랍니다. 한 분도 빠지지 말고 앞으로 나와 주십시오" 하고 사회자가 멘트를 날렸다.

나도 사진을 찍으러 앞으로 나가기 위해서 일어났다. 그런데 문제가 생겼다. '이게 뭐지.' 앞으로 나갈 수가 없었다. 겨우겨우 감각이 없는 다리를 끌다시피 하며 한쪽 옆에 섰다.

일찍 온 덕분에 제일 앞쪽에 앉아 있었으니 몇 발자국 그나마 앞으로 나갈 수 있었다.

"자, 여기 보세요. 하나, 둘, 셋, 거기 안 보여요. 한 칸 올라서세요. 자 찍습니다. 웃으세요. 하나, 둘, 셋."

이렇게 사진을 찍는 동안 옆 사람을 붙들고 지탱을 하고 있는데 갈수록 옆 사람에게로 기울어 갔다. 사진을 찍을 때 웃음은 사라지고 빨리 끝나고 앉아야겠다는 생각만 가득했다. 그래서인지 내 평생 사진을 찍으면서 웃음이 없이 찍은 첫 번째 사진이 되었다. 달랑 단체사진만 한 장 찍고 앞자리까지 되돌아오는데 옆 사람의 부축을 받아서 내 자리로 돌아올 수 있었다.

행사는 끝이 났고 사람들은 반가운 인사를 나누며 사진을 찍느라고 난리도 아니었다. 누가 그랬던가, 6.25 때 난리는 난리도 아니라고, 사실 행사가 끝나고 카톡 속에서만 만나던 사람들과 서로 사진도 찍고 하는 것이, 행사의 꽃이라 할 수 있을 정도로 반가움을 나누고, 반가움을 사진으로 담고 명함을 교환하며, 인맥 관리를 하는 제일 중요한 시간을 보내느라 정신이 없었다. 그런데 나는 아무것도 할 수가 없었다. 그냥 꼼짝 못하고 앉아서 수평선 끝에 매달린 달이 넘어가는 것을 바라보듯 그 많은 사람들을 그냥 그렇게 구경만 하고 있었다.

'TV속에서 보던 유명한 사람도 저기 있는데, 나도 저 사람과 사진도 찍고 싶은데, 아 저 사람과도 같이 사진을 찍고 싶은데, 저 무리들 속에 내 얼굴도 들어 있어야 하는데, 저 사람들의 추억 속에 같이 있어야 하는데' 등등 마음은 간절한데 정말 마음은 간절한데, 엉덩이도 들썩하지 못하고 처음 앉았던 그 자리에 그대로 앉아서 돌부처가 되었다.

사람들은 이런 포즈, 저런 포즈를 취하며 사진을 찍고 반가운 만큼 수다 소리도 커져만 갔다. 같이 사진을 찍자고 손짓을 하며 부르는 사람들에게는 미소 띤 얼굴로 괜찮다는 사인을 보내 주니 아무도 나에게 이상이 생겼다는 걸 아는 사람이 없었다. 영화가 끝나고 나면 우르르 몰려 나가는데 나 혼자 그 자리에 앉아서 영화에 참여한 사람들의 이름이 깨알만한 크기로 적혀 올라가는 스크린을 끝까지 지켜보며 영화관에 불이 켜지고 청소를 하기 위해 직원이 들어올 때까지 그대로 극장에 앉아 있는 모양새, 어느 새색시가 이렇게 얌전할까?

한쪽 옆으로 이번 행사를 주최한 대표가 지났다. 나는 그 대표를 불렀다. 그런데 시끄러워서인지 그 대표는 듣지 못하고 그냥 지나갔고 나는 한 발도 내딛지 못해서 그 대표를 그냥 보내고 말았다. 오랜만에 만난 사람들과 사진도 한 장 남기지 못하고 즐거워하는 사람들을 구경 아닌 구경을 하며 바라보고 있을 때 그곳 직원들이 소리를 질렀다.

"이제 여기서 다 나가 주십시오. 이곳은 문을 닫습니다. 자, 다 나가 주세요. 이곳을 비워 주세요. 이제 끝났습니다. 자, 나가 주세요" 하며 사진으로 추억을 남기고 있는 사람들을 모두 내쫓다시피 내보내고 있었다.

나도 이 즐거운 행사의 분위기를 깨트리고 싶지 않아서 아무 표시도 내지 않고, 아무렇지도 않은 것처럼 가만히 앉아 있었지만 이제는 일어나서 나와야 했다.

그런데 일어날 수가 없었다. 사람들은 자기의 가방을 챙기고 겉옷을 챙기며 하나둘 빠져나가고 있는데 나는 일어설 수조차 없으니 결국 지나가는 사람들에게 도움을 요청해야만 했다. 처음부터 같이 동행을 했던 스피치 강사 권숙희 선생에게 "나 좀 잡아 주세요."

"왜요?"

"못 걷겠어요."

이 말을 동시에 들은 초록사과인형극단 대표인 박동숙 대표께서 "자 나 잡으세요" 하며 어깨를 내어 주었다. 하지만 어깨를 잡아도 일어설 수조차 없었다.

"움직이지 않아요."

"뭐야."

"뭐야."

"왜 그래."

"무슨 일이야" 하며 순식간에 아수라장이 되었다.

놀라서 쳐다보는 사람들, 지나가다 기웃거리듯 쳐다보는 사람들, 박동숙 대표는 나의 가방을 자신의 어깨에 메고 한쪽 어깨를 내어 주고 권숙희 선생과 다른 분들은 나를 거의 들다시피 해서 부축을 하고 밖으로 나갔다. 로비의 한쪽 의자에 나를 옮겨 놓는 것으로 1단계는 끝이 났다.

나는 그냥 아무것도 할 수가 없었다. 무슨 짐짝이라도 된 것마냥, 아니 그냥 딱 짐짝이었다.

옮겨 놓은 의자에 앉아서 아무 생각도 없는 것처럼 그냥 머리가 하얗게 비어 가고 있었다.

'어떻게 하지. 이럴 땐 어떻게 해야 하지.' 처음 겪는 일이라서일까, 어떤 방법을 찾을 수가 없었다. 그때 "화장실에 가서 앉았는데 움직일 수가 없어서 몇 시간을 화장실에 갇혀 있었어요" 하고 말하던 어느 환우의 말이 생각이 났다.

'이렇게 해서 못 걸었다는 소리는 들은 적이 없으니까 조금 있으면 괜찮을 거야. 조금 있으면 움직이겠지. 그래 움직일 수 있을 거야' 하며 내 스스로에게 최면을 걸었다.

너무 당황해서 기절할 것 같은 상황에서 남의 행사장에서 조금이라도 표시를 덜 내려고 아무렇지도 않은 듯 소리 없는 눈물만이 나를 대신하며 동물원의 원숭이처럼 사람들에게 둘러싸여 있을 때에 1978년 옛날 흑백 TV를 보던 시절 TBC에서 한창 인기가 있던 만화영화의 주제곡 짱가처럼 나타난 사람이 있었다.

어디선가 누군가에 무슨 일이 생기면 짜짜짜짜 짜짱가 엄청난 기운이 야! 틀림없이 틀림없이 생겨난다 지구는 작은 세계 우주를 누벼라 씩씩하게 잘도 싸운다 짱가 짱가 우리들의 짱가 당당하게 지구를 지킨다 짱가 짱가 우리들의 짱가

하고 부르면 나타나는 짱가처럼 향기나는 여인 도테라 대표인 하부경 대표가 달려왔다.

항상 고상하게 옷을 입고 다니며 우아하게 말을 하는 하부경 대표는 내가 아는 지인들 중 가장 가녀린 사람이고 우아한 말투에 고상하다고 해야 하나, 사람을 상품으로 표현한다면 고급스럽다고 하면 맞을 듯싶다.

그런 하부경 대표가 달려왔다. 하부경 대표는 나를 보자마자 그대로 내 앞에 앉아서 내 다리를 만지기 시작했다. 그리고는 일행을 불렀다. 일행에게 무엇들을 가져오라고 말을 하고는 계속 부드럽게 다리를 마사지하듯 문질러 주었다. 하부경 대표의 일행이 아로마를 가지고 뛰어왔다.

검은 가방의 뚜껑을 열자 이름 모를 아로마들이 줄을 서서 선택이 되기를 기다리는 궁녀들처럼 1층 2층으로 예쁘게 진열되어 있었다.

하부경 대표는 어느 아로마 하나를 선택을 하고 손바닥에 몇 방울 부어서 손을 비비고 내 다리에 문질러 주었다. 또 다른 아로마를 선택을 하고 손바닥에 몇 방울 부어서 손을 비비고 또다시 내 다리에 문질러 주며 부드럽게 마사지를 해주었다. 하부경 대표는

"다리가 얼음 덩어리 같아요"라고 말을 하며 "조금 있으면 괜찮아질 것이에요" 하고 안심을 시키면서 다리를 문질러 주었다.

이때 어싱의 왕새롬 대표가 나를 보고 무슨 일이냐며 달려왔다. 지금 벌어진 상황을 보고 한쪽이 움직이지 않는 오른쪽 팔을 잡아 주무르기 시작했다. 그 상황 나의 눈에서는 눈물이 줄줄줄 계속 흐르고 있었다. 내 팔과 내 다리인데 내가 주인인데 내가 아무것도 할 수가 없었다.

분명히 나의 수족임에도 불구하고 내가 어찌하지 못하고 동물원의 원숭이처럼 사람들에게 빙 둘러싸인 채 다른 사람들이 나의 수족을 어찌하고 있었다.

내가 할 수 있는 것이라고는 많은 사람들 앞에서 '뭐 이까짓 것쯤이야. 별것 아니야. 금방 괜찮아질 거야' 하고 태연한 척하고 있었지만 넋이 절반은 나간 상태였고, 내 마음과는 상관없이 눈물이 강을 이루기라도 할 것처럼 소리 없이 계속 쏟아졌다.

다른 사람 행사장에서 그렇게 사람이 많이 모인 곳에서 이게 무슨 창피란 말인가. 정말 쥐구멍이라도 찾고 싶었다. 나는 파킨슨 환자입니다 하고 모든 사람들 앞에 광고라도 하는 것 같아 이 자리를 박차고 뛰어나가고 싶었지만 나의 마음과는 다르게 몸은 움직이지 않고 고작 할 수 있는 것은 눈물만 흘리며 사람들의 시선을 그대로 받으며 포기 아닌 포기를 한 듯 가만히 있는 것뿐이었다. 제발 이 시간이 빨리 지나갔으면, 1초라도 빨리 이 시간이 끝나고 여기서 나갈 수만 있다면. 정말 창피했다.

다리는 빨리 풀리지 않았고 하부경 대표는 다리를 계속 문지르며 마사지를 했다.

중간 로비 사인을 하던 테이블을 옆에 두고 둘러선 사람들, "무슨 일이냐"며 빼꼼 들여다보는 사람들도 있고, "뭐야, 뭐야, 무슨 일이야" 하며 관심 가지는 사람들, 또는 관심 밖의 일이라 쳐다보지도 않는 사람, 가는 사람들을 배웅하는 사람, 서로 잘 가라며 인사하는 사람 등등… 그 사람들이 다 함께 있는 중간 로비 한쪽 공간에 내가 자리를 잡고 있었다. 이런 장면들이 내 눈에 보인다는 것은 내가 그만큼 안정이 되었다는 것이겠지.

하부경 대표는 계속 마사지를 하며 "아까보다 훨씬 좋아졌어요. 이제 조금만 더 있으면 풀어질 것이에요"라고 했다.

그때까지 숨소리조차도 내지 않고 눈물만 흘리고 있었는데 내 눈에 하부경 대표가 똑바로 보이기 시작했다. 오늘도 여전히 우아하고 예쁘게 차려입은 하 대표. 오늘은 무릎을 덮을 정도의 치마를 입고 있었다. 그런데 내 다리를 마사지하고 있는 하부경 대표는 맨바닥에 두 무릎을 꿇고 앉아서 마사지를 하고 있었다. 순간 깜짝 놀랐다. 바닥에 아무것도 깔려 있지 않은 차가운 대리석 바닥. 그 차가운 대리석 돌바닥에 두 무릎을 꿇고 엉덩이는 두 구둣발 위에 올리고 어찌 보면 너무 편안한 자세. 치마를 입고 앉기에 제일 편안한 자세인지 몰라도 나는 놀라지 않을 수가 없었다.

그도 그럴 것이 나는 어릴 때 육상 선수였다. 달리기 하면 어느 누구도 따라올 사람이 없었다. 달리기의 꽃, 마지막 계주를 뛸 땐 마지막 주자로서 운동장 반 바퀴가 차이가 나도 나의 사전엔 다른 사람의 뒤통수를 쳐다보며 달리지 않는다는 철학이 있는 것도 아 닌데 나는 사람들의 뒷모습을 보며 달리지 않았다. 눈앞에 달리고 있는 뒷모습의 주인공에게 바람소리를 '삭' 내어주며 지나갈 때의 기분. 이래서 달리는 것을 즐겼는지 모르겠다. 또 한 가지, 운동장 반 바퀴를 돌아 앞사람을 지나갈 때면 응원을 하던 응원단에서의 함성소리, 응원단장은 뛰어오면서 함성을 지르고 백팀 청팀 모두 일어나서 나를 응원하던 그때의 그 기분. 어린 마음에도 영웅이 따 로 없었다. 내가 바로 영웅이었다.

그렇게 잘 달리던 내가 무릎에 이상이 생기면서 평생을 무릎을 꿇을 수가 없게 되었다. 무릎을 꿇고 앉는 것은 평생 한번도 하지 못했고 할 수도 없었다.

그런데 하부경 대표는 지금 차가운 맨바닥에 무릎을 꿇고 앉아 나의 다리를 마사지하고 있었다. 발가락 하나하나 골고루 아로마를 바르며 종아리를 쓰다듬고 문지르고 주무르며 그렇게 시간이 흘러 갔다.

정신이 바로 든 나는 깜짝 놀라며 말했다.
"맨바닥에 그렇게 앉아서 어떡해요. 어서 일어나세요."
"아니 괜찮아요. 조금 있으면 괜찮을 거예요."
"어떻게 알아요?"
"으음, 아까는 얼음 덩어리 같았는데 이제는 많이 회복이 되었 어요."
"그것이 느껴지나요."
"그럼요. 지금은 많이 돌아왔어요. 조금만 더 있으면 돼요."

"무릎까지 꿇고 어떡해요."

"걱정 마세요. 누구라도 이렇게 할 거에요. 작가님은 안 그러겠어요?"

"저요? 저도 당연히 그렇게 했겠지요."

"거봐요. 닥치면 누구나 이렇게 해요" 하며 아무렇지도 않은 듯 계속 아로마를 몇 방울 떨어트리고 손에 비벼서 다리에 문지르는 일을 계속 하고 있었다.

나는 혼잣말로 '아니요. 그렇게 하기 쉽지 않습니다'라고 중얼거렸다.

하부경 대표는 계속 다리를 부드럽게 문지르고 있고 팔은 왕새롬 대표가 주무르고 있을 때 나는 생각해 보았다.

'만약에 나라면, 내가 무릎이 아프지 않았다고 하면, 과연 맨바닥에 무릎을 꿇고 앉아서 저렇게 정성스럽게 마사지를 해줄 수가 있을까?' 하고 나 스스로에게 질문을 던져 보았다.

'힘든 일일까?'

'나도 오지랖이 넓어서 그냥 못 지나갈 테지만 과연 나는 어땠을까?'

오래전 병원에 근무할 때 조리원 파견 근무를 했었다. 한밤중에 이브닝 근무를 한 간호사가 퇴근을 하다가 운전을 잘못해서 언덕 아래 낭떠러지로 떨어진 적이 있었다. 늦은 퇴근길에 쿵 하는 소리와 함께 무슨 일이 생긴 것을 직감한 나는 잽싸게 뛰어나가 언덕 아래로 내려가서 운전자의 상태를 확인하고 차 안에서 꺼내고 바닥에 바로 눕히고 119에 전화하고 많은 직원들이 구경하고 있을 때

나는 척척척 빠르게 움직이고 있었다.

　이런 오지랖이라면 나도 당연히 그렇게 하고 있었을 거라는 생각이 들었다.

　그런데 내가 짱가처럼 달려가서 누군가에게 힘이 되어 줄 수 있다면 오지랖 넓은 내가 당연히 했겠지만 지금 이렇게 아무것도 할 수 없는 입장에서 도움을 받고 있는 입장이 되고 보니 생각은 또 달랐다. 오늘 이렇게 맨바닥에 두 무릎을 꿇고 나를 위해 도움을 주고 있는 이 향기의 여인 하부경 대표는 한마디로 천사가 달려왔다 해도 과언이 아니었다.

　아로마 가방부터 멋있게 좌악 열어 놓고 이것저것 브랜딩하며 능수능란한 손놀림으로 척척 움직이고 있는 모습은 반하리만큼이나 예쁘고 멋있었다.

　가냘픈 여인의 향기나는 하부경 대표의 고마움을 가슴에 새기며, 제2의 인생을 시작한 나도 누군가를 위해서 맨바닥에 무릎을 꿇고 희생할 수 있는 자세로 살아야 하겠다는 걸 느끼게 하는 사건이었다.

　시간이 얼마나 흘렀을까, 드디어 끝이 났다. 하부경 대표는 다리가 따뜻해졌으니 발가락을 움직여 보라고 했다. 세상에나 아무리 움직이려 해도 꿈쩍도 안 했는데 팔도 서서히 움직이고 발가락도 조금씩 움직이기 시작했다. 신기한 일이었다. 로보캅이 수술을 하고 잘 움직이는지 확인을 하는 것 같은 느낌으로 손가락부터 발가락까지 꼼지락 꼼지락 움직이며 일어섰다.

똑바로 걷지는 못하지만 한쪽 다리를 질질 끌며 절뚝거리며 서서히 걸었다.

이때 왕새롬 대표가 정리를 했다.

왕새롬 대표는 나를 차에 태우고 집까지 태워다 주겠다며 부축을 해서 나를 데리고 나왔다.

고마운 사람들이 걱정에 걱정을 하며 집에 가서 몸조리 잘 하라고 한마디씩 하며 헤어졌다.

이날 처음으로 겪은 이 황당한 일은 잊을 수가 없다. 처음 일어난 일에 창피해서 쥐구멍이라도 들어가고 싶었는데, 이렇게 걸으며 걱정을 해주는 사람들을 보며 내 옆에 이렇게 좋은 사람들이 많다는 것을 다시 한 번 더 느끼며, 고맙고 감사하다는 생각을 했다.

특히나 도테라 하부경 대표의 행동은 한 장의 움직이는 사진이 되어 영원히 머릿속에 남아 있을 것이다. 그리고 나 또한 누군가를 위해서 해야 할 일이라는 것을 다시 한 번 더 되새김질하는 표준이 되었다.

8

내 몸에 붙어 있는 팔다리가 아니던가

동물원의 원숭이처럼 사람들에게 둘러싸여 난리를 한번 치르고 제대로 걷지도 못하는 상태로 왕새롬 대표의 차를 타고 집으로 오는데 왕새롬 대표는 새롬기업 사무실로 와서 주열치료를 받아 보라고 했다. 대표님의 언니도 파킨슨 환자인데 어싱 위에서 주열치료를 받고 상태가 너무 좋아졌다고 사무실로 나오라고 했다.

많은 사람들 앞에서 움직이지 못하는 일을 처음 겪어서인지 많이 놀랐나 보다. 콩닥콩닥 뛰는 가슴을 누르며 두근거리는 마음으로 주열치료를 받으러 갔다. 그런데 주열치료를 받으며 새로운 사실을 알게 되었다. 누워 있을 때나 보통 생활을 할 때 느리게 움직이거나, 키보드로 글을 적을 때도 오른손 손가락이 잘 움직이지를 않으니 글씨가 자음만 써지고 모음은 아무리 눌러도 키보드가 움직이지를 않는다. 그래도 손은 움직이니까, 하고 위로를 했다. 그런데 주열치료를 받으면서 엎드린 상태로 후면을 관리할 때는 놀라지 않을 수가 없었다. 내가 엎드려 있는 상태에서는 오른쪽 팔다리가 전혀 움직이지를 않는다는 것이다. 손가락도 발가락도 전혀 움직임이 없었다. 그러니 다리를 든다는 것은 어림도 없었다. 기분이 묘했다.

"자, 움직여 보세요." "발 들어 보세요." "손가락 움직여 보세요." 치료사는 움직여 보라고 계속 요구를 했지만 어쩜 그렇게 꼼짝도, 꼼지락도 하지 않을 수가 있단 말인가. 이건 말이 안 돼. 아무 감각도 없고 어떤 느낌도 전혀 없으니 미치고 환장할 노릇이었다. 내 몸에 붙어 있는 팔다리가 아니던가. 말문이 막히고 어이가 없었다.

지금까지도 모르고 있던 내 몸 상태, 어쩜 몰라도 이렇게까지 내 몸을 모르고 있단 말인가. 이 사실을 알고 나니 걱정이 되기 시작했다. 앞으로 이렇게 못 움직이는 것은 아닌지, 하지만 이런 증세는 어디에서도 본 적이 없었다. 왕새롬 대표는 당분간 주열치료를 받아 보라고 했다. 게으름을 피울 수가 없었다. 일주일에 한 번씩 새롬 사무실로 가서 어싱 위에 누워 주열치료를 계속 받기 시작했다.

그런데 5회째가 되는 날부터 꼼지락꼼지락 발가락이 움직이기 시작했다. 다리를 들고 움직이고 하는 것은 아닌데 발가락이 꼼지락거리고 있었다. 하지만 내가 느끼지는 못했다. 뒤에서 보는 사람이 움직이는 것을 보고 말을 해주니 '아, 움직이는구나' 하고 생각을 하는 것이다. 그 다음부터 6회 7회가 지나면서 다리를 들 수가 있었다. "야호!" 드디어 다리가 움직이고 손이 움직였다.

10회의 주열치료를 받는 동안 신기하게 다리도 손도 팔도 모두 움직이게 되었다. 엎드려서도 두 다리를 들고 발가락도 꼼지락거려 보고, 두 발로 박수를 치듯이 탁탁탁 소리가 나게 발을 부딪쳐도 보았다. 너무 신기했다. 내 병이 다 나은 것마냥 기분이 좋았다.

왕새롬 대표의 도움으로 받기 시작한 주열치료는 손바닥 절반만한 크기로 다리미처럼 생겼는데 온몸을 다림질하듯이 천천히 문지른다. 주열치료는 몸속의 세포를 깨워서 치료하는 거라고 하는데 뼛속까지 열을 넣어 치료를 하는데 뼛속까지 들어간 열은 몸속의 관절을 마디마디 모든 근육을 풀어 주어 각 장기에 들어가 아픈 것을 없애고 또 완화시켜 준다고 한다.

주열치료를 받는 동안 아프지는 않은데 뜨거워서 힘이 든다. 온도를 내리면 효과가 줄어들고, 온도를 올리면 효과는 좋은데 뜨거워서 무섭기까지 하다. 이렇게 따뜻하게 해서 온몸을 문지르면 혈액순환도 잘 되고 근육도 풀어지면서 온몸을 회복시키는 것이다. 처음에 꼼짝도 하지 않았던 팔다리가 움직이는 것을 보면서 주열치료의 효과에 엄지를 세운다.

형편만 된다면 계속 치료를 받으면 좋겠지만, 형편이라는 것이 내 마음대로 되는 것도 아니니 계속 욕심을 낼 수는 없다. 왕새롬 대표의 도움으로 나도 내 생애에 부르주아의 흉내를 내어 보고 살았으니 어려운 가운데서도 이런 것들이 모두 감사할 따름이다.

그러니 어려운 가운데서도 신나잖아.

3장

바쁘니까
신나잖아

개천 NO, 도랑에서 나는 용

나의 멘토인 이관희 선생은 간호사이다. 간호사로 근무하면서 늦은 나이에 다시 공부를 시작해서 교육학박사 학위를 받았다. 졸업한 고등학교에서 '경축 5회 졸업생 이관희 교육학박사 학위 영득'이라고 커다랗게 적은 플랜카드를 학교 담장에 걸어 놓고 축하도 해주고 학교 이름도 빛낸다. 엄청 부러운 일이다. 얼마나 자랑스러운가. 요즘에도 명문대를 가면 학교에서 플랜카드를 내걸고 학교를 빛낸 인물이라고 자랑한다.

하지만 옛날에는 더했다. 서울에 있는 명문대학을 가거나 국가고시나 사법고시를 합격하면 동네 입구에 커다란 플랜카드를 걸고돼지도 한 마리 잡고 막걸리를 돌리며 동네 잔치를 했었다. "우리 마을에서 인재가 나왔으니, 개천에서 용 났다. 개천에서 용 났다"하며 덩실덩실 어깨춤을 추었다. 그리고 그 집에서도 잘나가는 그한 명을 위해서 부모의 희생은 당연한 것이었고 형제 중 누군가는 희생도 했었다. 그만큼 개천에서 용 나는 것은 힘든 일이지만 그만큼 노력했고 누군가의 희생이 있었기에 가능했었다.

그런데 요즘에는 개천에서 용 난다는 말은 옛말이란다. 요즘에는 개천에서 용이 날 수가 없다고 한다. 왜? 개천에서 용이 나려면 빵빵한 경제력이 있어야 하는데, 아빠 혼자 죽어라 일하고 돈 벌어도 학원비, 족집게 과외비 등등 사교육비 대기도 빠듯하다. 그러니 웬만한 아빠의 경제력만으로는 어림 반푼어치도 없다는 것이다. 그러다 보니 아빠의 경제력 뒤에 원래 부자인 할아버지의 경제력이 짱짱하게 버티고 있어야 한단다. 그리고 수험생보다 더 촉을 세우고 있어야 하는 엄마의 초스피드 입시 정보력 또한 한몫한단다. 자녀 하나를 명문대에 보내기 위해서는 적어도 3대가 뭉쳐야 한다는 이야기가 나온다. 그러니 요즘에는 개천에서 용이 날 수 없기에 용이 나지 않는다고 한다.

그러나 요즘 같은 상황에서도 개천에서 용이 난다. 어떻게?

사람들은 개천에서 난 용이 어느 학교를 갔느냐, 얼마나 출세를 했느냐만 따진다. 그러다 보니 무슨 용이 났는지만 생각을 하고, 어떤 용이 났느냐에 대해서는 생각도 하지 않는다.

멀리 볼 필요 없이 우리 집을 보자. 우리 집은 한마디로 결손가정보다 더 엉망이었다. 처음부터 아빠가 없는 결손가정이었다면 우리 세 식구는 마음에 커다란 상처도 생기지 않고 지금보다 더 나은 생활을 했을 것이다. 한마디로 지구상에 남극과 북극이 존재하듯이 우리가 사는 조그마한 집에도 두 가지의 공기가 흐르고 있었다.

한 달 일하면 두 달을 놀고, 두 달 일하면 일 년을 놀던 남편은 2

년이 넘도록 꼼짝도 하지 않고 안방에 드러누워서 밤낮으로 TV만 보고 시간을 보내며 줄담배를 피워댔다. 조그만 집은 항상 자욱한 담배연기로 차 있었고 항상 똑같은 자세로 누워 있던 자리의 옆 벽지가 변색이 되어 있는 것을 보면 어떤 자세로 어떻게 누워 있었는지 알 정도로 벽지에 자국이 만들어졌다. 4살이던 제홍이가 "아빠 방에서 담배 피우지 마세요" 하고 말 한마디 했다가 담뱃재가 가득 담긴 재떨이가 그대로 날아오고, "나도 먹고살기 힘든데 아이들을 어떻게 책임져. 나는 아이들 몰라" 하고 아이들을 떠맡겼고, "너희들 나랑 인연 끊고 살아. 인연 끊어, 알았어? 아빠라고 부르지도 마, 알았어?" 하며 어린 아이들 앞에서 왕처럼 군림하며 소리를 질러댔다. 한참 뛰어놀아야 할 아이들과 함께 아빠가 무서워 말 한마디 못한 채 우린 작은방에서 살았다.

난 참 바보였다. 이때만 해도 아이들에게 아빠가 없으면 안 되는 줄 알았다. 이혼이라는 것도 생각 자체를 못 했다. 그냥 숨죽이고 참고 사는 것이 정답인 줄 알았다. 이렇게 참고 사니 남편은 "나 혼자도 먹고살기 힘든데 아이들 책임 못 져. 나는 아이들 몰라. 인연 끊자" 하며 더 큰 소리를 질렀다.

돈을 벌어다 주는 것도 아니면서 일을 하러 가는 것도 못 나가게 하니 일거리를 집으로 가지고 와서 부업을 했다. 없는 살림이라고 아이들을 굶길 수는 없기에 우거지 한 덩어리가 목욕한 국도 된장국이라고 두고두고 일주일을 넘게 먹어야 했다. 이렇게 희망이라고는 눈 씻고 봐도 보이지 않는 힘든 생활이 계속되면서 7살, 4살 된 아이들에게 하면 안 되는 말을 하고 말았다.

"선홍아, 엄마 힘들어서 더 못 살겠다. 우리 그냥 죽자. 엄마 너무 힘들다"라는 말을 했다. 그런데 선홍이는 또박또박 말을 했다.

"엄마, 나는 태어나서 하고 싶은 것이 너무 많아요. 그런데 하나도 못 해 봤어요. 내가 커서 잘할게요. 조금만 참고 살면 안 될까요?" "엄마, 내가 잘할게요. 네?" 선홍이가 울면서 말을 했다. 그 순간 아, 내가 잘못했구나 하고 후회를 했다.

"선홍아, 미안해. 엄마가 다시는 이런 말 하지 않을게. 미안해" 하고 선홍이를 끌어안고 울었다.

뭔 일인지도 모르는 제홍이도 엄마와 형이 끌어안고 울고 있으니 제홍이도 같이 와서 안고 울었다.

"선홍아, 제홍아. 너희들이 하고 싶은 것을 하고 살 수 있도록 엄마가 도와줄게. 그리고 졸업할 때까지 아무 말 하지 않고 참고 있을게."

그런데 말이 쉽지 참고 사는 건 고통이었다. 아이들 앞에서 아빠와 싸우는 모습을 보여줄 수도 없었고 인연 끊자며 큰소리치고 있는 남편이 무서워 싸울 수도 없었다. 하지만 선홍이에게 참고 살겠다고 약속을 했으니 지켜야 했다. 선홍이는 또래 아이들처럼 어린 아이가 아니었다. 6~7살에 벌써 어른처럼 대화를 했고 가지고 싶은 장난감도 엄마의 말 한마디에 참아야 한다는 것을 알았다. 나의 목표는 아이들을 아빠처럼 안 키우는 것이었다.

그리고 남자아이만 둘이라서 아이들이 비뚤어지면 한순간에 무너진다는 것도 알았다. 그러니 아이들을 반듯하게 키우기 위해서 우리 집 가훈은 '아이들 잘 키우면 돈 버는 것이다'로 정했다. 아이들을 사람 됨됨이가 반듯한, 인성이 반듯한 아이들로 키우면 남자아이들 사고만 안 쳐도 돈 버는 것이다.

옥박지르는 아빠 때문에 울음소리 한번 크게 내어 울지 못하고 아기 때부터 울음을 삼켜야만 했던 선홍이, 그 선홍이가 마음에 상처가 생기지 않도록 그 마음을 안아 주어야 했다. 아기 때부터 아빠 때문에 속에 쌓인 것이 많은 아이인데 엄마는 같이 죽자고 했으니 그 어린 나이에 감당하기가 얼마나 힘들었을까. 지금도 같이 고생한 선홍이를 생각하면 마음이 짠하게 아파 온다. 애늙은이라고 불린 선홍이는 "그 애가 아들이야, 남편이지" 하고 사람들이 말할 정도로 엄마를 도와주고 동생을 챙겼다. 아빠 때문에 생긴 상처는 선홍이가 자랄수록 아프게 했으며, 나와 같은 피해자인 선홍이가 사춘기가 되어갈수록 혹시나 아빠와 부딪힐까, 욱하는 성격에 주먹이라도 불끈 쥘까봐 그 마음을 편안하게 보살펴 주고 사랑으로 채워 주며 참을 인(忍)을 심고 또 심어 주며 안정시킬 수 있는 건 엄마인 나의 몫이었다.

아빠의 사랑을 받지 못한 아이들에게 아빠의 그늘이 생기지 않도록 하기 위해서 어떨 땐 아빠가 되었다. 아이들이 야구를 하면 투수가 되어 공을 던져 주었고, 축구를 하면 골키퍼가 되어 아이들이 마음껏 뛸 수 있도록 해주었다.

조그만 단독주택에 살던 우리 집에 아빠가 없는 날은 동네 아이들이 다 모여서 전쟁놀이도 한다. 아이들을 모아 놓고 골목대장이 된 나는 신문지를 접어서 총도 만들고 신문지를 뭉쳐서 폭탄도 만들어서 온 방 안을 마음껏 뛰며 신문지 총을 든 손을 앞으로 내밀고 입으로 "탕탕탕" 하고 소리도 내고, 신문지 폭탄도 던지고 입으로 "꽝" 소리를 내면 아이들이 한번 누웠다가 일어나면 또다시 시작이다. 이렇게 어른이 한 명 끼어서 같이 놀면 다치거나 싸울 수 있는 일들을 미리 예방할 수가 있다.

그리고는 동네 아이들 똑같이 주먹밥으로 배급을 주고 아빠가 집에 없는 날은 우리 집은 아이들이 모여 신나는 날이다. 또 혼자서 TV를 보고 있는 대신 아이들과 블록을 같이 쌓고, 책으로 집을 지으면 같이 집을 짓고 같이 놀며 모든 것을 아이들 눈높이에서 맞추어 주며 친구도 되었다. 여자의 인생은 포기하고 오로지 아이들을 올바르게 키우기 위해 마음에 상처 없이 살 수 있도록 가장으로서 엄마로서 최선을 다해서 열심히 생활했다. 아이들에게 사람의 됨됨이가 반듯해야 하는 이유를 설명하고, 올바른 판단을 할 수 있을 만큼만 키워 놓으니 아이들은 엄마의 모습을 보며 그대로 따라와 주었다. 우리가 살면서 어떤 행동을 했을 때 그 모습 그대로 내 아이가 보고 그대로 똑같이 따라해도 된다면 그건 분명 옳은 일이다.

세월이 흘러 아이들이 모두 떠나고 혼자서 짐 정리를 하다가 선홍이가 써 놓은 시를 발견했다. 날짜를 보니 한창 힘들 때 "더 이상 힘들어서 못 살겠다고, 우리 죽자" 하고 말해서 상처를 주었던 그 이후였다. 그 어린 나이에 내색은 하지 않았지만 얼마나 힘들었는지 보여 주고 있었다. 짧은 시를 읽는데 목이 메었다. 저절로 눈물이 핑 돌아 흘러내렸다. 이렇게 많은 시간이 지났는데도 미안했다.

"엄마가 힘들다고 우릴 버리고 갔으면 난 범죄자가 되었을지 몰라요" 하고 말하는 선홍이. 그렇게 힘들었는데도 항상 밝게 웃으며 반듯하게 자라 주어서 너무너무 고맙다.

상담소 - 선홍

내가 괴로울 때
나는 내 마음과
상담한다

내 마음은 내가
괴로울 때 상담하는
상담소다

이것이 8살짜리 선홍이가 써 놓은 시이다. 어린 나이에 얼마나 힘이 들었으면, 얼마나 괴로웠으면 이런 시를 썼을까. 항상 밝게 웃고 있는 선홍이가 내색을 하지 않으니 이런 생각을 하고 있는지 꿈에도 몰랐다. 자녀 앞에서는 부모 흉을 보면 안 된다는 건 모르는 사람이 없을 것이다. 아빠 때문에 우리가 힘들고 어쩌고저쩌고 하는 말은 당연히 하지 않지만, 아빠 덕분에 우리 가족이 이렇게 잘살고 어쩌고저쩌고 하는 말도 할 필요가 없다.

여기서 우스갯소리 하나. 어릴 때 담배연기를 하도 많이 먹어서 담배 냄새가 제일 맡기 싫다는 아이들. 자동적으로 금연이 되었다고 해서 웃었다.

우스갯소리 둘. 24시간 TV만 보고 있던 아빠 때문에 우리 식구들은 TV도 잘 안 본다는 사실. 뉴스 외에는 관심이 없다. 특히 제홍이는 밤늦게까지 공부를 하는데 앉아서 공부하면 졸리다고 현관문 앞에 서서 공부를 했다. 낮에 자고 밤엔 올빼미가 되어 큰 소리로 TV를 틀어 놓고 있는 아빠에게, "아빠, 공부하게 TV 소리 조금만 줄여 주세요"라고 말했다가 욕을 바가지로 먹었다.

"이 새끼가 지금 몇 시인데 잠도 안 자고 공부한다고 그러고 있어. 빨리 가서 잠이나 자."

폭력 행사하는 아빠의 모습을 보고 자란 아이들이 아빠의 폭력을 제일 싫어하면서도 보고 배운 것이 그것뿐이라 그 아이들도 폭력 행사를 할 확률이 굉장히 높다고 한다. 그러니 아이들의 눈으로 아빠의 일거수일투족(一擧手一投足)을 직접 보고 있으니 아이들이 아빠의 행동을 보고 배울까 봐 그것이 제일 걱정이었다. 그래서 우리 집의 목표가 아빠처럼 살지 마라, 아빠만 닮지 말아라였다.

그래서 혼자서 아이들을 키우면서 아이들의 마음속 상처가 깨끗하게 아물 수 있도록 하기 위해서 사자성어, 격언, 속담, 이솝이야기 등등을 이용해서 우리 아이들의 현 생활에 맞는 이야기로 만들어 매일마다 해주었다. 마음을 안정시키고 엄마의 지극한 사랑과 가족을 위한 희생으로 아빠의 몫까지 사랑을 해주어 아이들에게 본이 되었다. 아무리 힘든 상황도 우리가 힘만 모으면 얼마든지 행복할 수 있다고 희망을 심어 주었다.

우린 이런 불안한 가정에서 똘똘 뭉쳐 살았다. '바다이야기' 등 각종 오락실과 도박에 빠져서 살고 있던 집도 팔았다. 논을 얻기 위한 협박으로 칼과 숫돌을 사서 칼이 얼마나 잘 드는지 종이를 쫙쫙 찢어 놓아 학교 갔다 온 아이들이 섬뜩하게 겁에 질리게도 했다. 도박 빚을 받으러 빚쟁이들이 찾아와 집을 감시하기도 하니 집에 있는 아이들은 불안할 수밖에 없었다.

지금까지 살면서 남편에 대해서는 가족들 외에는 한마디도 하지 않았다. 그런데 왜 남편의 이야기가 없냐는 질문에 간단하게 몇 가지만 내어놓기로 했다. 그래서 이번에 알게 된 이야기 중 하나는 제홍이는 아빠가 돈 안 준다고 누굴 죽인다고 칼을 갈고 있는 장면도 목격했다고 했다. 이런 생활이 계속되자 아이들이 말을 했다.

"엄마, 아빠랑 이혼하세요."

"제홍이 고등학교 졸업할 때까지 기다려 달라면서."

"아니에요. 엄마도 할 만큼 다 했어요."

"어떻게 엄마처럼 더 참고 살아요. 이건 아니에요. 우리 괜찮으니까 이혼하세요."

아이들을 키우면서 우리 집의 목표는 아빠처럼 안 키우기, '아빠만 닮지 말아라'였다. 이런 가정이라면 '개천에서 용 난다'의 '개천'도 되지 못할 것이다. 도랑이라고 해야 하나.

하지만 개천도 못 되는 도랑 같은 곳에서 용이 두 번이나 났다. 아니, 세 번이라고 말하고 싶다.

나는 혼자서 아이들을 키웠다. 남자아이들에게 아빠의 몫까지

다 채워 주기 위해 직장에서는 홍 실장, 집에서는 억척스런 가장으로 엄마만 존재하고 여성으로서의 홍영순은 포기하고 살았다. 엄마가 최선을 다해 노력하는 만큼 아이들도 엄마를 따라 주었다. 고등학교를 졸업할 때까지 아빠의 협박에 교복을 입은 채로 경찰서로 피신을 하면서 공부를 한 제홍이는 어려워서 안 된다고 선생님들이 극구 말리는데도 불구하고 국비유학 장학생 시험을 보았다. 그 큰 학교에서 합격생이 한 명밖에 없을 정도로 어렵다는 시험에 합격을 해서 국비유학 장학생으로 대략 1억 가까운 장학금을 받고 일본 국립대학으로 진학을 했다. 한국과 일본에서 연수과정을 포함해서 대학 5년 동안 모든 돈은 장학금으로 해결이 되었다. 아이들 잘 키우면 돈 번다는 우리 집 가훈처럼 제홍이는 돈을 벌어서 학교를 다녔다.

재학 중에 한국에 들어와서 군복무를 마치고 다시 4학년에 복학을 했다. 군복무를 하느라 공백이 길어서 대학원을 어떻게 갈 것이냐며 대학 내에서도 큰 기대를 하지 않았다. 하지만 제홍이는 어림없다고 하는 동경대학교 대학원 물리학과 석사과정에 합격을 했다. 이쯤이면 개천에서 용 났다고 해도 괜찮은 것 아닌가.

그런데 석사 1학년 장학금이 나온다고 했는데 장학금이 나오질 않았다. 이유도 없었다.
선홍이 집에서 형이 해주는 밥을 먹고는 있지만 선홍이가 학비를 해결할 수는 없었다. 동경대학교 대학원에 합격을 하고도 학교를 다닐 수 없다면 어떡하겠는가. 어떻게든 석사과정을 마쳐야 취업을 할 수 있으니 석사과정만이라도 하기로 하고 내가 살고 있는 지하방 보증금을 빼서 제홍이에게 투자를 했다.

그런데 이게 웬일인가. 제홍이는 몇 달 만에 모두를 깜짝 놀라게 하며 새로운 기록을 만들어 냈다. 전 일본 물리학학회에서 주는 상 중에서 가장 큰 상, 석사 1학년은 연구기간이 짧아서 받을 수 없다고 하는 상, 석박사 학생들이 받을 수 있는 상 중에서 가장 큰 상을 석사 1학년인 제홍이가, 한국 학생인 제홍이가 받아서 관계자들을 깜짝 놀라게 했다. 담당 교수마저도 믿을 수 없는 기쁜 소식에 얼굴을 꼬집으며 확인을 했다. 그 상을 받은 결과 석사에서 박사과정 끝날 때까지 연구비 장학금으로 약 1억 정도의 장학금을 받아 학비 걱정은 하지 않아도 되게 되었다.

동경대학교 대학원 홈페이지에 제홍이가 상을 받아 학교를 빛냈다는 사실이 올려져 있다. 제홍이는 제홍이도 모르는 사이 한국 유학생들 사이에서 전설이 되었다. 이 정도면 개천에서 용 났다고 큰소리쳐도 아무 손색이 없지 않겠는가. 만약에 지하방 보증금을 빼서 아이에게 투자를 하지 않았다면, 그래서 학비가 없어서 석사를 포기했다면 이런 결과는 없었을 것이다.

총학생회장이던 선홍이는 아빠의 도박 빚쟁이들이 집 앞을 서성이고 아빠를 찾아오고 하는 통에 스트레스를 받아 아주 심한 위궤양으로 고생을 했다. 학교에서 피를 토하고 병원에 실려 갔는데 엄마는 일하느라 바빠서 전화하면 안 된다고 못 하고, 아빠는 오락실에서 도박에 빠져서 전화 안 받고, 그런 상황을 견디어 내고 일본에 있는 대학으로 진학을 했다. 한국에 있었다면 안 해도 될 고생을 정말이지 고생고생 개고생을 했다. 대학을 졸업하고 군복무를 마친 뒤 대학원에 진학을 하고 박사과정을 거쳐 교수로 바로 가는 것이 꿈이었다.

그런데 선홍이 군복무 중에 엄마가 병이 들었다는 사실을 알게 되었다. 학교 공부를 뒤로 미루고 취업을 해서 제홍이를 도와주겠다고 했다.

"네 꿈은 어떡하고?"

"엄마, 내 꿈을 포기한 것이 아니에요. 내 꿈을 잠깐 뒤로 미룬 것뿐입니다."

"엄마가 아파서 아무 도움도 못 주어서 미안하네."

"엄마는 줄 것 이미 다 주었어요. 제홍이 걱정하지 마세요. 내가 앞에 가면 제홍이를 끌고 갈 것이고 내가 뒤에 가면 제홍이를 밀고 갈 것입니다."

선홍이의 말에 감동되어 눈물이 났다.

선홍이는 군복무를 마치고 일본에 있는 외국인 회사에 1등 우수 신입사원으로 취업을 했다.

선홍이는 쉬는 날이면 제홍이 무엇을 만들어 먹일까 하고 장을 보러 간다. 선홍이가 일본에서 1등 신입사원으로 취업을 하고 코로나19 바이러스 때문에 많은 직원들이 정리가 될 때도 선홍이는 자리를 지킬 수 있었다. 선홍이가 월급을 받아 자신의 옷은 못 사 입으면서 동생은 좋은 것으로 사 입히며 엄마가 하던 그대로 동생을 챙기고 있다.

"엄마, 돈 벌어서 제홍이 밥도 사 주고 옷도 사 주고 하니 이렇게 좋은데 아빠는 왜 이렇게 안 했을까요?" 하고 말을 했다. 그리고 날마다 제홍이의 면역력을 키워야 된다며 지금도 마늘을 까고 있는 선홍이는 "엄마, 제홍이부터 박사 졸업시킬게요" 하며 제홍이에게 든든한 버팀목이 되어 주고 있다.

요즘 세상에 자기 자신을 희생해서 동생을 위해서 자신의 꿈을 뒤로 미루는 형, 이런 인성을 가진 아이라면 세계 1위 하버드 대학을 졸업한 사람들보다 높이 평가를 해야 하는 거 아닐까?

이런 아이가 개천에서 나는 용 중에서 진정한 용이 아닐까?

사는 것이 너무 힘들어 죽으려고 시도했을 정도로 힘들었지만 오로지 두 아들을 아빠처럼 키우지 않기 위해 내 자신을 버리고 일만 했다. 겨우 한시름 내려놓고 나 자신을 찾으려 할 때 이미 병든 몸이 되었다. 좌절 속에서도 병마에 무릎 꿇지 아니하고 당당히 꿈을 이루며 살아가고 있는 나, 힘든 사람들에게 희망이 되어 주고, 누군가에게 꿈이 되어 주고 있는 나 또한 개천에서 난 용이라고 해도 틀린 말이 아닐 것이다. 여자 혼자의 몸으로 두 아들을 인성 반듯하게 키우고 군복무 잘 마치게 했으니 이런 내가 애국자가 아닌가. 대통령 훈장감인데 이 정도면 개천에서 용 났다의 반열에 들어갈 수 있는 것 아닌가.

이렇게 개천도 못 되는 곳 도랑에서 용이 셋이나 났으니 요즘에도 개천에서 용이 난다는 말은 당당하게 사용해도 되지 않을까?

세상은 빠르게 급변하고 있는데 아직도 개천에서 나는 용을 무슨 용, 무슨 용 하며 어느 가문에 그 배경은 어떠하고 어느 학교를 나오고 어느 직장을 다니고 하며 외관상 눈에 보이는 부분이 명품 인지만 따진다. 그런데 그 용이 어떤 용인지는 따지지 않는다. 인성 은 어떠한지, 성품은 어떠한지, 배려하는 마음은 있는지, 내 배가 고픈 상태에서도 한 조각의 빵을 나눌 수 있는지, 불의를 보고 당당하게 NO 할 수 있는지, 가족을 위해 조건 없이 희생할 수 있는지…. 사람들 생김새가 다 다르듯 개천에서 나는 용이 무슨 용인지 만 따지지 말고, 어떤 용인지 관심을 가지고 보면 이 책을 보고 있는 사람들도 용이 될 수 있지 않을까? 코로나19 바이러스로 외출도 자유롭지 않은 지금, 내가 만약에 용이 된다면 어떤 용이 될지 한번 생각해 보는 것도 포기할 수 없는 오늘이 있기에 가능한 일일 것이다.

2

동병상련(同病相憐)의 인연

웃음치료를 하며 봉사를 하고 다니던 중 매달 다닐 수 있는 포럼을 나가기로 했다. 내가 알고 있는 포럼만 해도 여러 개인데 이 중 한 곳을 다니기로 하고 일단은 한 번씩 포럼을 가 보고 포럼의 특색을 알아보기로 했다. 그래서 두 번째로 간 곳이 대한민국지식포럼이었다. 오라고 하는 사람도 없었고 아는 사람도 없었지만 혼자서 씩씩하게 그냥 내 발로 대한민국지식포럼이라는 곳을 찾아간 것이다. 백사오십 명쯤 모인 곳에서 사람들이 율동을 하고 있었다. 나는 한쪽 옆에서 앞쪽으로 앉았다. 그곳은 누가 회장이고 누가 일을 진행하는지, 어떤 식으로 포럼이 진행되는지 알 수 있는 자리였다.

스크린에 10, 9, 8… 하며 카운트다운이 시작되었다. 숫자가 0이 되는 순간 불이 꺼지고 내가 좋아하는 힘 있는 북소리와 함께 드디어 포럼이 시작되었다. 사회자의 멘트에 따라 회장이 강단에 올라가서 개회식을 선언하고 내려오고 있었다. 지팡이를 짚고 내려오고 있는 분을 보며 '아 저분이 회장이구나' 하며 자세히 보기 위해서 고개를 옆으로 내밀고 있는데 그 회장님은 계단에서 내려오면서 앞쪽에 앉아 있는 나와 눈이 마주쳤다. 회장님은 "어, 어"

하며 나를 알고 있었던 것처럼, 여길 어떻게 왔냐고 하는 것처럼 아는 체를 했다. 나는 깜짝 놀랐다. '어떻게 저분이 나를 알고 있지. 어떻게 알지.'

회장님은 자리에 가서 앉았고 '어떻게 나를 알고 있을까?' 하는 궁금함을 안고 포럼이 끝이 났다.

사람들을 따라 옆 식당에 가서 밥을 먹었다. 포럼에 들어올 때 회비 만 원을 내면 두 강사의 강의를 듣고 가수나 국악인들의 공연을 보고 상품 추첨을 하고 이렇게 4시간을 한 후 끝나면 저녁밥까지 준다. 원래는 여러 개의 포럼이 있었고 모두 국회에서 포럼이 진행뇌었다. 그런데 김영란법 때문에 국회 밖으로 나온 포럼들은 넓은 자리가 없어서 어려움을 겪고 있었다.

그런데 지식포럼은 자리를 잘 잡아서 국회보다는 좁지만 150명이 앉아도 여유로운 장소를 차지하고 있었다. 포럼이 끝난 후 사람들이 밀고 나오니 포럼 회장과 인사를 할 수도 없었다. 식당에서 밥을 먹고 있는데 지팡이를 짚은 회장님이 식당으로 오셨다. 그리고는 식당에 모인 사람들과 일일이 악수를 하고 인사를 나누면서 식당을 한 바퀴 돌았다. 드디어 내가 있는 테이블 앞에까지 오셨다. 회장님과 나는 악수를 하고 인사를 나누며 명함을 주고받았다.

그리고 아까부터 궁금하던 것을 물어보았다.

"저는 회장님을 처음 뵙는데, 회장님께서는 저를 어떻게 알고 계신가요."

"아, 책을 보았습니다."

"어디서요."

"단톡방에 올라왔더라고요."

"어느 단톡방인가요."

"여기저기 가는데 한 단톡방에서 보았지요."

"아, 그러셨군요."

책이 나오고 나서 책 표지를 여러 단톡방에 올렸다. 이곳 지식포럼 방은 내가 들어있지 않으니 한번도 올린 적이 없었다. 내가 다른 어느 방에서 지식포럼 광고를 보고 지식포럼에 나왔듯이 이곳 회장님도 책 표지를 보고 나를 알아보았던 것이다. 이렇게 지식포럼과 이곳 임동학 회장님과의 인연이 시작되었다.

임동학 회장은 한 달에 한 번씩 매월 마지막 주 토요일에 열리는 지식포럼의 초대 회장으로 마케팅 분야 현직에서 45년을 종사한 마케팅 전문가이기도 하다. 일단 지식포럼의 정회원이 되고 나면 내 가족을 챙기듯 정회원 한 사람 한 사람을 직접 챙기는데 잠깐 축사만 하고 다녀가는 국회의원보다 항상 같이 있는 정회원 한 사람을 더 중요하게 여겼다.

하나를 계획하면 끝까지 밀고 나가는 임동학 회장은 몸이 불편해서 지팡이를 짚고 다니는데, 나이보다 10년은 몸이 먼저 늙어가는 이유를 설명했다. 마케팅 수업 시간에 우스운 문제를 내어 참석한 사람들이 배꼽 빠지게 웃으며 "아하 그렇구나" 하고 모두 다 이해를 할 수 있게 했다. 자신이 몸이 건강하지 못한 것은 고관절 수술, 손목 수술, 눈 수술, 피부암 수술, 신장 이식 수술 등등 72살까지 총 10번의 수술을 했는데 그중에서 가장 아프고 힘들었던 수술이 어떤 수술일까? 하는 문제였다. 사람들은 각자의 생각대로 여러 가지를 말했는데 정답은 고래잡이 수술이라고 해서 웃음이 빵 터지고 말았다. 군복무 중에 선임자에게 끌려가서 마취도 하지 않고 생으로 고래잡이 수술을 해서 제일 아프고 힘들었다고 해서 웃었다.

또 지식포럼 내에서 일 년을 두고 책 쓰기를 했다. 임동학 회장의 칠순에 책이 나오도록 하고 책 쓰기를 시작했다. 처음엔 도전자가 많았지만 마지막엔 달랑 세 명밖에 남지를 않았다. 그 때 나온 책이 바로 나의 두 번째 저서인 『아이들 잘 키우는 것이 돈 버는 것이다』이다.

미인대회

그해 겨울 지식포럼에서 송년회 행사를 한다고 회장에게서 연락이 왔다.

"홍 작가, 송년회 때 미인대회를 할 건데 미인대회 나오세요."

"예? 무슨 미인대회요?" 하며 고개를 절레절레 흔들었다.

"20명 모집하는데 20명이 다 찼습니다. 그런데 나중에 보면 한두 명씩 꼭 빠지거든요. 그래서 예비로 한두 명 더 추가하려고 하니 홍 작가님 나오세요."

"어머, 싫습니다."

"왜요?"

"아니, 미인대회를 예쁜 사람이 나가야지요. 저 같은 사람이 어떻게 나갑니까. 사람들이 웃습니다."

"아니, 키가 150짜리도 나오고, 시니어 미인대회라 70된 사람도 나오는데 왜 안 됩니까? 그냥 나오세요."

"그래도 저는 안 됩니다."

"도전 한번 해 보세요. 나중에 추억도 생기고 지금 아니면 이런 기회가 없을 것입니다. 나오세요" 하며 임동학 회장은 몇 번이고 지치지도 않고 권유를 했다. 결국 "예, 알겠습니다"라고 하며 미인대회 출전하는 미인 후보가 되었다.

　신촌 이대역 앞 강의장에 모여서 미인대회 리허설을 했다. 솔직히 말만 미인대회이지 미인이라고 할 것도 없었다. 재미로 "추억 만들기로 한번 해 보자." "재미있겠다" 하고 모인 사람들이었다. 말 그대로 재미있었다. 리허설이라고 하는데 연습은 실전처럼 하지만 아무도 아는 사람이 없으니 난리도 이런 난리가 없었다.

　"이쪽으로 와서 이리 오는 것이에요. 인사는 이렇게 하시고요" 하며 인사하는 법을 배우고 자기소개하는 것을 연습했다. 리허설에서는 「웃으면 복이 와요」 녹화장을 방불케 할 정도로 웃고 또 웃었다. 삭자가 소사역까지 가서 파티용 한복을 맞추어 놓고, 미인대회 당일 이른 아침에 모이기로 했다.

　미인대회를 하는 날 아침 일찍 미인 후보 20명이 모여 메이크업을 받고 웨딩드레스 입을 때 속눈썹 붙인 이후 처음으로 속눈썹도 붙이고 헤어 전문가에게서 머리도 했다.

　평생 머리숱이 없어서 풍성한 머리가 그리운지라 머리에 가발을 쓰고 머리숱이 풍성하고 우아하게 해 달라고 주문을 했다. 그런데, 어머나 세상에나, 머리에 젤을 바르고 촘촘한 참빗으로 싹 쓸어올려 머리를 틀어 묶었다. 머리 손질이 끝난 후 거울을 보는 순간 "헉" 하고 놀라서 기절하는 줄 알았다.

　"아니 이게 뭐야. 누가 보면 황비홍 누나인 줄 알겠다." 앞머리를 얼마나 쓸어올렸는지 이마가 월드컵경기장보다 넓어져 있었다. 머리가 마음에 안 들어서 기분이 확 가라앉아버렸다. 그런데도 모두가 즐겁게 웃을 수 있는 건 너나 나나, 나나 너나 헤어스타일이 모두가 똑같은 처지가 되고 보니 서로 보면 웃음만 나왔다. 어쨌거나 헤어 전문가의 손이 닿았고 메이크업 전문가의 손길도 닿았다고 스스로를 위로했다. 그런데 화려한 옷을 입는 순간 여기저기서 감탄사도 터져 나오고 웃음꽃이 피었다. 이래서 여자들이 예쁜 옷을 입으면 스트레스가 풀린다고도 하고 기분이 좋다고도 하는 거구나 하는 생각을 했다.

처음 입어 보는 화려한 파티용 한복을 입으니 머리 스타일은 어찌되었거나 다 예뻐 보였다. 역시 옷이 날개라더니 화려한 옷을 입고 있으니 모두 다 미인들이었다. 진짜 미인대회가 된 것이었다. 무대 뒤에서 미인들이 모여 사진도 찍고, 화장도 고치고, 지금까지 알지 못하는 무대 뒤에서의 별의별 상황들, 내가 미인대회를 나가지 않았다면 죽어도 모를 현장실습을 하고 있었다. 사람은 역시나 무슨 일이든지 해 봐야만 그 산을 넘을 수 있는 것이다.

한 사람씩 무대 위에 나가서 무대 위를 한 바퀴 돌고, 중앙 지점 마이크 앞에서 인사와 함께 자기소개를 하고 들어오는 것이다. 번호 순서대로 나가는데 뒤에서 밖을 볼 수가 없어서 소리로만 듣고 있는데 미인들 잘 하고 있었다. 웃음이 터지는 미인도 있었고, 박수를 많이 받는 미인도 있었다.

드디어 내 차례. 빨간색 민소매 드레스에 하얀색 대례복을 입고 나비처럼 사뿐사뿐 걸어서 무대를 한 바퀴 돌고 마이크 앞에 서서 자기소개를 했다.

"안녕하세요. 참가번호 14번 엄청 예쁜 홍영순 작가입니다. 『절망 속에서 희망을 품다』의 저자이면서 '하얀 나비의 꿈'을 부른 가수이기도 합니다. 지금 여기 모인 모든 분들 행복한 시간 되시고 새해복 많이 받으세요" 하고 말하며 대례복의 소매 자락이 보이도록 두 팔을 벌려서 한 바퀴 돌아 퇴장을 하였다.

평생 태어나서 처음으로 해 보는 미인대회 출전, 비록 포럼에서 열린 시니어 미인대회였지만 많은 사람들이 모였고 미인들은 스타가 되었다. 지금은 미인대회가 많지만 이 미인대회를 할 때만 해도 이런 단체에서 미인대회를 하지 않았다. 오죽했으면 미인대회가 끝나고 나서 KBS 1TV 「인간극장」 작가에게서 전화가 왔다(「아침마당」 출연 이후에 「인간극장」에서 연락이 왔었다. 「인간극장」을 찍어야 하나 말아야 하나 고민하고 있을 때 미인대회를 한 것이었다).

"미인대회를 하는데 왜 말도 안 하고 했어요. 미인대회 다시 하세요" 하고 말할 정도였다.

한 사람씩 자기소개가 있고 난 후 팀별로 춤도 추고 마지막에 20명의 미인들이 모두 모였다(임동학 회장이 예상했던 것처럼 정말 한두 명이 꼭 빠진다고 해서 예비로 들어왔는데 정말 두 명이 빠지고 20명이 되었다). 이제는 앞으로 나가서 남자 파트너를 데리고 오는 미션이 있었다. 사회자의 말이 떨어지기가 무섭게 모두 다 우르르 몰려 나가서 파트너들을 데리고 다시 돌아왔다. 그런데 나는 발을 뗄 수가 없었다. 포럼에 아는 사람도 없었고, 아는 몇 사람은 벌써 다른 미인들이 모셔갔기 때문에 파트너를 할 사람도 없었지만 문제는, 미인들이 우르르 내려가며 움직일 때 혹시라도 부딪치면 다리에 힘이 없는 나는 그냥 넘어질 수밖에 없었다. 미인들이 단체로 무대에 설 때도 가운데 서지 못하고 한쪽으로 서면서 내 스스로 넘어지지 않도록 미리미리 대비를 해야만 했다.

그렇게 모두가 파트너를 데리고 왔는데 나는 출발도 못 하고 서 있었다.

그때 흑기사가 나타났다. 오른쪽엔 개량한복을 입은 남자분과 왼쪽에 여자분 이렇게 양쪽에서 나의 팔을 잡았다. 개량한복을 입은 남자분이 나의 이름을 물어보았다.

사회자는 미인들에게 돌아가면서 질문을 했다.

"왜 이 남자를 파트너로 데리고 왔습니까?" 질문에 "돈이 많아 보여서요." "잘생겼잖아요." "멋있었어요." "가까이 있었어요." 모두 재치 있는 대답을 해서 웃음바다가 되었다.

그러다 나의 차례가 되었다.

"저는 파트너를 모신 것이 아니라 제가 찜을 당했습니다."

"그것도 두 분께 찜을 당해서 너무 행복합니다" 하고 말을 했다.

마이크는 나의 두 파트너에게 넘어갔다.

"아니 왜 와서 찜했습니까?"

"예뻐서 찜했습니다. 홍영순 운을 좀 띄워 주세요."

"홍, 홍시가 붉은 가을 창 여는 기쁜 마음."

"영, 영원히 아름다운 글밭을 이루어서."

"순, 순수한 계절 노래 멀리멀리 번져라."

옆에 와서 이름을 물어보더니 이렇게 금방 삼행시를 지어 읽어 주시니 감동 가득이었다. 미인대회가 끝나고 이분을 찾아가서 "오늘 저의 파트너가 되어 주셔서 감사합니다" 하고 인사를 드렸다. 이 분이 나중에 알고 보니 삼행시의 달인 이정석 시인이었다. 왼쪽에 여자분은 "아니 남자 나오랬는데 왜 여자가 나왔습니까?" "너무 예뻐서 같이 있고 싶어서 나왔습니다" 하며 왼쪽 팔을 꼭 잡고 끝까지 같이 서 있었다.

이 여자분은 봉숭아학당에서 처음 강의를 할 때 나의 강의를 듣고 같이 울어 주었던 사람 중 한 사람으로 안면이 있는 분인데, 나중에 이름을 알아보니 김희원 원장이었다.

미인들은 많은 카메라 앞에서 마음껏 포즈를 취하며 사진을 찍었다. 보누늘 예뻤다. 아마도 웨딩드레스를 입은 후 처음으로 입는 화려한 옷일 것이다. 제일 마지막에 시상식이 있었다. 나는 대상이라는 상을 받으면서 대상 미인이 되었다. 평생 처음으로 해 본 미인대회, 너무 즐겁고 행복한 추억을 만들면서 끝이 났다. 미인들은 정말 모두가 행복했다. 그런데 미인대회가 끝나고 나서 더 재미있는 일들이 많이 벌어졌다. 대상을 받았다고 자랑을 하는데 강연을 할때마다 "이래봬도 저는 대상 미인입니다" 하고 말하면 모두 다 빵하고 웃음이 터진다.

"미인대회에서 대상 받은 미인으로 이 왕관은 집안 대대로 물려줄 가보가 되었습니다"라고 하면 까르르 넘어간다. 얼마나 배꼽 빠지게 많이 웃는 줄 모른다.

"홍영순 미인님" 하고 누군가 불렀다.
내가 대상 받은 미인이라고 하니 정말 예쁜 사람이 비웃듯 한 마디를 했다.

"내가 훨씬 예쁜데." 정말 누가 봐도 예쁘다고 인정. 그런데 어느 분이 한마디를 던졌다.

"아, 홍 작가는 미인대회 나가서 예쁘다고 대상까지 받았잖아요. 그러니까 홍 작가가 미인 맞습니다."

그랬다. 현직 가수들보다 노래를 더 잘 부르는 사람들이 많다. 하지만 사람들은 현직 가수만을 가수로 인정한다는 사실.

내가 병을 진단받고 제2의 인생을 살면서 늦기 전에 이름을 남겨야 한다고 시작한 도전. 그러나 미인대회는 정말 꿈도 꾸어 보지 않았던 것이다. 동병상련이라며 같은 장애를 가진 사람으로서 지금 안 하면 나중에는 할 기회가 없다면서, 지금 해 보라고 권유해 주신 임동학 회장님 덕분에 미인대회에 나간 미인으로서 진짜 미인이 되어 가는 시발점이 되었고, 자신감에서부터 많은 것이 바뀌는 계기가 되었다. 또 나의 스토리텔링 속에서 빠지면 안 되는 아주 중요한 이야기가 되었다.

평생 잊지 못할 미인대회. '몬순이 대회'라고 해도 신나는 날이고, 몬순이 대회에서 대상을 받은 것이라고 해도 상관없이 기분이 좋았다.

미인대회는 모든 여성들의 선망의 대상이다. 하지만 선뜻 나서지를 못한다.

사람은 참 그런 것 같다. 아무리 하고 싶은 것이 있어도 이건 내가 할 수 없다는 생각을 하면 정말 할 수 없고, 할 수 있다고 도전하면 무엇이 돼도 된다는 사실을 기억했으면 좋겠다.

4

펀 스피치

미인대회가 끝난 후 며칠 있다가 미인들의 모임이 있었다. 임동학 회장이 말했다.

"자, 지금부터 미인대회에 나갔다 온 후 자신의 달라진 점이나 일어난 에피소드가 있으면 한 사람씩 돌아가면서 이야기해 보세요."

이 말이 끝나기가 무섭게 미인들은 웃기 시작했다. 모두들 재미있는 에피소드가 많은 것 같았다.

미인들은 테이블에 앉은 순서대로 돌아가면서 한 사람씩 일어나 미인대회를 나갔다 온 후 자신에게 일어난 일과 가족들의 반응에 대해서 이야길 하기 시작했다. 한 사람씩 이야기를 할 때마다 하하하하 호호호호 깔깔깔깔 배꼽이 빠지도록 웃었다.

모두가 깔깔대며 웃느라 눈물이 날 정도였다.

예전의 우리가 아니었다. 우리는 미인이었다. 이름도 미인 모임이었다. 아닌 밤중에 홍두깨라고 외모와 키, 이런 것 전혀 상관없이 갑자기 미인이 된 미인들은 에피소드도 많았고, 배꼽 빠지는 것쯤이야 상관도 없었다. 웃고 또 웃는 사이에 미인들의 이야기가 끝이 났다.

이야기를 다 들은 임동학 회장은 "아하하하하, 모두 다 미인대회에 나가서 이렇게 재미있는 일들이 생기고 얼마나 좋습니까.”

“예, 너무 좋아요. 이게 모두 회장님 덕분입니다.”

“그럼요. 회장님 아니면 우리가 어떻게 미인이 되겠습니까.”

“하하하하.”

“호호호호.”

우리들은 미인이라는 소리만 나와도 웃음이 났다.

모두들 한마디씩 하며 수다쟁이 저리가라 할 정도로 웃음꽃으로 접시를 몇 개나 깨었는지 모를 정도였다. 그때에 임동학 회장님께서 “홍 작가, 이번에 펀 스피치 대회 한번 나가 보세요.”

“예?”

“아, 스토리가 좋네요. 연습해서 펀 스피치 대회에 나가면 딱 좋겠습니다. 기승전결이 되어 있으니 이 이야기 그대로 대회에 나가 보세요.”

“맞는 말씀입니다. 홍 작가 나가 보세요” 하며 모든 미인들이 만장일치로 동의를 하고 등을 떠밀었다.

“웬 생뚱맞은 말씀을… 싫습니다” 하고 단박에 잘라 말하고는 회장님께 눈길도 주지 않고 옆 사람과 얘기를 했다. 그런데도 나의 의사와는 전혀 상관없이 결정부터 내려졌다.

그 이후 회장님은 미인대회를 나갈 때도 그랬듯이 매일같이 펀 스피치 대회를 나가 보라고 권유를 했다. 스토리가 된다며 그 정도의 스토리면 완벽하다고 했다. 나도 처음엔 싫다고 싫다고 하다가 차츰 관심을 가지게 되었다. 나의 스토리는 따로 만들 필요가 없었다. 그냥 있었던 일을 그대로 말하기만 하면 되는 것이었다.

혼자서 시간에 맞추어서 해 보았다. 하지만 시간에 맞추는 것은 쉬운 일이 아니었다.

아무리 머리를 굴리고 생각을 해도 3분 가지고는 어림도 없었다. 최소 5분은 이야기를 해야 말이 되는데 3분으로 어떻게 기승전결이 다 들어 있는 이야기가 될까.

고향 진해를 다녀오는 고속버스 안에서 임동학 회장의 전화를 받았다.

"결정했습니까?"

"예. 나가겠습니다."

"잘 생각했습니다. 그럼 한번 해 보세요."

"예. 아직 연습은 안 해 보았고요. 여기 고속버스 안입니다."

"조용하게 한번 해 보세요. 지난번에 미인 모임에서 하던 것 그대로 한번 해 보세요."

"헐" 그리고는 시키는 대로 지난번 이야기를 했다.

"으하하하 역시 재미있네요. 연습하세요" 하고 전화를 끊으셨다.

펀 스피치 대회가 시작되었다. 안면이 있는 참가자들도 있었지만 모르는 사람들이 더 많았다. 앞줄에 쭉 앉은 심사위원들이 무섭기까지 했다.

3분이란 시간을 위해서 얼마나 많은 연습을 했던가. 잠을 자다가 스피치, 일어나도 스피치, 설거지를 하다가도 스피치, 길을 걸을 때도 스피치, 연습에 연습을 철저하게 했다. 정해진 규칙을 그대로 받아들여서 철저하게 준비를 했다. 원고 내용을 까먹지만 않으면 된다. 웃음치료를 하며 많은 무대에 섰었고 슬픈 내 이야기가 아닌 펀 스피치로 나의 재미있는 이야기를 재미있게 하면 되는 것이다.

　집안에서 제일 못생긴 몬순이가 미인대회에 나가겠다고 하니 집 안 식구들이 미인들이 다 얼어 죽었느냐며 아무도 응원을 오지 않았다. 꽃을 사들고 오는 다른 후보들 사이에서 달랑 혼자서 미인대회 무대에 올랐고 대상을 받았다. 대상 받은 상장을 집안 식구들에게 싹 보내면서 호탕하게 하하하하 웃었던 이야기에, 평생 못생긴 몬순이가 대상 미인이 되어 서러움을 벗고 집안 가보로 왕관과 상장을 물려줄 것이라고 했다. 사투리에 가족들의 흉내를 내며 이야기했는데 결과는 대상, 또 대상을 받았다. 막강한 우승후보를 물리치고 대상을 차지했다. 처음 내 저서가 나왔을 때 내가 해낸 것처럼 이번에도 또 해내었다. 앗싸, 대상! 신이 났다.

　나는 내가 살아가면서 스피치와는 전혀 상관이 없는 줄 알았다. 스피치는 아무나 하는 것이 아니라고 생각했었기 때문이다. 그런데 이번에 펀 스피치 대회에서 대상을 받고 어렵게만 느꼈던 스피치에 자신감이 생겼다. 어마어마한 변화가 일어났다. 50년이 넘도록 반평생을 가지고 살아온 고정관념이 대회 전과 대회 후에 생각이 완전히 바뀌는 일이 생겼다. 역시 사람은 생각만으로는 아무것도 할 수가 없다. 아무리 많은 생각을 해도, 아무리 좋은 생각을 해도 행동하지 않으면, 실천하지 않으면, 도전하지 않으면 아무 소용이 없다. 일단 행동하고 실천하고 도전해야 한다. 무엇이라도 좋다. 아무것이라도 좋다. 무엇이든지 해 보면 어떤 일이든지 일어난다.

간이 배 밖으로 나온 사건

펀 스피치 대회에서 대상을 받은 후 생각이 완전히 바뀌었다. 자신감 100%에 도달했다. 그때에 SNS상에 '명강사를 찾아라'라는 광고가 올라왔다. 관심을 가지고 광고를 보고 또 보며 조건들을 숙지를 했다. 그리고 겁도 없이 아무 걱정도 하지 않고 접수를 했다. 간이 배 밖으로 나온 사건이었다. 그리고 조건에 맞추어서 글을 쓰고 연습을 시작했다. 10분에 맞추어서 하나의 스토리를 만들고 그 스토리 속에 기승전결이 확실하게 들어 있도록 만들었다.

대회가 있는 날 아무에게도 말하지 않고 혼자서 주소를 보며 대회 장소로 찾아갔다. 아는 사람은 아무도 없었다. 그냥 혼자 덜렁 한쪽 의자에 자리를 잡고 앉았다. 원래 약속 시간에 미리미리 가 있는 버릇 때문에 일찍 도착을 해서 그곳에서 준비하는 것을 지켜보았다. 한참을 기다리니 사람들이 모여들었다. 그런데 오는 사람들 중 혼자 오는 사람은 없었다. 몇 명씩 짝을 지어 오는데 서로가 다 아는 사람이었다. 심지어는 주최측과도 아는 사이였다. 단순한 나의 생각은 '저 사람들은 아는 사람도 있고 좋겠다'라는 생각을 했다. 대회 시간이 다가오자 많은 사람들이 모였다. 그러나 내가 아는 사람은 아무도 없었다. 그러니 나를 응원해 줄 사람도 없었다. 그곳에 있는 누구도 나를 알지 못했으니 어느 노래 가사에 보면 "네가 나를 모르는데 난들 너를 알겠느냐 한치 앞도 모두 몰라 다 안다면 재미없지"라고 하는 노랫말이 지금 이 상황에 딱이라는 생각이 들었다.

주최측에서 인사를 하고 채점 기준을 설명했다. 드디어 대회가 시작되었다. 한 사람씩 나올 때마다 출전 선수를 위해 박수와 함성으로 응원을 해주었다. 스피치가 끝나고 나면 우레와 같은 박수와 함께 함성으로 기를 넣어 주었다. 드디어 나의 차례가 되었다. 아는 이가 아무도 없었기에 응원해 줄 사람은 없었지만 앞에 자리를 잡고 서서 "안녕하세요. 엄청 예쁜 홍영순입니다" 하고 인사를 하니 모두들 집중을 하며 박수를 쳐 주었다. 사람들의 시선을 쳐다보며 웃는 대목에서는 같이 웃기도 하며 재미있게 깔끔하게 스피치를 끝냈다. 그곳에 있는 사람들이 박수를 쳐 주는데 그래 잘 했어, 수고했어, 하고 격려를 해주는 것 같았다. 아쉬움이나 후회 같은 건 없었다. 그냥 기분이 좋았다. 기승전결도 분명하고 일단 스토리도 탄탄했다. 다른 후보들보다 뛰어난 스토리에 겁도 없이 대상을 받았으면 좋겠다는 욕심이 생겼다. 이런 욕심이 과한 것일까?

TV를 보면 어느 대회에서나 후보들이 인터뷰를 하는 장면이 나온다. "저는 상에는 욕심이 없습니다. 마음을 비우고 최선을 다하겠습니다" 하고 예쁘게 말을 한다. 과연 그 대답이 진심일까 하는 의문이 든다. 내가 대회를 안 나가 봤을 때는 '아, 그런가 보다' 했는데 막상 대회를 나가 보니 이겨야 하고 순위에 뽑혀야 하고 상은 받아야 한다. 참가하는 데 의의를 두는 것도 좋지만 일단 상을 받으면 더 좋은 것이다. 그러니 지금 내가 대상을 욕심내는 것은 당연한 것이지 결코 욕심쟁이여서 그런 게 아니라는 것이다. 올림픽에 출전하는 선수가 참가하는 데만 의의를 두는 선수가 과연 있을까? 혹여 참가하는 데 의의를 두고 출전을 했다고 하더라도 금메달을 목에 걸고 금의환향(錦衣還鄉) 하고 싶은 마음은 다 똑같을 것이다.

1부가 끝나고 공연이 있었다. 우리가 음악을 듣고 있는 동안 심사위원들은 심사를 하고 상장을 준비하고 하느라 분주히 움직이고 있었다. '아, 저 상장 중에 내 이름이 있으면 좋겠다' 하는 생각을 하니 대회에 나갈 때보다 더 긴장이 되었다. 쿵쿵쿵 심장이 강하게 소리를 내기 시작했다. 심사위원은 어떻게 채점했는지를 설명하고 3등부터 이름을 불렀다. 2등, 1등, 그리고 대상. 대상은 천천히 뜸을 들이다가 애간장을 태우며 피를 바짝바짝 말리다가 제일 마지막에, 마지막 순간에 이름을 부른다. 그런데도 모두가 자기의 이름이 불려지길 간절히 바라고 기대하고 있겠지. 그렇게 피를 말리는데도 말이다. 지금의 나처럼. 나도 마찬가지이다. 피가 바짝바짝 말라도 제일 마지막에 불려지길 바라는 마음은 똑같을 것이다.

드디어 불렸다. 대상 홍영순.
아….
순식간에 입꼬리가 귀에 걸릴 정도로 웃음꽃을 얼굴 가득 만개를 하며 앞으로 나갔다. 내가 대상을 받았다. 모여 있는 사람들도 큰 박수로 축하해 주었다. 대상과 1등, 2등, 3등을 순서대로 세우고 기념사진을 찍었다. 이렇게 기념사진을 달랑 한 장 찍은 것 외에는 따로 사진을 찍거나 축하해 주는 사람은 없었다. 아무도 아는 사람이 없으니 당연한 것이었다. 1등, 2등, 3등은 같이 온 사람들과 기념사진을 찍으며 축제 분위기를 즐기고 있는데, 나 혼자 멀뚱멀뚱하게 있을 수 없어서 짐을 정리하고 인사를 하고 나왔다. 행사장에서 나오니 바깥 공기가 시원하게 맞이해 주었다. 가슴을 뻥 뚫고 속으로 들어오면서 큰 숨을 몰아쉴 수 있게 해주었다. 아아, 드디어 긴장이 풀어졌다.

나중에서야 알았다. 그곳에 참석한 사람들 대부분이 주최측에서 진행하는 수업을 들은 사람들이었다. 그런데 들도보도 못한 여자가 와서 대상을 타서 사라져버렸으니 얼마나 황당했을까. 어쩐지 모두 다 아는 분위기였다. 나는 평생 처음으로 나간 '미인대회'에서 대상을 받은 후 '펀 스피치' 대회에서 대상, '명강사를 찾아라'에서 대상을 받고 나서 나가면 대상이라고 아예 이름을 대상으로 바꾸라고 농담을 하는 사람도 있었다.

얼마 전까지만 해도 사람들 앞에서 말도 못 하고 "안녕하세요. 홍영순입니다"를 수백 수천 번씩 연습을 했는데 이렇게 대상을 받고 나니 자신감이 생겨서 무서운 것이 없어졌다. 일단 해 보는 거야, 부딪치고 보는 거야, 옛날에 내가 아프기 전에 "안 되면 되게 하라" 하는 홍 실장의 모습과 자녀를 잘 키워야 한다고 사명감을 가지고 살던 엄마의 모습을 찾으면서 이때 이후로 자신감이 200%로 충전

되어 내 스스로가 업그레이드되었다.

평생 생각도 해 보지 않은 미인대회를 출전함으로써 생긴 기회. 그 기회를 통해서 생각지도 못한 또 다른 기회가 온다는 사실. 하지만 이런 기회는 내가 붙잡았을 때, 내가 도전했을 때만 이루어진다는 사실. 처음에 임동학 회장은 미인대회 예비 후보가 필요하다고 나를 합류시켰는데 만약에 그때 거절했다면 오늘의 나는 없을 것이다. 기회가 왔을 때 잡고 행동으로 옮기며 도전했기에 이런 결과를 얻은 것이다.

시인으로 등단한 홍영순 작가

아마도 시를 싫어하는 사람은 없을 것이다. 누구나 한번쯤은 시 집을 뒤적여 보지 않았을까. 나도 시를 좋아했다. 초등학교에 다닐 때의 일이다. 하늘이라는 동시를 썼는데 일 년 내내 교실에 걸려 있 어서 얼마나 뿌듯하고 자랑스러웠는지 모른다. 그 후로는 마음에 변화가 있을 때마다 시를 썼다. 특히나 마음이 아플 때는 몇 구절 의 시어로 마음속에 있는 것들을 다 꺼내 놓고 내가 쓴 시를 보며 마음을 위로하기도 했었다. 항상 몇 권의 시집을 가까이 두고 있어 도 매일 읽는 것은 아니지만 시집을 뒤적이다가 그날의 기분에 따 라서 선택한 몇 개의 시로 하루를 보내곤 했다.

그러다 책을 쓰게 되고 작가로 불리고 있을 때 커피 시인으로 유 명한 윤보영 시인을 만났다. 윤보영 시인은 직장을 다니면서도 사비 를 들여 시를 쉽게 쓰는 방법을 가르쳐 주기 위해서 전국을 다니시 는 분이다. 복숭아학당 송년회 장소에서 시인을 만났을 때 새로운 반이 하나 생기는데 열 명 정도만 모여서 수업을 할 것이니 그 반 으로 들어오라고 하셨다.

"북콘서트 하면서 아픈 이야기 하지 말고 시를 배워서 시 쓰는 것을 가르치세요."

"저는 시를 못 씁니다."

"하실 수 있습니다."

"글을 길게 쓰다가 짧게 쓴다는 것이 힘들어요."

"아닙니다. 잘 하실 수 있습니다."

그렇게 해서 한양대 앞 어느 카페에서 모임을 가졌다. 그 카페는 윤보영 시인의 카페인 양 벽, 계단, 화장실 등등 어디를 봐도 윤보영 시인의 시들이 예쁜 액자 속에 담겨서 장식되어 있었다. 멋있었다. 수업이 시작되었다. 시인님은 "프린트물과 자료 등 수업에 필요한 것들은 제가 다 준비해서 올 것입니다." 시인님은 전국을 다니며 강의를 하시는데 교통비와 수업에 들어가는 모든 것들도 모두 자비로 준비하신단다.

"그리고 수업료는 지금은 돈을 받지 않지만, 시를 배운 후 개인 시집이 나왔을 때 시집 한 권을 주시면 그것이 수업료입니다. 조건 하나 더 말한다면 시집을 만들 때 어디에서 만들지 물어보지 마세요. 시집은 각자가 만들고 싶은 곳에서 만드시면 됩니다." 시집 만드는 출판사를 소개하고 소개료조차도 받지 않겠다고 깔끔하게 정리를 미리 해 놓으셨다. 멋있었다. 나뿐만이 아니라 같이 모인 사람들이 뿅 가버린 순간이었다. 포청천보다 더 청렴결백하고 깔끔하게 정리를 해 놓고 수업을 하시니 어느 누가 좋아하지 않을 수가 있겠는가. 내가 이런 분의 제자가 되었다는 것에 '야호', '앗싸' 하고 속으로 소리를 질러도 몇 번을 질렀다.

수업이 진행되면서 시를 몇 편씩 써 오라는 숙제를 내 주었다. 집에서 시를 쓰는데 한자리에 앉아서 열몇 편씩 시를 썼다. 이렇게 쓴 시를 시인께 보내면 클리닉을 해 온 시로 수업을 하면서 설명을 해주신다. 내가 처음 시를 썼는데도 진도가 잘 나갔다. 시인께서도 "이대로 나가면 5월이면 시집을 낼 수 있겠습니다. 시집이 제일 먼저 나오겠는걸요" 하며 응원도 아끼지 않았다. 그런데 수업이 중단되면서 동작 그만이 되어 멈추어버리고 말았다. 그 후로도 시를 계속 쓰고 있으니 시집을 내겠다고 말만 하고 아직도 약속을 지키지 못하고 있다. 시인께서는 "처음 시를 배울 때 반짝반짝한 시들이 많은데 지금은 감이 많이 떨어진 것도 있습니다. 한번 만들면 영원히 남는 것이니 서두르지 말고 차근차근 준비하세요" 하며 격려도 해주셨다. 누구나 시인이 될 수 있다며 시의 세계로 들어가게 해주신 윤보영 시인께 올해는 꼭 시집을 드릴 수 있도록 계획을 세우고 있는데 잘 되길 바래 본다.

다른 시인들은 내 시를 보면 말한다.
"윤보영 냄새가 나."
"윤보영 시인님 제자입니다."
"어쩐지 윤보영 냄새가 나더라니."
이런 시인님 덕분에 시의 세계를 알았는데 중요한 것은 혼자 시를 쓸 땐 마음이 아픈 날 시를 적어 놓고 마음을 달래었는데 윤보영 시인의 제자로 시를 배우고 나니 시 속에 "아하, 그렇구나" 하고 감탄사가 넘쳐났다. 시인님의 시 속에는 우리의 생활이 짧고 간단하게 그대로 들어 있는데도 불구하고 너도 있고, 님도 있고, 그대도 있고, 당신도 있다. 그러다 보니 가득 찬 사랑에 행복은 만땅이요 기쁨이 넘쳐나니 어느 누가 봐도 블랙홀에 빠져들 듯 그 행복한 매력에 빠지고 만다. 처음에 윤보영 시인의 가르침으로 시작해서 지금은 시인으로 등단도 했다. 대한시문학협회 재무국장을 거쳐 편집위원으로 일을 맡아서 하고 있으며, 등단 시인으로서 작품도 만들어 해마다 인천대공원에서 시화전 전시회에 동참을 하고 있다.

인천에서의 무대는 미인대회에서 파트너였던 삼행시의 달인 이정석 시인께서 애써 주신다.

"이달 말일까지 봄 시로 하나 보내세요."

"예 알겠습니다."

"이번에 인천대공원에 시화전 작품 낼 겁니까?"

"예."

"그럼 20일까지 작품 만들 시 보내 주세요."

이정석 시인의 정보와 수고하심 덕분에 내 작품들이 전시되었다. 내 시가 짤막짤막 감성 시라서일까, 엄마들이 아이들과 같이 와서 시도 읽어 주고 사진도 찍어 가는 모습을 보면서 얼마나 기분이 좋고 흐뭇한지 그런 모습을 보는 것만으로도 기분이 좋아서 집에 오기가 싫을 정도였다.

"다음 주에 인천시청 역사에 작품 거는 날입니다."

"예, 알겠습니다" 하고는 그날 잽싸게 달려갔다. 단 몇 명이서 전시되어 있는 수십 개의 작품을 내리고, 수십 개의 새로운 작품들을 보기 좋게 다시 걸어 전시를 했다. 나야 처음 참석을 한 것이지만 이정석 시인은 해마다 이 작업을 맡아서 해 오신 것이다. 시를 거는 작업, 새로운 경험을 하는 것도 재미있었다. 이렇게 수고하고 난 후 한 가지 특례가 있다면 자기 작품을 자기가 걸고 싶은 곳에 선택해서 걸 수 있다는 것이다.

이렇게 인천에서의 작품들은 이정석 시인의 도움으로 쑥쑥 자라고 있다. 만약에 이정석 시인께서 안 계셨다면 이런 정보를 알지도 못했을 것이고 인천에서의 작품 전시회는 꿈도 꾸지 못했을 것이다.

누가 말했다. 세상엔 고기를 굽는 자와 먹는 자만 있다고. 작품을 전시하는 자와 감상하는 자만 있다는 것, 윤보영 시인과 이정석 시인처럼 재능기부를 하고 봉사하는 자, 그리고 그것을 받아 즐기는 자만 있다는 것. 누군가의 수고함에 많은 이들이 혜택을 보지만 대부분의 사람들은 혜택인 줄도 모르고 당연한 것으로 알고 살아간다.

우린 독불장군(獨不將軍)처럼 혼자서는 살 수가 없다. 음수(飮水) 사원이란 말처럼 우물을 먹을 때 우물을 판 사람을 기억하듯, 그 근원을 잊지 말아야 하는 것처럼, 우리가 혜택을 누리며 편안함을 느낄 때 누군가는 대가 없이 나눔을 실천하고 있다는 사실을 기억해야 할 것이다. 그러기 위해서 나 또한 누군가를 위해 대가 없는 나눔을 실천하리라.

어딘가에 내 작품이 전시되어 있다는 것만으로도 좋은 기분과, 누군지 모르지만 내 시를 읽고 있는 사람들을 위하여 내 인생에 새로운 변화를 준 윤보영 시인과 이정석 시인처럼 나누며 퍼주는 삶을 실천하며 누군가에게 도움이 되는, 누군가에게 도움을 주는 1인이 될 것이다.

홍, 홍엽이 지고 나면 새잎이 돋아나듯
영, 영원한 베스트로 독자들 사랑받아
순, 순수한 베스트셀러 크게 멀리 빛나라

- 이정석

7

뭐야, 국회의원 출판기념회야?

『절망 속에서 희망을 품다』라는 나의 생애 첫 번째 저서가 나왔을 때 출판기념회를 하지 못했다. 그래서 항상 마음 한쪽 구석에 서운함이 응어리지듯 딱 걸려 있었다. 다른 사람들이 책이 나왔다며 출판기념회를 한다고 하면 빠지지 않고 참석을 해서 축하해 주었다. 그럴 때마다 부러움을 감추지 못했다. 출판기념회를 하는 것을 보며 '아, 나도 저렇게 하면 좋겠다.' '아, 저 방법 좋은데 나도 저런 것 해야지' 하며 생각 속에서 수십 번의 출판기념회를 계획하고 밑그림을 수도 없이 그리곤 했다. 그리고 두 번째 책이 나오길 학수고대하며 기다렸다.

드디어 나의 두 번째 저서가 『아이들 잘 키우는 것이 돈 버는 것이다』라는 이름을 달고 세상에 태어났다. 책을 한 권 들고 시나브로의 김승곤 대표를 찾아갔다. 가져간 책을 건네며 출판기념회를 열어 달라고 모든 것을 맡겼다. 김승곤 대표는 전문가답게 사방을 뛰어다니며 장소부터 포토존 팸플릿까지 직접 챙겼다.

그리하여 2018년 11월 22일 왕십리역 5층 디노체 컨벤션에서 '홍영순 작가의 출판기념회 인문학 콘서트'가 성대하게 열렸다. 역사적인 순간이었다. 얼마나 기다리고 기다렸던가. 가슴이 벅찼다.

밥도 물도 넘어가지를 않았다. 겨우 약 먹을 때 먹는 물 정도가 다였지만 그래도 힘이 넘쳐났다. 몇 시간이나 일찍 갔는지 모른다. 현수막도 걸리기 전에 도착해서 먼저 와 있는 책에 사인을 미리 하기 시작했다. 사인을 하고 있는 동안 커다란 현수막도 걸리고 내 얼굴이 커다랗게 있는 포토존도 만들어졌다. 이렇게 준비가 되는 사이에 화환이 배달되어 왔다. 내 생애에 처음 받아 보는 화환은 모 국회의원이 보낸 것이었다. 미루지 못할 선약이 있어 참석하지 못한다며 화환을 보내주신 것인데 제일 앞자리에 떡하니 자리를 잡고 출판기념회를 빛내 주었다.

사람들이 모이기 시작했다. 손님을 맞으랴, 포토존에서 사진을 찍으랴, 정신이 없었다. 화환도 계속 들어왔다. 또 다른 국회의원과 단체장들이 보낸 화환들이 들어올 때마다 사람들은 한마디씩 했다. "또 와?" "우와, 또 와?" 꽃바구니와 난까지 줄을 이었다. "우와, 국회의원 출판기념회 하는 줄 알았습니다." "뭐야, 국회의원 출판기념회야?" 하며 놀리기까지 했다.

김승곤 대표와 박상화 원장의 사회로 출판기념회가 시작되었다. 항상 첫째, 둘째, 셋째 하며 굵고 짧게 말씀하시는 임동학 회장이 축사를 해주셨다. 정택수 교수는 수업이 있어 참석을 못 하신다고 언제 준비하셨는지 영상으로 축사를 해주시는 센스를 보여 주셨다. 오늘의 주인공으로서 짧은 강연을 하고 사회자들의 짓궂은 질문도 이어졌다. 또한 자리를 빛내 주기 위해서 축하공연도 이어졌다. 만능 엔터테이너 문영 가수의 공연에 이어, 지방에서 올라오신 이완식 가수, 나의 갑장 친구인 '노래하는 미친 퍼실리테이터' 최용진 이사장의 공연은 모두를 즐겁게 하는 것과 동시에 이 행사를 더욱 빛내 주었다.

콜록콜록 감기가 낫지도 않았는데 봉사하기 위해서 나오신 시나브로 이사님부터, 참석해서 축하해 주신 한 분 한 분의 많은 분들, 또 후원금으로 힘을 실어 주신 분들, 내가 아는 지인들이 총집합을 해서 디노체 컨벤션의 연회장을 가득 채워 주셨다. 내 평생 살아가면서 이런 날이 또 있을까. 앞으로 책은 계속 나온다 해도 이런 출판기념회는 한 번으로 족했다. 혼자서는 할 수 없는 일, 많은 분들이 도와주고 애써 주신 덕분에 출판기념회가 성공적으로 막을 내렸다.

첫 번째 책이 나온 후 출판기념회를 못 해서 한이 서릴 뻔했는데 이번 행사로 그 한이 깨끗이 사라졌다. 평생 잊지 못할 출판기념회에 도움을 주신 분들과 참석하셔서 함께해 주신 많은 분들의 이름을 한 사람 한 사람 가슴속에 새기면서 항상 감사하는 마음과 나누는 마음으로 살아야 한다는 걸 다시 한 번 더 다짐을 한다.

행사가 끝나고 그 넓은 연회장이 텅텅 비었다. 사인한 책들과 방문록을 정리하고 있는데 "꽃바구니 두 개가 없어졌어요."

"무슨 꽃바구니요."

"어느 분이 말도 없이 들고 안으로 들어가셨는데 안 가지고 오네요."

"누가 보낸 건가요."

"모르겠습니다. 이름을 적기도 전에 가지고 들어갔는데 다시 가지고 올 줄 알았지요."

"누가 보낸 것인 줄은 알아야 하는데요. 그래야 인사를 하지요."

난감했다. 누가 보낸 것인 줄은 알아야 인사를 할 것인데… 정리가 끝나고 집으로 오는데 누군가가 사진 한 장을 보내 왔다. 누군가가 꽃바구니를 들고 가는 사진이었다. "헐, 이게 뭐야." 깜짝 놀랐다. 사진을 보낸 분에게 전화를 했다.

"누군지는 모르지만 꽃바구니를 들고 가길래 수상해서 사진을 찍었어요. 그런데 뒤에서 찍어서 얼굴이 안 보이죠. 약간 옆모습이 보이기는 하지만 누군지 알겠어요?"

"아뇨, 모르겠어요." 모른다고 대답을 했다. 옆모습과 옷을 보면서 짐작이 가는 사람이 있었지만 모른다고 대답을 했다. 하지만 누가 보낸 것인 줄은 알아야 하는데 말이다.

다음날 참석하신 모든 분들께 감사하다는 인사를 했다. 인사를 하다 보니 꽃바구니를 보낸 분이 누구인지 알 수 있었다. 화환은 행사가 끝나면 가져가버리니 꽃바구니는 집으로 가지고 가서 집에 두라고 일부러 꽃바구니를 보내신 것이었다. 그런데 꽃바구니 사건의 이야기를 듣고 나서 황당했나 보다.

"단톡방에 전부 이 사진을 돌리고 경찰에 신고하세요." 자신이 보낸 꽃바구니를 나는 보지도 못했는데 없어졌다고 하니 화가 많이 난 것 같았다. 그 사이 짐작 가는 대로 따라가서 꽃바구니의 종착

지점을 알아냈다. 하지만 모른다고 그냥 마무리짓기로 했다. 그 꽃바구니는 또 다른 곳에서 또 다른 사람들을 위해서 좋은 곳에 사용되리라 믿으면서.

이렇게나 다른 성격들의 사람들이 모여 멋지게 출판기념회를 성료시켰으니 대한민국 만세 하고 소리라도 지르고 싶을 정도로 기분이 너무너무 좋았다.

지금 이 책을 통해서 행사를 이끌어 주시고 수고해 주신 분들과 이 행사를 위해 공연하고 축사해 주신 분들과 축하해 주며 자리를 빛내 주신 참석한 모든 분들께 머리 숙여 감사의 인사를 드린다.

8
포기할 수 없는 오늘, 끝없는 도전

내가 지금까지 살아오면서 내 눈으로 보아온 것들, 하지만 할 수 없는 것들, "그림의 떡", "에이 말도 안 돼", "그걸 어떻게 해" 하는 것들에 대해서 하나하나 도전해 보고 경험해 보며 하나씩 내 것으로 만들기 시작했다.

사람들은 아픈 몸으로 무얼 그렇게 하냐고 하지만 지금이 아니면 앞으로는 할 수가 없어진다. 오늘이 내가 살아 있는 날 중에서 가장 젊은 날이고 지금이 내가 가장 건강할 때이기 때문이다. 그러니 다음에 하면 되지 하고 미룰 시간이 없다. 그렇다고 시간에 쫓기어 가는 것은 아닌데, 포기할 수 없는 오늘이 있기에 오늘을 무엇으로든지 꽉꽉 채우고 싶은 마음이 간절하다.

하고 싶은 것이 많아서일까, 이 오늘을 그냥 보내는 것이 아까워서 잠이 안 올 정도이다. 무엇이라도 좋다. 무엇이든 하면 뭐든지 된다.

그러기 위해서는 내 주위에 있는 것들부터 배우기로 했다. 먼저 마케팅 전문가인 임동학 회장의 마케팅 수업을 듣는 것부터 시작해서 스피치, 인문학 강의, 인성, 생명존중 자살예방, MC 과정, 마술, SNS 강사, 유튜브 크리에이터 등등 들을 수 있는 강좌는 다 듣고 배우면서 자격증이나 수료증을 받았다.

그리고 항상 마음에 남아 있던 한 가지를 하기로 했다. 그건 바로 대학 졸업장, 학사 학위를 받는 것이었다. 아버지의 갑작스런 사고로 학업을 중단하고 늘 마음에 가시처럼 걸려 있던 짐이었다. 그러다 결혼 후에는 가장 아닌 가장이 되어 아이들을 키우다 보니 그냥 훌쩍 지나가버린 세월, 그 흔한 대학 졸업장 하나 없다는 것이 가시였다. 직장에서도 나이 어린 대졸자에게 밀리지 않으려고 남몰래 울면서 피나는 노력을 했다. 그 결과 대졸자들을 가르치는 실력자로 내 자리를 지킬 수 있게 되었지만 그동안 흘린 눈물은 무엇에다 비교를 하겠는가.

언제부터인가 사이버 대학이 생기기 시작했다. 기회는 이때다 싶어 직장을 다니면서 어렵게 공부를 시작했다. 그런데 학사과정 1학년을 마친 후 경제적인 이유로 휴학을 해야만 했다. 그리고는 쉽게 시작을 할 수가 없었다. 마음엔 남아 있지만 쉽게 시도를 하지 못했다. 그런데 이번에 다시 공부를 하기로 한 것이다.

학사과정 2학년에 편입 후 공부를 시작하며, 몸이 아프면 의사들이 치료를 해주듯 나는 마음이 병들어 아픈 사람들에게 도움을 주고 싶어서 교정사회복지학과를 선택했다. 그런데 한 학기도 마치기 전에 병원에서 진단을 받고 죽음을 준비하면서 또다시 학업을 포기하고 말았다.

그리고 또다시 해가 바뀌고 다시 복학을 하기로 했다. 그런데 문제가 생겼다. 실습을 할 곳이 없었다. 교도소나 보호소로 가야 하는데 경찰서에서 웃음백세로 웃음치료를 같이 하던 경찰분들께 부탁도 했지만 일반인이 출입할 수가 없는 곳이었다. 학교에서도 이렇게 실습할 곳이 없다는 사실을 몰랐던 것이다. 갑자기 교정사회복지학과가 없어지고 사회복지학과로 전과를 하게 되었다. 결국은 교정사회복지학과로 편입을 해서 사회복지학과를 졸업했다.

쉽지 않았다. 사회복지학과에서 실습을 하는 과정에서 너무 힘이 들어서 엉엉 울었다. 아픈 몸으로 아침부터 저녁까지 하루 종일 밖에서 견딜 수가 없었다. 기면증 때문에 벽에 기대고 선 채로 잠이 들기도 하고 밥을 먹다가 잠이 들기도 했다. 컴퓨터를 보며 일을 하는데 피곤이 쌓이니 눈에 이상이 생겨서 글씨가 보이지도 않았다. 도저히 못 하겠다는 말이 입안에서 뱅뱅 돌았다. 포기하기 일보직전이었다. 나약한 생각이 들기 시작했다.

'병까지 든 몸으로 내가 이 자격증 따서 어디에도 써먹을 일도 없는데 이렇게 힘들게 이걸 따서 뭘 하겠다고 이 고생이란 말인가. 그래, 그만두자. 오늘까지만 견디고 그만두자. 오늘까지만 하자' 하는 생각을 열두 번도 더 했다. 참다 참다 더 견딜 수가 없어서 미라언니에게 그만두어야 하겠다고 말을 했다. 미라언니는 지금까지 했는데 그만두면 어떻게 하냐고 다른 방법을 찾자고 했다. 미라언니는 내가 건강하지 못하다는 것을 알고 건강상 하루 종일 밖에서 견딜 수가 없으니 반나절씩 나누어서 실습을 하기로 하고 기간을 더 늘리는 방법을 만들어 주었다. 포기하려는 문턱에까지 갔다가 미라언니 지혜 덕분에 무사히 실습을 마칠 수 있었다. 이렇게 힘들게 실습을 마치고 대학교 졸업장을 받아들었다.

이 대학 졸업장이 뭐라고, 종이 한 장인데 몇 번을 휴학을 하고 편입을 하고 겨우겨우 내 손에 들어온 것이다. 그리고 이력서를 쓸 때 폼나게 '학사 졸업' 란에 체크를 했다. 자랑스러웠다. 졸업장 이 종이 한 장이 뭐라고 이력서에 당당하게 학사 졸업에 체크를 해도 된다는 말인가. 160시간이라는 실습을 울면서 울면서 포기하려고 했는데, 그래도 끝까지 포기하지 않고 도전했기에 학사라는 산을 넘었다. 학사라는 큰 산을 넘었으니 석사라는 또 다른 산에 도전할 수 있는 자격이 선물처럼 주어졌다.

기회는 왔을 때 잡으라고 했다.

만약에 그때 힘들다고 포기했다면 석사라는 산에는 영영 오를 수 있는 자격조차도 없는 것이다. 그런데 이게 끝이 아니다. 포기할 수 없는 오늘, 새로운 도전이 이제부터 시작이다. 이번에는 석사과 정을 공부할 것이다. 옛날에 몸이 아프지 않을 때 홍 실장으로 근무하던 시절 산모들의 산후조리에 대해서 석사논문을 쓸 것이라고 준비를 해 놓은 적이 있다. 그런데 학비 문제로 아직 석사과정 시작 은 못 했지만 나의 목표 속에 들어 있으니 석사를 하고 나면 박사 과정까지 도전을 할 것이다.

무엇이든지 하나를 시작하고 나면 뿌리를 뽑고 마는 성격 때문에 병원에서 진단을 받고 제2의 인생을 살기 시작하면서 시작한 웃음치료부터 지금까지 딴 자격증과 상장과 수료증, 인증서, 감사장 등등 모두 합치니 108개나 되었다. 내가 아프기 전의 것을 합친다면 과연 몇 개쯤 될까?

9

나라사랑 메인 MC

처음에 카메라 앞에서 촬영을 할 때 유연숙 선생님을 보며 '아, 멋지다' 하고 생각했었다. 그리고 몇 년이 흘렀다. 그동안 이런 저런 공부를 하며 배울 때 MC 과정을 두 번이나 돌면서 수업을 들었다. 사람들 앞에 서면 떨려서 또박또박 책도 못 읽었는데 지금은 사람들 앞에 서서 이야기도 하고 이제는 진행까지 하고 있으니 내가 변해도 너무 많이 변했다.

이렇게 변한 것은 좋은 것이지. 내가 하고 싶은 것, 내가 좋아하는 것, 내가 원했던 것들을 하나하나 도전하면서 해 보고 있는 지금 이번에는 행사의 진행을 맡은 사회자이니 말이다. 솔직히 말해서 내가 행사의 진행을 맡는다는 것은 어불성설(語不成說)일 수도 있다. 왜냐면 첫째, 말이 너무 빠르다. 둘째, 사투리를 사용한다. 셋째, 사투리 발음이라 발음이 잘 되지 않는 것들이 있다. 예를 들어 쌀을 살, 트럭을 터럭, 특히 어 발음과 으 발음은 구분 불가이다. 어디 그것뿐이겠는가. 목소리는 작고 약해서 어딜 봐도 내가 사회를 보기에 적합하지 않다는 것을 나도 잘 알고 있다. 그러다 보니 솔직히 사회자로서는 점수 미달인 것이다.

"세상엔 절대 안 되는 것은 없다." "하면 된다." "안 되면 되게 하라." 이런 거창한 각오로 시작한 것도 아니다. 내가 사회를 보기 시작한 것은 2018년 4월 나라사랑총연맹 정기 월례회 때부터이다. 박승재 사무총장의 부탁으로 사회를 보기 시작했는데 지나고 보니 이것도 벌써 2년이라는 시간이 지났다. 나라사랑총연맹 회원들은 모두 다 어른들이라서 그런지 아무도 사회를 잘 봤니 못 봤니 말하는 사람도 없었다. 사투리가 어쩌고저쩌고 탓하는 사람들도 없었다. 내가 마이크를 들고 있으니 내 말 한마디에 따라 똑같이 행동하며 움직여 주었다. 그리고 항상 "잘 했다." "수고했다" 하며 힘을 실어 주었다. "경상도 사투리로 사회를 봐도 재미있네요" 하며 박수를 쳐 주었고 "저번보다 훨씬 잘 했어요" 하며 응원도 해주었다.

노벨상 100명을 꿈꾸는 전뇌학습의 1인자이신 김용진 박사는 참석할 때마다 팁을 하나씩 가르쳐 주셨고, 하모니행복연구소 이정태 소장은 아주 중요한 걸 가르쳐 주셨다.

"국민의례를 할 때 '애국가 1절만 부르겠습니다'는 잘못된 말입니다."

"예? 그럼 어떻게 해야 하는 것인지요."

"애국가 1절만 부르겠습니다라고 하면 왜 4절까지 있는데 1절만 부르느냐고 합니다. 정확하게 '애국가 1절을 부르겠습니다'라고 해야 합니다. 그것만 고치면 사회 보는 것 흠잡을 데가 없습니다" 하며 살짝 와서 귀띔해 주시고 엄지를 척 세워 주신다.

나라를 사랑하는 사람들이 모이는 곳이라 그런지 무엇보다도 국민의례가 중요했다. 그런데 음향이 좋지를 않아서 국민의례에 사용하는 음악을 준비해 놓고도 제대로 사용한 적이 손에 꼽을 정도였다.

"국기에 대하여 경례" 하면 모두 다 가슴에 손을 올린다. 그때 음악이 좌악 나와야 하는데 사무총장은 열심히 조절을 하고 있지만 소리가 나오질 않는다. 그렇다고 모든 사람들을 계속 세워 놓을 수는 없다. 잽싸게 음악 없이 진행을 한다.

"나는 자랑스러운 태극기 앞에 자유롭고 정의로운 대한민국의 무궁한 영광을 위하여 충성을 다할 것을 굳게 다짐합니다." "바로." "다음은…" 하며 계속 진행을 한다.

박승재 사무총장과 나란히 서서 인사말을 하고 내려가면 이때부터 혼자서 진행을 한다. 오프닝 공연을 하고 본행사의 시작을 알린다. 이름만으로도 든든한 정진태 장군과 박희도 장군을 중심으로 날개를 펼친 나라사랑총연맹의 본행사는 국민의례를 시작으로 최초라는 수식어를 만들어 내며 한 시대를 주름잡았던 멋진 오혜정 회장의 인사말씀과 내외 귀빈소개, 축사, 위촉장 수여식, 강연, 감사패 전달을 끝으로 기념사진 촬영과 식사 후에는 경품 추첨으로 이어진다.

이 과정 속에서 제일 힘든 것은 오프닝을 시작하는 것과 단체사진 기념촬영이다. 오프닝은 내가 하는 것이 아니니 뭐가 힘드냐고 하겠지만 우리나라 시계는 고무줄 시계라고 알 사람은 다 알지 않은가. 중요한 사람이 오고 있는 중이라고, 그분만 오면 시작하자고 하는데 2년이 넘는 동안 제시간에 시작해 본 적이 몇 번 안 된다는 것이다. 그렇다고 먼저 가서 준비를 해야 하는데 사회자가 늦게 갈 수도 없는 일이고, 그래서 오프닝을 하기 전에 먼저 "사과의 말씀을 드리겠습니다. 지금 ○○○가 오고 계시니까 조금만 기다렸다가 시작하겠습니다. 양해 부탁드립니다"라고 하며 죄 없이 죄인이 된 사무총장의 기어들어가는 목소리에 모두들 "예" 하고 또 기다린다. 나라사랑총연맹의 어른들은 무엇이든지 빨리 빨리 서두르는 젊은 사람들에게 기다림의 미학이 무엇인지 보여 주며 인내심이 더 필요하다는 것을 스스로 깨닫게 해 주는 것만 같다. 이렇게 어렵게 시작한 행사가 끝나고 마지막에 단체사진을 찍는다.

"자 단체사진 촬영이 있습니다. 모두들 앞으로 나와 주세요" 하면 앞으로 나와서 사진을 찍으면 끝난다. 그런데 "나오세요." "빨리 나오세요." 이 소리를 몇 번씩 해야 하는지 모른다. 그러다 보니 사회를 보고 진행하면서 무엇이 제일 힘들거나 어렵냐고 묻는다면 시작 시간을 못 지키는 것과 단체사진 찍을 때라고 말하고 싶다.

늦게 시작하면 늦게 시작한 만큼 시간도 바쁘다. 축사 시간도 단축해야 하고 강연도 단축해서 시간을 줄여야 한다. 이렇게 보면 나라사랑이 엉망이라고 할지 모른다. 그런데 이곳엔 다른 곳에서는 볼 수 없는 나라사랑총연맹만의 그 무엇이 있다. 그건 바로 사람 중심이라는 것이다. 오는 사람 한 사람 한 사람 귀하게 여기고 누군가 오고 있는 중이라고 하면 어느 한 사람 불평불만 없이 다 같이 기다린다. 나부터도 시작 시간을 지키지 않는 점을 제일 힘들다고 말하고 있는데 그곳의 사람들은 "왜 늦냐." "그 사람 빼고 그냥 합시다" 하고 말하거나 따지는 사람이 아무도 없다. 끝나고 약속이 있다고 가야 하는 사람마저도 "늦게 시작해서 중간에 가는 것입니다" 하고 투덜대거나 원망하는 사람도 없다. 늦게 시작해도 그러려니 하고 기다리다가 바쁘면 조용히 나간다.

부족한 내가 2년이 넘도록 나라사랑총연맹의 메인MC로 있을 수 있었던 것이 사람 중심으로 만나는 이분들이 "잘 했니, 못 했니" 하고 따지기보다 "잘 했다, 수고했다" 하는 칭찬과 응원 덕분에 가능한 일이었다. 그러기에 나 또한 아무 부담 없이 앞에 가서 편안하게 진행을 할 수 있었고 해 보지 않았다면 전혀 알 수 없는 것들을 MC 경험을 통해서 새로운 경험을 해 보는 좋은 기회가 되었다.

사람들의 경솔한 행동 중 하나는 해 보지도 않고 말하는 것이다. 곁에서 쳐다만 보고 다 안다고 할 수도 있겠지. '서당개 삼 년이면 풍월을 읊는다'는 말도 있으니 말이다. 하지만 아무리 '서당개 삼 년이면 풍월을 읊는다' 해도 직접 몸으로 부딪치며 직접 경험해 본 사람에게는 못 당할 것이다. 그러니 기회만 있다면 무엇이든지 해 보자. 그러면 뭐라도 된다. 뭐라도 하면 뭐라도 되는 진리의 법칙처럼.

4장

신날 때도
넘어질 수 있어

1

비상 사이렌 소리에도 잠 속으로 빠져들다

갑자기 졸음이 오기 시작했다. 중요한 자리에서 미팅을 하고 있을 때도 잠이 쏟아지면 아무런 대책이 없었다. 머릿속은 멀쩡하니 상대방의 이야기를 듣고 있는데 눈은 감기고 있다는 사실을 느끼고 있지만 몸이 움직이지를 않는다. 밥을 먹다가도 잠이 오면 밥을 입안에서 씹고 있는 도중에 잠이 들어버린다. 한번은 밥을 먹다 말고 숟가락을 든 채로 잠이 들었는데 자고 일어나니 시간이 40분이나 지나 있었다. 이렇게 잠이 올 때는 그냥 잠이 온다. "아, 졸려." 이런 말도 사용 불가능이다. 그냥 들통에 가득 담은 물을 머리 위에서 사정없이 한꺼번에 확 부어버리는 것처럼 또는 1, 2, 3, 4, 5 이렇게 잠이 오다가 10이 되면 잠이 드는 것이 아니라 갑자기 100 하고 잠이 들어버린다. 장소 불문, 시간 불문. 정말 대책이 없었다.

한번은 아파트 지하 주차장에 주차를 하고 볼일을 마치고 주차장으로 갔다. 차에 짐을 옮겨 싣고 나서 운전석에 앉았다. 그 순간 긴장이 풀어져서일까 잠이 쏟아졌다. 하필이면 그때 지하에 울려퍼지는 사이렌 소리와 함께 아파트 지하 주차장에 안내방송이 나왔다. "실제상황입니다. 모두 차를 밖으로 빼 주십시오. 실제상황입니다."

차들이 줄을 이어 빠져나가고 다급하게 사이렌이 울렸다. 그 장면을 보면서 어디에선가 불이 났음을 짐작했다. 운전석에서 빠져 나가는 차들을 보며 뒤를 돌아보았다. 혹시라도 연기가 따라오는지. 그런데 연기가 오는지 확인도 못 하고 잠 속으로 빠져들어가고 말았다. 얼마나 잤을까, 눈을 뜨고 일어나니 조용했다. 2시간을 세상모르고 잔 것이다. 그 넓은 지하 주차장에 언제 무슨 일이 있었는지 겨우 몇 대의 주인 없는 차들만 자리를 지키고 있을 뿐 그 넓은 주차장은 텅텅 비어 있었다.

그렇게 기면증의 이름을 가진 잠과 눈꺼풀과의 전쟁이 시작되었다.

병원에 가서 요즘 졸음과의 전쟁 중이라고 이야기를 했다. 항상 그래왔지만 의사 선생님의 대답은 똑같았다.

"이 병이 증세가 그래요." 그리고 덧붙인 말.

"운전 하세요?"

"예."

"앞으로 운전하지 마세요."

"왜요?"

"위험합니다."

"그래도 운전을 안 하고 어떻게 다녀요."

"운전하다가 그렇게 잠이 들면 나만 위험한 것이 아니라 다른 사람도 위험합니다."

"…"

아무 말 하지 않고 뒤돌아서서 나오는데 의사 선생님은 나의 뒤통수에 대고 쐐기를 박는다.

"운전 금지입니다."

그렇게 첫 번째 운전 금지령이 내려졌다. 운전을 하다가 졸리면 옆에 주차를 하고 조금 자고 가야지 하며 졸음 쉼터를 활용해도 되겠지만 나 같은 경우는 '아 졸려' 할 시간도 없이 갑자기 눈을 감아버린다는 것이 문제라는 걸 알면서도 나에게도 생활이 있는데 운전 금지령이 내려졌다고 운전을 안 할 수는 없었다. 의사 선생님이 뒤통수에 대고 운전 금지라고 쐐기를 박던 그때를 생각하며 항상 조심 또 조심을 할 수밖에 없었다. 운전은 계속 했다. 혹여라도 밤에 잠을 못 자면 그럴까 싶어서 밤에도 더 신경을 써서 잠을 자고 낮에 안 졸리게 하려고 애를 썼다. 그런데 그런 것과는 상관이 없었다. 눈꺼풀의 무게는 지구의 무게를 능가하고 있었다.

그럼에도 불구하고 운전은 계속 했다. 그런데 어느 날부터인가 걸음을 걸을 때 발바닥이 주먹을 쥐는 것처럼 오그라들기 시작했다. 쉽게 말해서 침팬지가 발바닥으로 나무를 잡고 탈 수 있는 것처럼, 그러면서 다리가 걸을 수 없게 뻣뻣하니 무릎부터 내 스스로가 통제가 되지 않게 되는 일이 생겨나기 시작했다. 병원에 갈 때마다 이런 증세가 있다고 하면 원래 그런 것이라면서 약의 용량이 늘어나든지 아니면 약의 종류가 늘어난다. 결국 또 하나의 약이 늘어났다. 약의 용량이 늘어났다는 것은 새삼스럽다든지 놀랐다든지 하지 않았다. 하지만 선생님의 말 한마디, "앞으로 운전 하지 마세요." 두 번째 운전 금지령이 내려졌다. 마음 같아서는 운전 금지령은 말도 안 된다고 택도 없는 소리라고 따지고 싶었지만 내가 아무리 반대를 하고 운전 금지령을 받아들이고 싶지 않아도 인정할 건 인정하고 받아들일 건 받아들여야만 한다는 것을 알고 있다.

얼마 전에도 운전 중에 오른쪽 발이 오그라지면서 다리가 뻣뻣해져서 급하게 왼쪽 발로 브레이크를 밟은 적도 있었다. 다행히 서행하던 곳이라 괜찮았지만 위험한 순간이 몇 번 있었다. 그래서 아무 말도 못 하고 고개를 푹 숙인 채 진료실 문을 열고 나왔다. 진료실 문 앞의 간호사에게 다음 진료 날짜를 정해 놓고 돌아서는데 꾹 참고 있던 눈물이 소리 없이 주르륵 흘러내렸다.

내가 운전을 배우고 차를 끌고 나가면 야간운전에 빗길운전이었다. 그래서일까 운전하는 것을 좋아하는 난 특히 장대비가 쏟아질 때 운전석에 앉아서 차 지붕에 떨어지는 빗방울 소릴 듣는 것을 좋아했다. 빗방울 소리가 너무 커서 차 지붕을 뚫고 들어올 것만 같은 소리, 몸부림을 치며 온몸으로 연주를 하는 빗방울들의 울림. 어느 오케스트라 연주가 이보다 더 훌륭할까.

내 키만큼 큰 개나리 콘을 집에 사다 놓고 아침마다 한 봉지씩 담아 나간다. 그리고는 퇴근길에 운전석 옆에 봉투의 입구를 열어서 준비를 해 놓고 운전할 때 차가 엄청 막힐 때는 개나리 콘을 먹으면서 운전을 한다. 개나리 콘은 기름에 튀기지를 않아서 담백하고 손에 기름이나 가루가 묻지를 않아서 운전 중에 먹기가 딱 좋다.
그런데 운전 금지령이 내리고 앞으로 운전석에 앉을 일이 없다면 지금처럼 운전석에 앉아서 빗방울들의 연주도 개나리 콘의 맛도 추억 속에 담아서 보관을 해야만 한다.

하나씩 잃어가는 것 중에 제일 큰 충격이 운전 금지령을 받아 앞으로 운전을 할 수 없다는 것이다. 운전을 못 한다는 것은 나의 손과 발이 없어지는 것인데, 손과 발을 잘라 영원히 사용할 수 없게, 재생 불가능하게 만들어 놓는 것과 같았다. 나에게 차가 없다는 것은 앞으로는 영영 출근을 못 한다는 것이고 그렇게 되면 일도 영영 못 한다는 소리이다. 어차피 진작부터 근로능력이 없었다고 해도 먼 곳으로 강의를 갈 땐 차에 책을 싣고 가야 하는데 앞으로는 책을 어떻게 들고 다녀야 할지, 지금 나에게 이런 고민도 아무 필요 없다는 것을 잘 알고 있다. 지금 아프고 슬프다고 울고만 있을 수는 없었다. 앞으로 닥칠 일들이 얼마나 많은데 여기서 무너질 수는 없지 않은가. 따지고 보면 이제 한발 내딛는 시작인데 앞으로 이런 큰일을 내가 인정하고 받아들여야 하기에 눈물을 머금고 애써 아무렇지도 않은 것처럼 태연한 척을 해 본다.

운전을 하는 동안 항상 조심운전 안전운전을 했기에 벌점도 과태료도 한번 없는 상태로 나의 카렌스와 작별인사를 했다. 그리고 차 운전을 할 수는 없지만 서운한 마음에 면허증을 주민등록증 대신에 사용하며 면허증으로 서운한 마음을 달래고 있다.

2

엉덩이가 변기에 찰싹 달라붙은 사연

일을 해야 하기에 여러 방면으로 일할 곳을 찾았다. 미국 위스콘신대학교 한국 사무소의 최고위과정을 졸업하고 위스콘신대학교 한국 사무소 조교로 근무하게 되었다. 나의 일은 안내데스크였다. 시간은 오후 4시쯤에 가서 밤 10시 40분쯤에 집에 돌아오는데 5시부터 9시 30분까지의 길지 않은 시간이어서 아르바이트로 시작했다. 안내데스크 근무 시간은 원래 5시부터지만 4시쯤에 가서 준비를 했다. 테이블 3개로 데스크를 만들고 이름이 적힌 종이를 이름표에 끼워서 명찰을 만들어 놓고 테이블위에 가나다순으로 명찰을 진열해 놓는다. 그리고 한 사람씩 올 때마다 명찰을 찾아서 달아 주고 출석부 사인을 받아 관리를 하고 안내를 하며 문지기를 했다. 단순한 일이고 시간이 짧아서 충분히 할 수 있는 일이었다. 계획대로라면 요일마다 여러 개의 과정을 맡아서 일을 하면 내가 일할 수 있는 좋은 직장이 되는 것이었다.

그런데 그것마저도 쉽지 않았다. 그날은 1교시가 끝나고 2교시는 유명 개그맨이 직접 와서 강연을 하는 날이었다. 유명한 개그맨이 와서일까, 평소보다 많은 원우들이 참석을 했다. 1교시 마치고 쉬는 시간 화장실을 갔다. 변기에 앉아서 볼일을 보고 일어나려는데, "이 게 뭐야. 왜 이러지." 허리를 약간 앞으로 숙이며 두 다리와 발에 힘을 주며 일어나려고 하는데 다리에 힘이 들어가지를 않았다. 엉덩이를 들고 속옷을 끌어올려야 하는데 엉덩이가 변기에 찰싹 달라 붙어 있으니 속옷을 끌어올릴 수도 없었다.

스테인리스 그릇에 얼음을 얼리고 난 후 그릇을 물 묻은 손으로 만졌을 때 손가락이 스테인리스 그릇에 딱 달라붙어 떨어지지를 않고 강제로 손가락을 떼면 화상을 입는 것처럼 엉덩이는 변기에 찰싹 달라붙어 있었다. 모두 다 수업을 들어가고 아무도 없는 화장 실에서 두 손으로 내 다리를 한쪽씩 들어 보았다. "헐" 그런데 이게 뭐야, 두 손으로 한쪽 다리를 드는데 다리가 움직이지를 않았다. 발 바닥에 뿌리가 내리어 대리석 바닥을 뚫고 아래층까지 심지를 박 아 놓은 것처럼 꼼짝도 하지를 않았다.

몇 년 전에 나와 같은 환자에게서 들었던 이야기가 생각이 났다. 그 환우는 화장실에 갇혀서 3시간을 있었다고 했다. 그 후로도 화 장실에서 몇 번이나 움직이지를 않아서 고생을 했는데 사람들이 올 때까지 기다리고 있다가 도움을 받아서 달랑 들려 나온 적도 있 고, 사람들이 움직이도록 도와줄 때까지 기다렸는데 사람들이 도 와주러 왔어도 화장실 문을 못 열어서 애가 탄 적도 있고, 119 구급 차를 부른 적도 있다고 했다. 그래서 지금은 화장실에서 볼일을 볼 때 절대로 화장실 문을 잠그지 않는다고 했다.

같은 환우이니 혹시나 하고 나에게도 어떤 일이 벌어질지 모르니 이야기를 귀담아 들었지만 솔직히 나에게는 그런 일이 일어나지 않을 것이라고 생각을 하고 잊어버리고 있었다. 그런데 지금의 현실은 달랐다. "조금만 움직이자, 조금만 움직이면 일어날 수 있어" 하고 스스로 최면을 걸면서 다리를 움직여도 강력한 순간접착제로 발바닥을 고정시킨 듯 움직임을 허락하지 않았다. 수업을 할 때에는 휴대폰을 진동으로 해 놓아서 전화를 받지 못한다는 것을 알면서도 강의장으로 전화를 했다. 교수님부터 시작해서 동료 조교까지 전화를 하고 또 했다. 아무도 전화를 받지를 않았다. 수업 시간이니 당연한 것이었고 또 이날은 유명 개그맨이 와서 강연을 하니 더욱 전화를 받지 않는 것은 당연한 것이었다.

눈물이 왈칵 쏟아졌다. 서러웠다. 나에게는 일어나지 않을 일이라고 생각하고 있었는데, 다른 사람들은 유명한 개그맨이 왔다고 강연을 듣고 있는데, 나는 화장실에 갇혀서 꼼짝도 못하고 있다는 사실이 너무 서러웠다. 앞으로도 이런 일을 얼마나 겪으며 살지 생각지도 못하겠지만 나에게는 이것이 시작이라는 사실이 한숨과 눈물을 동시에 불러내며 나를 더 슬프게 했다.

그 와중에 또 한편으로는 이렇게 큰 건물에 저녁이라 모두 퇴근을 하고 우리 팀 외에는 아무도 없는 상황이 다행이라는 생각도 들었다. 이유는 소문 때문이었다. 원우들이 내가 환자라는 사실을 아는 것은 싫었다. 앞으로 이곳에서 계속 일을 해야 하는데 아픈 사람이라고 소문이 나는 것이 싫어서 조용하게 나에 대해서 아는 사람만 부르고 싶었다.

시간은 지나가고 아무도 전화를 받지를 않았다. 그래도 수업이 끝나고 집에 갈 때 내 가방이 있는 것을 보면 전화가 올 것이라는 생각을 하니 조급한 마음은 사라졌다. 쥐덫에 걸린 쥐가 쥐덫에서 벗어나려고 안간힘을 쓰는 것처럼, 딱 그 느낌으로 내 스스로 화장실에서 나오려고 애를 썼다. 그러면서 계속 전화를 했다. 50분이 흐른 시간 드디어 전화를 받았다. 내가 아픈 것을 다 알고 있는 교수님은 잽싸게 뛰어오셨다.

그런데 문제는 문을 열 수가 없어서 청소를 하는 이모들을 불렀다. 이모들은 문을 열라며 집게를 문틈으로 밀어넣어 주었는데 집게를 집어들고 아무리 문고리를 돌려도 돌아가지를 않았다. 화장실 문을 넘고 싶어도 틈이 없는 화장실이라 넘을 수도 없고, 결국 관리실에 연락을 하겠다고 하는 걸 겨우 말리고 다른 방법을 찾기로 했다. 이모들은 여러 모양의 집게를 가지고 와서는 "이것으로 해 보세요." 안 되면 "이것으로 해 보세요" 하며 집게를 밀어넣어 주셨다. 그리고는 화장실 옆 칸으로 들어가서 "오른쪽으로 돌리세요." "아니 왼쪽으로 돌리세요" 하면서 집게로 문고리를 돌리는 방향까지 가르쳐 주셨다.

한참을 집게로 실랑이를 하며 겨우 문고리가 돌아가고 문이 열렸다. 그 순간 십 년 묵은 체증이 쑥 내려간다는 말이 무슨 말인지 온몸으로 느껴지는 순간이었다. 그 순간 그래도 체면을 지켜야 했다. 아무 일도 없는 것처럼 문이 열리기 전에 잽싸게 눈물을 닦았다.

문이 열리자마자 교수님은 "안 보이길래 무슨 급한 일이 있어서 집에 먼저 간 줄 알았지, 이러고 있는 줄은 몰랐지"라는 말을 하고 뒤로 물러났다. 그리고 청소 이모님 두 분이 화장실 안으로 들어오셨다. 한 이모님은 나를 안아 올리고 한 이모님은 속옷을 치마 속으로 끌어올렸다. 그렇게 옷 정리를 끝내고 다시 변기 위에 내려놓았다.

　이모님들은 이게 무슨 일이냐며 다리를 주무르고, 쓰다듬고, 다리를 들었다 놓으며 운동을 시켰다. 얼마나 지났을까, 옆에서 부축해 주어 내 스스로 일어날 수가 있었다. 수업하는 강의장 앞에는 앉아 있을 수 없어서 이모들이 있는 방 앞에 의자를 놓고 앉아 있었다. 다행히 늦은 시간이라 이모님 두 분밖에 없다는 것이 위안이 되었다. 수업이 끝나고 우르르 몰려나온 원우들이 퇴장을 하고 나서야 동료들이 한마디씩 했다.

　"아니, 어디 갔었어요?"

　"말도 안 하고 집에 간 줄 알았어요."

　"음, 전화했었네요."

　"어디 갔다가 왔어요?" 하고 한마디씩 하는 질문에 "화장실에 있다가 왔어요" 하고 한마디로 마무리지었다.

　불편한 다리 때문에 천천히 절뚝절뚝 걷는 모습을 본 유연숙 선생은 처음 참석을 한 날이었는데 집에까지 태워다 주고 가겠다고 기사를 자처했다. 그런데 집에 와서 보니 보호자가 있어야 하겠다며 결국 외박을 선택하고 우리 집에서 하룻밤을 같이 보내 주며 일일 보호자가 되어 주었다.

멈추어버린 50분. 사람들이 이해를 못 하는 것은 당연한 것이다. "움직이지 못한다"고 하면 "왜?" 하고 눈이 둥그래진다. 그리고 한 술 더 뜬다. "이렇게 움직이지 못하면, 이렇게 움직이면 되지" 하며 각기 나름대로의 생각대로 자신들의 방법이 최고이니 자신을 따라 해 보라고 "이렇게, 이렇게." "이렇게 해 봐" 하고 말을 한다. 이렇게 직접 겪어 보지 않았을 땐 나도 그랬다. 같은 환우들이 말할 때도 "아하, 그렇구나" 하고 이해를 하고 알아들었다고 생각을 했는데도 막상 내가 당하고 나니 그 말이 이것이었구나 하고 알게 되는데 사람들이 어떻게 이해를 할 수가 있겠는가.

한마디로 우리의 부모님들이 "옛날에 먹을 것이 없어서 굶을 때가 많았다"고 하면, 요즘 아이들이 하는 말, "쌀 없으면 라면 먹으면 되지" 하는 말과 똑같이 "멀쩡한데 왜 움직이지를 못해" 하고 반문해오는 건 당연한 것이다.

언젠가 한번은 이런 적도 있었다. 이백배 평생교육원에서 스마트폰 수업을 준비하며 노래를 불렀다. 그런데 노래를 부르던 중에 다리가 땅속으로 빨려 들어가는 느낌이 들었다. 이 이상한 느낌은 뭐지. 노래를 부르면서도 머릿속으로는 두 다리의 움직임에 촉각을 세우고 있었다. 아니나다를까 두 다리가 뻣뻣해지면서 온몸에 있는 액체들이 빠져나가는 느낌, 파도가 밀려나가고 모래사장만 남는 것처럼 모든 것이 다리를 통과해서 발바닥 밑으로 빠져나가는 느낌이었다. 뻣뻣한 두 다리는 서로가 꼬이기 시작하는데 소변이 마려울 때 소변을 참으려고 허벅지를 붙이고 온몸을 배배 꼬는 것처럼 다리가 그렇게 꼬였다. 노래를 멈추고 마이크를 내려놓았다. 넘어지지 않으려면 옆의 뭐라도 잡아야 하는 순간이었다. 옆에 있는 탁자를 잡고 넘어지지 않으려고 겨우 버티고 서 있는데 이 모습을 본 이백배 원장은 "잠깐만 비켜 보세요" 하며 비켜 보라고 손짓을 했다.

"지금 못 움직입니다."

"그래, 알았으니까 잠깐만 비켜 보세요."

"아니, 지금 움직일 수가 없다고요."

"그러니까 의자 갖다 주려고 그래요. 비켜 봐요."

"아니, 지금 움직일 수 없는데 어떻게 비켜요."

"아, 알았으니까 이쪽으로 잠깐만 조금만 비켜 보세요."

"헐!"

어떻게 이해를 시켜야 할까? 강력접착제로 발바닥을 시멘트 바닥에 딱 붙여 놓은 것 같은 이 느낌을 어떻게 설명을 하고 어떻게 도움을 받아야 할까. 두 손으로 탁자를 붙잡고 겨우 버티고 있는 모습을 바로 옆에서 보고도, 도와준다고 하는 것이 손등으로 닿을 듯 말 듯 툭툭 치며 조금만 옆으로 비켜 보라고 하는 것이다. 결국 옆에 있던 다른 사람들이 반대편에서 의자를 가져왔다. 그런데 의자를 엉덩이 뒤에 갖다놓아 주는데도 앉을 수가 없었다. 매미가 고목나무에 매달려 있는 것처럼 꼼짝도 못하고 탁자만 붙잡고 서 있다가 사람들의 도움으로 겨우 자리에 앉을 수가 있었다.

기분 좋게 있다가 순식간에 일어난 일이었다. 그나마 다행인 것은 꼬인 다리가 빨리 풀어지고 정상으로 돌아와 주었다는 것이다. 그래서인지 처음으로 눈물을 흘리지 않고 체면유지를 한 날이다. 별일 아닌 것처럼 애써 미소를 지으며 두 다리를 딛고 일어났지만 그래도 어색한 미소는 감출 수가 없었다.

넘어지고 고꾸라지고 자빠지고 엎어지고

요즘엔 부쩍이나 잘 넘어지고 고꾸라지고 자빠지고 엎어진다.

위험한 순간들을 한두 번 넘긴 것이 아니다. 자꾸 넘어지다 보니 온몸에 멍이 드는 것은 당연한 것이고 골다공증이 있어 얼마나 걱정했으면 뼈가 안 부러진 것만으로도 다행 중에 다행이라고, 넘어지고도 감사하다는 말이 절로 나온다.

5월 18일에는 주방에서 앉았다 일어나는데 뒤로 밀리면서 뒷걸음으로 종종거리다가 그대로 넘어지는데 순식간에 일어난 일이었다. 오른쪽 어깨를 장식장에 부딪치면서 손가락은 찍히고 머리도 쿵! 오른쪽 엉덩이도 쿵! 순간 정신도 아찔하고 골반 통증도 있고 꼼짝도 못하고 그대로 동작 그만 아니면 얼음 놀이라도 하는 것처럼 넘어진 자세로 그대로 있었다. 사극 드라마에 보면 "서방님 저를 두고 어디가시와요" 하며 서방님의 한쪽 다리를 잡고 쓰러지듯 매달리며 끌려가는 자세로 움직이지를 못했다. 한참 후에야 겨우 일어나서 뼈는 다치지 않았다는 것을 확인하고 거울 속에 어깨의 상처를 비추어 보았다. 장식장에 부딪히고 넘어지면서 긁힌 상처는 빨갛게 부어오르고 있었다. 손가락은 핏줄이 터졌나보다. 시퍼렇게 된 손가락이 팅팅 부어오르고 팔꿈치와 골반 엉덩이는 아프고, 머리에는 주먹만한 혹이 툭 튀어 올라왔다.

그런 모습을 보고 있는데 갑자기 서러움이 복받쳐 올라왔다. 투명인간이 음식을 먹으면 입안의 음식물이 식도를 통해서 위장 속으로 내려가는 것이 보이는 것처럼 거꾸로 가슴속에 묻혀 있던 서러움이 그대로 올라오는 것이 눈에 훤히 보일 만큼 서러움이 복받쳐 올라왔다. 순간 눈물도 왈칵 쏟아졌다. 갑자기 미간을 찌푸리며 양쪽 입꼬리를 아래로 내리고 입을 삐죽삐죽하더니 얼굴이 찌그러지면서 울기 시작했다. 펑펑 울었다. 그냥 펑펑 울었다.

지금까지 참고 잘 살아 왔는데 그래도 이만하면 나는 행복한 사람이라고, 행복할 수밖에 없는 조건을 만드는 최면을 걸며 밝게 환하게 잘 살아 왔는데, 서러움이 복받쳐 올라오니 나의 의사와 상관없이 눈물이 나왔다. 아니 눈물이 펑펑 그냥 펑펑 쏟아졌다.
가끔씩 이렇게 한 번씩 서러움이 올라오는 건 어떻게 해야 해결이 될까. 언제쯤이면 눈물이 나오지 않고 덤덤해질까. 언제쯤이면 내가 이 모든 걸 받아들이고, 이렇게 넘어지는 것이 당연한 것이라고, 이것이 이 병의 증상이라고, 앞으로는 더 많이 넘어질 것이라고 이겨내야 한다고 마음 정리가 될까.

이만하길 다행이지 며칠 전인 5월 15일에도 장롱에서 옷을 꺼내 돌아서다가 종종종 뒷걸음질로 밀리다가 뒤로 벌러덩 나뒹굴고 말았다. 방바닥에 엉덩방아를 쿵 찧고 그 자세 그대로 미추, 천추, 요추, 흉추, 경추의 순서대로 꼬리뼈부터 머리 바로 아래 경추까지 33개의 척추뼈가 하나씩 분리되어 방바닥에 도장을 찍듯 등을 동그랗게 말면서 넘어지고 마지막에 머리를 방바닥에 쿵.

굼벵이가 동그랗게 몸을 마는 것처럼 딱 그 자세로 넘어지고 정신을 차리고 보니 나의 머리가 책상 밑으로 들어가 있었고 두 다리는 그대로 들려 책상 위로 향하고 있었다. 순간 아찔했다. 책상 밑에서 나오면서 넘어질 때를 재현해 보았다. 넘어질 때 머리가 책상에 부딪힐 뻔한 틈이 손가락 하나 들어갈 틈이었다. 만약에 그렇게 벌러덩 뒤로 넘어졌는데 머리가 책상 모서리에 부딪혔다면 뇌진탕이고 만약에 목이 책상 모서리에 부딪혔다면 목이 부러졌을 것이다. 순간 얼마나 다행인지 고맙고 감사하고 천만다행이었다.

또 한번은 내가 통나무가 된 적도 있다. 외출했다가 돌아오니 문 앞에 택배가 도착해 있었다. 택배 상자를 집안으로 밀어넣고 신발을 벗고 들어서는데 그대로 옆으로 넘어졌다. 특별하게 발에 무엇이 걸린 것도 아니고, 종종종 뒷걸음질을 치지도 않았다. 한 손에 비닐봉투를 들고 있다가 신발을 벗으면서 내려놓았고 정말 아무것도 걸릴 것이 없었는데 옆으로 넘어졌다. 조금도 자세가 틀어지지 않았고 그냥 일자로 반듯하게 왼쪽으로 무릎이 접힌 것도 아니고 말 그대로 그냥 일자로 통나무처럼 쿵! 하고 넘어졌다. 순간 시간이 멈추었다. 마법에 걸린 사람처럼 정지된 시간 속에서 동작 그만! 시간이 얼마나 지났을까. 몸은 여전히 움직이지 못하고 그대로인데 정신이 먼저 마법이 풀리기라도 한 것인지 두 눈만 깜빡이고 있었다.

"이게 뭐지? 이게 뭐지? 내가 왜 이러지, 이건 뭐야" 하며 지금 일어난 이 사고가 너무 어이가 없어서 황당할 뿐이었다. 그러면서도 "이게 뭐지? 어떻게 이렇게 넘어질 수가 있어. 사람이 어떻게 이렇게 넘어질 수가 있냐고." 아무리 생각을 해도 이해가 가지를 않았다. 넘어질 때의 나는 통나무였다. 아프리카에 있는 어마어마하게 큰 통나무, 쭉쭉 뻗은 그 통나무가 그대로 쿵 하고 넘어진 것이다. 옆으로 넘어진 상태에서 나의 모습을 생각해 보았다. 그래도 통나무처럼 쿵 하고 넘어진 덕분에 다행히 머리를 들고 있었고 바닥에는 머리가 닿지 않았다. 만약에 머리가 바닥에 닿았다면 쿵 하고 닿는 순간 반동으로 인해서 쿵쿵쿵 했을 것이다. 만약에 그랬다면 어휴, 생각만 해도 아찔한 순간이었다. 머리가 바닥에 닿지 않아서 십년감수했다고 해야 하나.

냉장고에서 큰 김치통을 꺼내다가 김치통을 안은 채로 뒤로 벌러덩 넘어지면서 엉덩방아를 찧고, 김치통 안의 김치를 뒤집어쓰면서 원하지 않는 마사지, 이름도 생소한 김치 마사지를 받기도 하고, 김치통을 안고 앞으로 고꾸라지면서 김치통을 떨어트렸는데 김치통 안에 들어있는 김치들이 이때다 하고 앞다투어 한꺼번에 튀어나오는 통에 김칫국물 파편을 온몸으로 받기도 했다.

신발을 벗다가 머리보다 다리가 늦게 움직여서일까, 자동차가 급발진을 할 때 앞으로 돌격하는 것처럼 신발을 신은 채로 그대로 방 안으로 넘어질 듯 넘어질 듯 돌진하다가 앞으로 고꾸라지면서 시멘트 벽에 심하게 부딪히고 앞으로 넘어지기도 하고, 무겁지도 않은 김을 꺼내어 돌아서다가 어어어 하며 종종종 뒷걸음으로 밀리다가 주저앉듯이 뒤로 넘어졌는데 하필이면 밀가루를 담아놓은 식재료 통을 깔고 앉아서 밀가루 봉지가 터지는 바람에 집 안에 흰 눈이 온 사방으로 날리기도 했다. 넘어지면서 긁히고 찢기고 한 아픈 통증보다 집안에 내린 흰 눈 같은, 터져버린 이 밀가루 청소는… 어이쿠. 이렇게 크게 넘어진 것만 2020년 5월 한 달만 해도 예닐곱 번을 넘어졌다.

이렇게 넘어진 것 말고도 넘어질 뻔한 것을 합친다면 몇 번인지 헤아릴 수가 없다. 오늘만 해도 몇 번이나 넘어질 뻔했는지 모른다.

7월에는 밥을 먹고 일어나다가 그대로 앞으로 고꾸라졌는데 무릎을 펴고 엉덩이를 든 채로 얼굴을 방바닥에 그대로 찧었다. 목뼈가 뒤로 꺾이면서 "윽." 넘어진 채로 꼼짝도 못하고 그대로 한참을 있었다. 문 옆에 서 있던 큰 거울이 내 등 위에 넘어져서 조금만 움직이면 깨어지기 일보직전이었다. 겨우 일어나기는 했는데 목이 뒤로 꺾이면서 통증이 왔을 때 생각한 것이 '와 이렇게 방에서 넘어져도 죽을 수 있겠구나' 하는 생각이 들었다.

그럴 수밖에 없는 것이 접시 물에 코 박고도 죽는다는 말도 있으니 말이다. 얼굴은 새빨갛게 팅팅 부어올랐다. 얼음찜질과 계란으로 멍이 들지 않도록 했지만 얼굴에 든 멍은 쉽게 없어지지 않았다. 그 다음 날 생각하니 이렇게 얼굴을 다쳐도 감사하다는 생각이 든 것이, 만약에 얼굴 정면을 찧었다면 코도 깨어지고 이도 부러지고 턱도 나갔을 텐데 하는 생각을 하니 얼굴 광대뼈만 다친 것도 감사하다는 생각이 들 수밖에 없었다.

목뼈가 부러질 뻔했다는 말을 들은 지인이 자신의 친구는 넘어지면서 이마를 식탁에 찧었는데 실제로 목뼈가 부러져서 작년 12월에 다쳤는데 8월이 되어서야 겨우 재활 치료를 시작했다고 조심하라고 했다.

이사를 하는 날은 짐 정리를 하다가 넘어지면서 박스에 깔리어 온몸에 피멍이 들고, 칫솔질하고 돌아서다가 넘어지고, 화장실 가다가 넘어지고, 계속 종종거리다가 넘어지고, 넘어지고 또 넘어지는데 갈수록 종종거리는 빈도가 늘어나면서 넘어지는 횟수도 많아지고 있다. 이 모양 저 모양으로 넘어지고 다치고, 구부러지고 다치고, 자빠지고 다치고 하다 보니, 보다 못한 지인들은 차라리 병원에 입원을 하는 것이 어떻겠냐고 말을 하기도 한다. 사실 골다공증까지 있는데 잘못 넘어져서 뼈라도 다친다면 그래서 누워 있게 된다면 큰일인 것이다.

내 주위에는 아무도 없고 달랑 혼자 있는데 병원에 누워 있는 일이 생기면 절대로 안 된다. 보호자도 없을뿐더러 누구를 고생시켜도 안 되고 누구에게 부담을 주어도 안 된다. 다치지 않도록 조심조심 천천히, 천천히 더 천천히, 그렇잖아도 느려지는 것(서동)이 이 병의 증상 중 하나인데 내 스스로도 급하지 않게 천천히 움직이면서 집에서 자꾸 넘어지는 것을 막아야 한다.

일본에 있는 선홍이와 제홍이에게서 전화가 왔다. 일본은 코로나 19 바이러스 때문에 학교도 못 가고 회사도 못 가고 재택근무를 하고 방에만 갇혀 있다고 한다. 한국에 가고 싶어도 비행기가 없어서 한국에도 못 가는데 엄마가 다치고 아프면 안 된다고 걱정이 이만 저만이 아니다. 그런데 엄마가 넘어져 다쳤다고 하니 선홍이의 잔소리가 시작되었다.

방바닥에 푹신한 매트 깔고, 가구 모서리는 스펀지로 끼워서 가구 모서리에 찧어도 다치지 않게 모서리 보호 장치를 하고, 또 벽에는 병원 복도에 보면 기다랗게 연결되어 환자들이 잡고 걷는 안전바처럼 집 벽에도 안전바를 달아서 잡고 일어나고, 또 벽에 안전바를 잡고 움직이면 넘어지는 것을 막을 수 있고, 넘어지더라도 덜 다치게 된다고 꼭 설치를 하라며 한국에 와서 해주고 싶은데 한국에 가는 비행기도 없고 한국에 가도 14일 격리를 해야 해서 그렇게 못한다고 걱정만 태산같이 하고 있다.

4 손아 손아 내 손아

누군가가 물었다.

"책을 몇 권이나 썼으니 워드 치는 속도가 굉장히 빠르겠네요."

"…"

"이것을 좀 해야 하는데 금방 할 수 있죠" 하며 내가 대답도 하기 전에 나에게 맡기고 싶은 일을 꺼내 놓는다. 아, 이럴 때 타타타탁 타타타탁 하고 키보드를 보란 듯이 두들겨 A4 용지 가득 글을 적어 주면 뽀대도 나고 좋을 것인데 기어들어가는 목소리로 "저 이거 금방 할 수 없어요. 지금 글을 쓸 수가 없습니다."

"아니, 책을 몇 권이나 쓴 사람이 이것도 금방 못 해요." 하며 언짢은 얼굴을 보이면서 "아직도 독수리예요?" 하고 한마디를 더 한다. 우리나라 사람들 빨리빨리 성질 급한 건 알고 있지만 내가 대답할 틈도 주지 않고 자기 말만 하고 성질부터 내면서 이것도 금방 안 해준다고 하면 나는 죄인이라도 된 것처럼 미안해진다.

사람들은 내가 작가이니까 나를 만나기도 전에 미리 내가 할 일을 본인들이 정해서 가지고 온다. 그리고는 "홍 작가는 이것을 담당하면 되겠습니다" 하면서 나의 의사와는 전혀 상관없는 일을 맡긴다. 처음엔 느리지만 내게 맡겨진 일을 했다. 나는 숨 쉴 틈도 없이 빨리빨리 열심히 했는데 돌아오는 말은 "아직도 그것밖에 못 했어요? 이리 주세요. 내가 할게요" 하고는 답답하다며 내가 하던 일을 빼앗듯이 가지고 가서 순식간에 타타타탁 해치운다.

내가 아프다는 것을 말을 하지 않으니 모르는 사람이야 그렇다고 쳐도 내가 아픈 줄 알고 있는 사람도 이해 못 하기는 매한가지이다. 하루하루 변해 가는 나의 몸 상태를 모르니 당연하다고 생각을 하지만 속상한 마음이 드는 건 어쩔 수가 없다.

탁탁탁탁 타타타탁 타자 치는 소리가 좋아서 어릴 때부터 작가가 되는 꿈을 꾸었다. 첫 번째 책을 쓸 때는 마우스가 말을 듣지를 않고 제대로 작동을 하지를 않아서 고장이 난 줄 알고 마우스를 몇 번이나 바꿨던 기억이 난다. 알고 보니 마우스가 고장난 것이 아니라 나의 오른손이 고장이었던 것이다. 『절망 속에서 희망을 품다』를 적으면서 천천히 말을 잘 안 듣는 손으로 한 자 한 자 적으며 희망을 품었었다.

『아이들 잘 키우면 돈 버는 것이다』를 쓸 때에는 아이들이 엄마의 손가락에 힘이 들지 않으면서도 찰떡같이 찰칵찰칵 소리가 나는 키보드를 준비해 주어서 워드를 칠 때마다 찰칵찰칵 소리를 듣는 것이 재미있고 기분도 좋아진다.

그런데 지금은 몸 상태에 따라서 하루에도 몇 번씩 달라진다. 컨디션이 좋을 때는 5분~10분 정도 타타타타닥 워드를 치는데 힘이 들 때는 오른손 손가락이 벌어지지도 않고 키보드를 눌러도 키보드는 반응을 하지를 않는다. 자음과 모음이 합해져서 글이 만들어지는데 왼손으로 쓰는 자음은 써지는데 오른손으로 쓰는 모음이 써지지를 않으니 계속 오타만 나오고 마우스를 잡고 화면 위치에 맞추는 것도 왜 이렇게 힘이 드는지 이렇게 힘들게 한 자, 또 한 자, 또 한 자 이렇게 띄엄띄엄 글을 쓰고 있으니 정말 갑갑하다. 그래도 이렇게라도 적을 수 있으니 행복하다고 해야 하는 것 당연히 알고 있다.

어느 강의를 듣는데 강의 도중에 A4 용지를 나누어 주며 필기를 하라고 한다. 모두들 누가 보기라도 할까봐 고개를 푹 숙이고 열심히 적었다. 그런데 나는 적는 척도 할 수가 없었다. 펜을 들고 글씨를 적으면 글씨가 뭉친다. 아무리 크게 적어도 갈수록 깨알처럼 작아지는 글씨는 한곳으로 뭉쳐서 내가 쓰고도 내가 알아볼 수 없는 글이 된다. 그래서 필기를 하지 못하고 멀뚱하니 앉아 있으려니 그 수업 시간이 얼마나 길고 긴지. 열심히 필기를 하는 사람들만 쳐다보고 눈이라도 마주치면 애써 웃음 짓고, 그렇게 강의 시간이 지나가길 기다렸다. 적자생존이라고 강의 내용을 적는 것은 휴대폰 메모장을 열어 놓고 검지손가락 하나로 휴대폰 키보드를 누르면서 적자생존을 행동으로 실천하는데 그나마도 동작이 느려지다 보니 글로 다 적을 수는 없지만 알아볼 수 있으니 다행인 것을. 그런데 이렇게 A4 용지에 펜으로 필기를 해야 하는 것은 대책이 없다. 그도 그럴 수밖에 없는 것이, 내가 적어 놓고도 내가 못 알아보는 글씨가 되어버렸기 때문이다.

그러다 보니 노트에 필기하는 것도 안 되고 휴대폰을 보고 댓글을 다는 것도, 카톡을 빠르게 하는 것도 시간이 갈수록 멀어지고 있다. 페이스북도 올리면 방문해서 댓글을 남기고 가는 페친들께 답글도 못 달고, 블로그를 방문해서 댓글을 적어 놓아도 서로이웃인데 댓글도 못 달고, 카톡마저도 답을 달지 못하니 소통이 갈수록 줄어들고 있다는 것을 알면서도 답을 다는 것이 어렵다. 이유도 가지가지다. 처음엔 손가락 통증으로 카톡 글씨를 적는 것을 피했고, 손가락이 괜찮으면 눈에 이상이 생겨서 글씨가 커졌다 작아졌다 할 때는 아예 휴대폰 자체를 보지 못하고, 지금은 손가락이 움직이지를 않고 손바닥이랑 한 덩이로 움직이고 있으니 글 적는 것이 어렵고, 이러저러하다 보니 소통을 잘 하지 못하게 되었다.

그나마 다행인 것은 집에서 글을 적을 때는 노트북을 커다란 모니터에 연결을 해서 큰 모니터를 보며 글을 적을 수 있으니 보이는 것은 괜찮은데 양손을 사용해야 하는 키보드는 오른손 손가락이 따로 움직이지를 않다 보니 계속 오타, 오타, 오타 계속 오타가 나오니 인내심에도 한계가 있다는 걸 실감하게 된다. 손이 말을 안 들으니 화가 확 올라올 때도 있고 짜증이 확 올라올 때도 있다.

밥을 먹을 때도 식탁 가운데 반찬을 젓가락으로 집어 오는 것이 힘들어서 상 위에서 놓쳐버리기 일쑤이다. 그래서 식탁 위에 떨어트리는 반찬이 더 많을 것 같다. 나중엔 '포크로 먹으면 되지 뭐' 하고 스스로 위로를 하지만 지금 포크를 사용하면 젓가락 사용은 그날로 졸업하는 것이 된다. 그러니 힘들어도 반찬을 조금 흘려도 젓가락 사용을 할 수 있을 때까지 해야 한다. 반찬을 집을 때도 몇 번씩 집중을 하고 손가락 끝에 힘을 주고 모든 기를 모아서 반찬을 집어 온다. 그래도 밥상 위로 떨어지는 반찬들. 이것을 본 눈치 빠른 사람은 젓가락으로 크게 한 젓가락을 덜어서 밥 위에 올려놓는 사람도 있다.

병원에 갈 때마다 오른손과 왼손 엄지와 검지를 붙였다가 떼어 보라고 한다. 당연히 오른손은 잘 안 되지만 그래도 왼손은 잘 되니까 자랑스럽게 물었다.

"왼손은 정상이지요?" 그런데 대답은 "아니요. 정상이 아닙니다."

"헐."

나는 왼손이 잘 움직이고 있으니 당연히 정상이고 오른손에만 이상이 있다고 생각을 했던 것이다. 그런데 양쪽이 모두 이상한 것이고 왼쪽이 덜 심할 뿐이라는 것이다.

이렇게 가랑비에 옷 젖듯이 살며시 스며들듯 진행되어 가는 과정이 다른 사람들의 눈에는 보이지 않지만 내가 할 수 있는 것들이 하나씩 줄어들고 있다는 것을 느낄 때마다 마음이 아파오는 건 어쩔 수 없이 내가 감당해야 할 나의 몫이다. 슬퍼지는 마음도 나의 몫이고 이겨내야 하는 것도 나의 몫이다. 오늘은 손 운동을 하는데 주먹을 쥐고 새끼손가락부터 펴는데 결국은 스스로 펴지를 못하고 왼손이 도와주어서 겨우 새끼손가락을 펼 수 있었다. 이 또한 내가 감당하고 이겨내야 할 내 몫이다.

5

빛 좋은 개살구

눈에 이상이 있을 때마다 안과에 가서 검사를 하면 눈에 나타나는 증상과 결과치가 다르게 나타난다며 큰 병원에 가서 검사를 받아 보라고 한다. 눈의 문제가 아니고 다른 문제가 있다는 것이다. 몇 년 전에도 들고 있는 휴대폰의 아이콘이 이따만하게 크게 보이다가 조그맣게 보이다가 할 때도 "왜 이렇게 아이콘이 작아졌지" 하며 설정에 들어가서 아이콘의 크기를 확인했었다. 그럴 때마다 아이콘은 처음 설정한 그대로 크게 설정이 되어 있었다. 글씨를 볼 때도 그랬다. 아산병원에서도 검사를 했었다. 물론 결과는 똑같이 나왔다. 결국 안과의 문제가 아닌 신경과의 문제였던 것이다. 그러니 눈에 이상이 나타나도 미스 파의 증상이구나 하고 그냥 넘어가게 되는데 글씨를 보는 것을 멀리하게 된다.

그러다 보니 꼬박 1년을 SNS와 단절을 하고 살았다. 휴대폰에 그런 기능이 없었던 것처럼 완전히 차단한 처음 한 달 정도는 편안했다. 꼭 감옥에 갇혀 있다가 풀려난 것처럼 눈에 보이지 않는 무언가에서 해방된 기분이었다. 날아갈 것만 같은 홀가분한 이 기분. 휴대폰을 손에서 내려놓고 나니 정말 할 일이 없어졌다. 요즘은 애고 어른이고 만나면 인사를 하고 난 후 조금 있으면 각자 휴대폰으로 댓글 달고 지금 누구와 무엇 하고 있다고 사진 찍어서 여러 군데의 단톡방에 올리느라고 서로 간에 대화도 많이 줄어든 것도 사실이다. 그런 휴대폰에서 해방이 되고 나니 야호! 야호! 그러다 한 달이 넘어가면서 나 혼자라는 생각, 외톨이라는 생각이 들면서 불안해지기 시작했다.

"SNS 소통을 해야 하는데, 해야 하는데" 하는 마음만 간절하다가 글씨 보기가 힘들어지거나 손가락 통증이 오면서, SNS상의 모든 통로와 차츰차츰 멀어지게 되고 결국에는 문을 닫아버렸다. 그렇게 꼬박 1년. 처음 한 달이 지나면서 불안해지는 마음도 아예 문을 닫고 모든 것과 단절을 하고 나서 아예 잊어버리고 살았다. 그런데 1년은 눈 깜빡할 사이에 지나갔다. 1년이란 시간 동안 무엇을 했는지 나 스스로는 살아보겠다고 발버둥을 치며 바쁘게 살았는데 아무것도 남는 것이 없었다. 2019년 겨울에 출판을 목표로 책을 한 권 완성하고, 단독 시집을 내기 위해서 시도 마무리 정리를 한 것 외에는 눈에 보이는 것이 없었다. 일 년 동안도 열심히 살았는데 아무 소득도 없이 그냥 그대로 끝나버렸다.

무의미하게 보낸 2019년 한 해를 돌아보았다. 세 번째와 네 번째 책을 수정하고 편집까지 다 했는데 연말에 책 나오는 것이 아니라며 해가 바뀌고 다음 해에 책을 내는 것이 좋다고 해서 2020년 올봄에 출간을 맞추었더니 코로나19 바이러스 때문에 모든 것이 정지가 된 상태가 되었다. 또 미국 위스콘신대학교 한국 사무소의 최고위과정을 졸업하고, 위스콘신대학교에서 운영하는 여러 가지 MBA 과정의 조교를 맡아서 매 오후마다 출근을 했다. 매달 둘째 주 화요일에는 나라사랑총연맹 단체에서 MC를 맡아서 진행을 했고, 마지막 주 토요일은 대한민국지식포럼에 함께했다. 「님의 침묵」이라는 영화도 찍으러 가 보고, 네트워크 회사도 가 보고, 토요일과 일요일은 유튜브 크리에이터가 되기 위해서 유튜브를 배우러 가고, SNS 스마트폰 강사도 하기 위해 스마트폰을 배우려고 다녔다. 또 스피치 강사로 스피치도 배우려고 다녔다.

그러다 보니 2019년은 무엇을 배우겠다고 수업료 투자하며 토요일, 일요일도 없이 나가서 움직이고 다녔던 해이다. 달력을 보면 꽉 찬 스케줄이 얼마나 열심히 살았는지 보여 주는데 이상하게 수입이 되는 곳은 하나도 없었다. 조교로 책정된 수입은 수업료로 대체해서 들어가고 새롭게 배우는 것은 수업료를 내야 하고, 그리고 내가 일하는 것은 재능기부 또는 봉사가 전부였다. 어디서고 수입이 들어오는 것은 하나도 없었다. 한마디로 '빛 좋은 개살구!' 꽝이었다.

그러다 보니 점심 한 끼 값으로 6천 원에서 8천 원 하는 밥을 먹기가 부담이 되어 굶을 때도 있었고, 배가 많이 고플 때는 편의점에서 700원짜리 삼각김밥이나 최대 2천 원이 넘지 않는 김밥 한 줄로 때웠는데, 이렇게 먹는 김밥 한 줄이라도 누구의 눈치도 보지 않고 배고픔을 해결할 수 있는, 내 형편에서 최고의 식사인 것에 감사하며 지냈다.

부담해야 할 회비가 있으면 미리 부담하고, 항상 깔끔하게 단장

하고 밝고 환하게 웃으며, 작가로서의 품위 유지를 하며 자존감 꼿꼿하게 지키고 있으니, 사람들 눈에는 항상 풍족하고 좋게만 보였던 것이다.

내가 점심값이 없어서 밥을 굶어야 할 정도는 아니지만 점심값을 아껴야 할 정도로 형편이 어렵다는 것을 어느 누구도 꿈에도 상상조차 못 했던 것이다.

먹는 것이 남는 것이라고, 몸이 아픈 사람이 먹는 걸 잘 먹어야 한다고 말들을 한다. 그런데 없는 사람들은 아낄 것이 먹는 것밖에 없다는 것이다. 한 달에 고정적으로 나가는 것은 나가야 하고, 내가 한번 대접받았으면 다음은 내가 대접해야 하고, 괜히 힘들다고 어렵다고 죽는 소리 하지 않고, 내가 없다고 다른 사람들에게 표를 낼 필요 없이 활동하려니 제대로 챙겨먹는 것은 부르주아나 그렇게 할 수 있는 것이다.

그러니 밥은 먹어야 하고 영양을 생각하면 과일도 당연히 먹어야 하지만 과일을 먹는 것은 사치였다. 아이들을 키울 때도 멀쩡한 과일을 사 먹는 것은 부르주아의 사치품이었다. 누군가 물었다.

"로또 복권이 되면 제일 먼저 무얼 먹고 싶어요?"

"큼지막한 과일요. 제일 상품을 먹고 싶어요."

"로또가 되면 캐비어, 랍스타 이런 것을 먹어야지 웬 과일이에요."

"우리 집에서 과일은 사치품이니 로또가 되면 사치품인 과일을 사 먹을 거예요. 제일 좋은 것으로 말입니다."

또 언제인가 누군가가 물어왔다.

"요즘 한 달에 5천만 원쯤 벌어들이지요."

"예?" 생뚱맞은 소리에 깜짝 놀랐다.

"책 나오고,「아침마당」나오고 그러면 한 달에 5천만 원 정도 안 벌어요? 더 버나요?"

"헐!" 나는 사람들이 이렇게 생각을 하고 있다는 것을 정말 꿈에도 생각하지 못했다. 자신의 저서가 나오고,「아침마당」에도 나오고, 무슨 대회를 나가면 나갈 때마다 대상을 받고, 미인대회도 나가고, 국회에서도 상을 받고, 이렇게 외모가 화려해져 가니 사람들의 눈에는 내가 부러움의 대상이었단다.

내가 아픈 것을 모르는 사람은 돈 꽤나 있는 부자이고 돈이 많아서 아이들 유학 보내 놓고 재능기부하고 봉사하며 인생을 즐기면서 사는 것으로 알았다고 한다. 또 내가 아픈 것을 아는 사람들은 몸이 다 나았다고 생각을 하고 또 아픈 몸으로 저렇게 쉬는 날 없이 나가는 것은 돈을 엄청 많이 받기 때문에 나가는 것이라고 생각을 했던 것이다. 그러다 보니 자신들의 행사에 기부를 해주기를 바라고 기부를 하지 않는다고 서운하다고 하는 곳도 있었다.

병원에서 진단을 받기 전에는 일해서 아이들 키우며 사느라 힘들었는데, 진단을 받고 나서는 내가 하던 일을 할 수 없게 되었다. 일을 못 하면서 수입이 없으니 생활이 힘들어지는 것은 당연한 것이다. 책이 나오고 TV 방송 출연을 하니 이건 완전히 대박인 것이 맞다. 그런데 문제는 방송 출연이 너무 빨랐다. 그 이유는 내가 방송에 나왔는데 아무도 나를 찾을 수가 없었다. 지금이야 네이버, 다음, 블로그, 유튜브 어디에서나 '홍영순' 하면 바로 나오지만 그때는 블로그도 없었고 어디에도 '홍영순'에 대한 정보는 없었다.

　나중에 안 사실이지만 방송국으로 전화가 엄청 왔었다고 한다. 그런데 방송국에서는 개인정보법에 의해서 개인정보를 알려줄 수가 없었다고 한다. 그러니 방송 출연을 하고 연결된 것은 단 한 건도 없었다. 조금만 방송 출연을 늦게 했다면, 하다못해 복숭아학당에서 강연을 한 후 출연했다면 성창운 총장이 블로그라도 올렸을 텐데, 출판기념회도 하지 않고 책이 선을 보이는 것과 동시에 TV 출연을 같이 했으니 네이버에 책 이름조차도 아직까지 검색이 되지 않았다.

　그러니 홍영순을 검색한다고 검색이 될 리가 없었다. 그렇게 나는 개인 저서를 가진 작가로 TV 방송에도 나오고, 하루아침에 스타가 되어버렸지만 아무 실익도 없는 스타 아닌 스타가 되어버렸다. 그 이후로 「인간극장」에서도 촬영을 할 뻔했지만 거절했고, 몇 번의 TV 방송 출연할 기회가 있었지만 가족들과 함께 출연을 해야 하는데 가족 중 어느 누구도 방송 출연을 원하지 않아서 무산되고 말았다. 그러니 나의 모습을 한마디로 표현하면 겉모습만 화려한 '빛 좋은 개살구'이다.

6

어디로 가느냐보다 누구랑 가느냐

작가가 되고 싶어 책을 썼는데 강연을 해야 된다고 할 때 눈앞이 캄캄했다. 이 세상에 태어나서 전혀 새로운 것에 도전해야 할 때 얼마나 긴장이 되는지, 특히 사람들 앞에서 강연을 한다는 것은 상상조차 할 수 없었다. 그런데 이곳에서 연습을 해 보라며 봉숭아학당에 자리를 만들어 준 성창운 총장님.

골프를 배울 때 연습장에서 연습만 하다가 처음으로 정규 라운드 18홀에 나가는 날을 머리 올리는 날이라고 하는 것처럼, 웃음치료 강사에서 처음으로 무대에 서는 강연자로 머리를 올린 날. 한마디로 강연을 할 수 있도록 강연자로 설 수 있는 무대를 만들어 주신 분이다.

성창운 총장은 사진 찍는 솜씨가 보통이 아니다. 전문가가 보고 울고 갈 정도로 프로의 수준을 능가하는 대단한 실력을 가진 실력파이다. 봉숭아학당 가족들 프로필 사진을 찍어 주기 위해서 거금을 들여 성능 좋은 카메라까지 장만했다.

그리고는 매주 월요일 봉숭아학당을 할 때마다 참석한 사람들의 프로필 사진을 찍는다. 한 사람당 20~30장에서 30~40장씩 찍는데 몇 명, 몇십 명이라도 상관없이 프로필 사진을 찍어 일일이 한

장, 한 장 보정을 다 한다. 그리고는 단톡방에 올려 주는데, 보정한 사진을 20~30장에서 30~40장을 묶음으로 해서 단톡방에 올려 놓으면, 용궁에서 심청이를 태우고 온 커다란 연꽃잎을 한 장씩 펼쳐놓는 것같이 예쁜 사진들이 멋지게 펼쳐진다. 정말 예술이다. 언젠가 한번 물었다.

"그 많은 사진들을 어떻게 일일이 보정을 하세요."
"교만하지 않기 위해서 수행을 하는 겁니다."
"예?" 조금 생소한 대답이었다.
"한 장, 한 장 얼굴을 두드리며 보정을 하는데, 이렇게 예뻐진 자신의 사진을 보면서 얼마나 행복해할까 하는 생각을 하면 이렇게 투자하는 시간이 아깝지 않습니다. 그런 생각을 하면 기분이 좋다니까요. 이것이 행복한 소통의 굴을 파는 과정 아니겠습니까. 하하하하" 하고는 웃는다. 사진을 다운받는 시간만 해도 3~4시간 이상이나 걸리고, 그 많은 사진들을 예쁘게 보정하려면 소요되는 시간만 해도 어마어마한데, 그렇다고 그 주를 넘길 수도 없지 않은가. 월요일이면 또다시 사진을 찍고, 찍은 사진을 다운받고, 다운받은 사진을 정성들여 보정을 또 해야 하고.
"한번이라도 밀리면 혼동현상이 일어납니다. 그러니 이 단순한 작업이 마음의 근육을 훈련시켜 교만을 누그러트리는 최고의 방법입니다"라고 말하는 총장님은 시간을 절약하기 위해 이동 중에도 쉬지 않고 흔들리는 차 안에서도 사진을 두드리며 보정을 해서 나누어 줄 행복을 만든다고 했다.

준비물로 몸과 마음만 있으면 누구나 참석할 수 있는 봉숭아학당을 매주 월요일마다 무료로 진행을 하는데, 누군가가 빵을 내고, 누군가는 떡을 내고, 매회 봉사하는 손길이 끊이질 않는 에너지가 넘치는 대단한 곳이다. 얼마 전에는 성창운 총장과 오행자 교육본부장의 진두지휘 아래 『봉숭아학당에서 다시 피어나는 꽃』이란 공저로 18명의 작가를 탄생시키며 꿈과 희망을 만들어 가슴속에 심어 주기도 했다. 18명의 작가들을 모아 놓고 출판기념회까지 멋지고 근사하게 열어 축제의 장을 만들어 주기까지 했는데 현장에 참석해서 보는 것만으로도 기분 좋고 부럽기까지 했다.

18명의 작가들 중 1인이며 단체장인 성창운 총장은 가슴에 꽃 코사지를 단 채로 이렇게 많은 사람들의 사진을 찍어 주고 한 사람 한 사람 프로필 사진을 또 찍었다. 프로필 사진을 찍었으니 다음날부터는 보정을 하기 위해서 또다시 사진을 다운받고, 다운받은 사진을 열심히 두드리며, 교만을 없애고 마음 근육을 키우며, 나누어 줄 행복을 만들 것이다.

이런 분이 나를 늘 응원해 준다.
"홍영순 작가님은 대단한 사람입니다. 앞으로 강의를 해서 많은 사람들에게 희망을 나누어 주는 일을 해야지요. 요즘에 힘든 사람들이 얼마나 많습니까. 그러니까 무리하지 마세요" 하며 항상 응원을 해주셨다. 이렇게 응원해 줄 때마다 정말 고마웠다. 상대방이 행복해하는 것을 생각하며 사진을 예쁘게 다듬고 교만해지려는 마음을 스스로 다스린다고 할 땐 정말 대단하다는 생각을 했다. 그런데 내가 몰랐던 것이 있었다.

성창운 총장으로부터 이렇게 응원을 받아온 지 벌써 6년이란 시간이 흘렀다. 후다닥 지나가버린 시간이지만 결코 짧지 않은 세월이 흘렀다. 그런데 그 시간을 돌아보고 나도 모르고 있던 사실을 알고 깜짝 놀라지 않을 수가 없었다. 미안함과 고마움이 공존했다. 총장님을 안 6년 전부터 지금까지 가끔 한 번씩 꾸준하게 계속 안부전화가 왔었다는 사실이다. 나는 단 한 번의 안부전화도 하지 않았는데도 말이다.

그래서 내가 활동하고 아는 지인들 남녀 모두를 합쳐서 생각해 보았다. 쌍방에서 서로 연락하는 것 제외하고, 가끔 안부 주고받는 것 제외하고, 이렇게 일방적으로 꾸준히 연락을 하고 건강을 묻고 안부를 물으며 염려하고 걱정해 주던 딱 한 사람이 있었는데 그 사람이 성창운 총장 1인이라는 사실에 놀라지 않을 수가 없었다.

자그마치 6년, 그 정성에 저절로 머리가 숙여졌다. 그동안 안부전화 한번 하지 않은 것이 미안했다. 소속이 뭐라고 그 소속감 때문에 일부러 담장을 쌓아 놓고 거리를 두었는데 집안에 아픈 사람이 있어서 아픈 사람 심정을 안다며 늘 건강을 염려하며 "얼마나 힘들까" 하고 걱정해 주었는데, 지극한 정성에 돌부처도 돌아앉는다고 했다. 총장님의 정성에 소속감 때문에 쌓아 놓았던 담장을 무너트리고 새로운 마당에 뿌리를 내린다. 흔히들 사람들은 이렇게 말들을 한다. "어디로 가느냐보다 누구랑 가느냐"가 중요하다고. 이제야 이 말뜻을 머리가 아닌 가슴으로 받아들인다.

7

솔직하게 털어놓으세요

"어떻게 책을 쓰나요"라는 질문에 "점부터 찍으세요" 하고 말을 해준 나의 롤모델 유연숙 선생. 그리고 강의할 때 입으라며 작아진 옷들을 모두 우리 집으로 이사를 보냈다. 우리 집으로 이사 온 선생님 옷 덕분에 나는 멋쟁이가 되었다.

"어머, 선생님 예쁜 옷 입으셨네요." "새로 샀어요." "이 옷도 작아지면…" "하하하." "우리 선생님 살이 조금만 더 찌라고 기도를 해야 하나요. 큭큭." 우린 이렇게 농을 주고받으며 웃을 수 있는 사이, 언니 같은 선생님, 매니저 같은 선생님, 포기할 수 없는 나의 선생님이 되었다. 그리고 항상 기도로 응원해 주며 "사람들에게 희망을 주는 일을 계속 해야 됩니다. 홍영순 선생님이 앞으로 할 것은 힘들게 사는 모든 사람들에게 희망이 되는 것입니다. 그러기 위해서는 이제는 모든 것을 솔직하게 오픈하세요"라고 말하는 선생님은 어려운 사람들에게 나를 있는 그대로 보여 주는 길밖에 없다며 코치를 해준다.

유연숙 선생이 이런 말을 하는 이유는 내가 아프다는 것을 늘 숨기고 있기 때문이다. 굳이 아프다고 말할 필요가 뭐 있냐고 할 수도 있겠지만 오해를 받기 때문이다. 미국 주립대학 위스콘신대학교 한국 사무소 조교로 있을 때도 그랬고, 단체든 모임이든 참석을 해서 앉아 있을 때 어른들이 올 때나 먼저 갈 때 벌떡 일어나서 인사를 하는 것이 예의이다. 그런데 나는 가만히 앉아서 고개만 까딱하고 인사를 한다. 어른들이나 다른 사람들이 보기에 얼마나 버릇이 없다고 할까. 이런 일도 있었다. 현직 국회의원이 인사를 하고 명함을 주면 같이 일어나서 인사를 하는 것이 예의이다. 그런데 나는 의자에 앉아서 인사를 하고, 의자에 앉아서 명함을 받았다.

그 장면을 그림으로 그려 놓아도 이해가 안 가는 그림일 것이다. 이런 점에서 내가 오해를 받기 때문에 아픈 사람이라는 것을 밝히라고 하는 것이다. 내가 앉아서 인사를 할 수밖에 없는 것은 빨리 일어서지를 못한다는 데 있다. 앉았다가 일어날 때는 앞의 테이블을 짚고 천천히 일어난다. 꼭 밥 먹고 밥값 안 내려고 천천히 굼벵이가 되는 것 같은 꼴이다.

요즘은 예전 같지 않아서 가만히 있어도 "어디 아프세요?" 하고 물어보는 사람이 많다. 실제로 내가 제일 많이 듣는 소리 중에 하나가 "왜 이렇게 힘이 없어요." "밥 안 먹었나요." "젊은 사람이 좀 잘 먹고 힘 좀 내요"라는 소리이다. 하도 이 말을 많이 들어서 이제는 정말 힘 없다는 소리가 제일 듣기 싫은 소리가 되었다. 그런데도 "아니요. 제가 아프게 보이나요" 하고 괜찮은 척을 하는데 그럴 때마다 선생은 나에게 몇 가지의 조언을 해주신다.

"장난으로 말하지 마세요. 너무 가벼워요. 그리고 솔직하게 말하세요. 그것이 숨긴다고 숨겨지는 것이 아닙니다. 이젠 솔직하게 있는 그대로 오픈하세요."

"…."

반복적으로 몇 번을 들어 왔던 이야기들인데 또 한 번 쐐기를 박는 선생님. 구구절절 다 옳은 이야기들.

똑부러지게 말하는 유연숙 선생의 말처럼 나는 솔직하지 못했다. 아프면서 안 아픈 척하고 살았다. 바닷가에 사는 게들처럼 옆으로 걸어가면서도 똑바로 걸어가는 척해 봤자 남들이 보면 옆으로 걸어가는 것이 다 보이는데, "나는 똑바로 갑니다" 하고 말하지 말고 게들처럼 옆으로 걷는 거라고 솔직히 말을 한다면 다른 사람들이 "아하, 게들은 원래 옆으로 걷는 것이구나" 하고 이해를 하는 것처럼 솔직하게 "나는 파킨슨 환자입니다. 그래서 몸이 이렇습니다" 하고 솔직하게 말을 한다면 다른 사람들도 "아하, 홍 작가가 아픈 사람이었구나. 그래서 저렇게 힘이 하나도 없이 이상했구나" 하고 이해를 할 거라는 것이다.

그런데 어디 아프냐고 물어봐도 "아니요. 내가 아픈 사람 같은가요?"

얼마나 솔직하게 말을 하지 않았으면 "그렇게 말하기 싫으면 차라리 명함에라도 적어 놓으세요"라고 했다. 그리고 사람들에게 좋은 모습만 보이려고 한 것도 사실이다. 지하방에 사는 것이 창피해서 「인간극장」 촬영도 포기했을 정도로 사람들에게 예쁜 모습, 좋은 모습만 보이려고 했다. 좋은 과일 먹는 것이 사치품일 정도로 어렵게 살면서도 홍영순의 자존심과 멋진 모습으로 품위를 지키려고 했다.

집에서는 대성통곡을 하고 울어도 밖에서는 생글생글 웃었다. 그러니 아무도 내가 힘들다는 사실을 상상조차 하지 못한 것이다. 그렇게 철저하게 보기 좋은 가면만 쓰고 살았다. 이 가면이 무거워지기 시작하고 부담이 갔지만 그래도 나는 받아들이기 싫었다. 내가 아프다는 사실을 알고 있는 사람이야 어쩔 수 없지만 나를 잘 모르는 사람에게는 환자가 아닌, 그냥 건강한 사람으로 보이고 싶은 것이 나의 솔직한 마음이기 때문이다.

그런데 선생님은 목청을 높인다.

"딱 보아도 표시가 나는데, 그래서 사람들이 어디 아프냐고 물어보잖아요. 그런데 '아니요, 괜찮아요' 하고 장난기 섞인 말로 대답을 하니 더 이상하게 보잖아요. 그러니 장난처럼 하지 말고 '예, 몸이 좀 아픕니다' 하고 말을 해서 오해를 사지 말라는 것입니다. 괜찮다고 말은 했는데 하는 행동을 보면 힘도 없고 금방 쓰러질 것 같으니까 저 사람 이상하다고 하는 것입니다. 그러니 이제는 아프면서 안 아픈 척하지 말고 솔직하게 '예, 저는 아픈 사람입니다. 그런데도 이렇게 하고 있습니다' 하고 솔직하게 털어놓으세요. 그리고 한눈팔지 말고 희망전도사로서 요즘같이 힘든 시대에 많은 사람들에게 희망을 주세요. 꼭 그렇게 해야 합니다" 하고 담금질을 해주시는 유연숙 선생은 내가 태어나서 처음으로 좋아한 롤모델이었고, 앞으로도 계속 쭉 나의 선생님으로 남을 것이다.

갑자기 "으하하하하" 하고 웃는 유연숙 선생님의 웃음소리가 들리는 듯하다.

8

올챙이의 변화, 입 큰 개구리

"그것이 숨긴다고 숨겨지는 것이 아니야." "솔직하게 말해. 그래야 주위 사람들에게 급할 때 도움을 받을 수 있잖아." "이젠 솔직하게 있는 그대로 오픈하세요." "이제는 아프면서 안 아픈 척하지 말고 솔직하게 아프다고 말해." "솔직하게 털어놓으세요."

가까운 지인으로부터 자주 듣는 말이 되었다.

병원에서도 똑같은 말을 한다.

"이 병은 혼자서 견딜 수 있는 병이 아닙니다. 주위 사람들에게 말을 해 놓아야 합니다. 그래야 언제든 도움을 받을 수 있습니다" 라고 말했고, 아이들에게 말하기 전에도 병원 갈 때마다 아들에게 이야기하고 병원을 같이 오라고 했다.

자주 넘어지기 시작하면서는 병원에 올 때도 보호자와 같이 오라고, 혼자서 다니지 못하게 한다. 그래서 주위 사람들에게 말을 해 놓아야 도움을 받을 수 있다고, 말을 다 해 놓으라고 한다.

어싱의 왕새롬 대표도 항상 하는 말, "영순이는 병을 자꾸 숨기려고 해서 큰일이야. 그냥 아프다고 말해"라고 하고, 성창운 총장도

"그냥 털어버리세요. 털어버리고 나면 시원할 것입니다" 하고, 유연숙 선생도 "솔직하게 털어놓으세요"라고 했다.

모두가 이렇게 말을 해도 나는 털어놓을 생각이 없었다. 책을 보고 아는 것은 어쩔 수 없지만 내 입으로 말하기도 싫고 입에 담기도 싫었다.

그런데 언제부터인가 이렇게 충고를 받을 때마다 이상하게 봉숭아학당의 오행자 교육본부장이 생각났다. 개인적으로 사담을 나눈 적도 별로 없는데 그냥 "안녕하세요" 하고 인사 정도만 하는 사이였는데 오행자 교육본부장이 생각나는 건 왜일까? 며칠을 생각해 보고 나서야 그 이유를 알 수 있었다.

코로나19 때문에 모임 금지가 되면서 봉숭아학당 모임 대신 인천에 있는 힐링TV 녹화장에서 실시간 방송을 했다. 그때 인천으로 달려가서 실시간 방송을 직접 보았다. 바로 코앞에서 진행하는 오행자 교육본부장의 매력에 빠진 것이었다. 그녀의 매력은 예쁜 것과는 거리가 아주 멀었다.

방송에 나가는데도 예쁘게 웃는 것이 아니라 얼마나 커다랗게 입을 벌리고 웃는지 주먹 두 개를 합친 듯한 크기의 마이크를 한 입에 집어삼킬 것만 같은 매력. 남들 다 있는 목젖을 혼자만 가지고 있어 목젖 자랑하는 것처럼 목젖이 보이도록 활짝 웃으며 방송하는 모습에서 솔직함을 본 것이다. 얼마나 입을 크게 벌리고 활짝 웃는지, 뱃속이 훤히 다 들여다보이는 것만 같았다. 나도 일 년 365일 활짝 웃고 있는 1인인데 그녀에 비하면 아무것도 아니었다. 입 큰 개구리가 누가 입이 더 큰가 시합이라도 하는 것 같은 모습은 뱃속을 홀라당 까서 뒤집으며 "봐라, 난 이런 사람이야" 하고 보여 주는 솔직함과 자신감이 나를 반하게 만들었다. 그렇게 활짝 웃는 모습에서 보이는, 나에게 없는 솔직함과 당당함이 내 마음에 부러움으로 다가오며 굳게 닫혀 있던 내 마음의 빗장을 열며 나를 변화시켰다.

내 입으로, 내 스스로 다 털고 나면 나도 입 큰 개구리들이 누가 입이 큰가 시합하는 데 합류할 수 있을까? 평생 올챙이로 살았는데 올챙이의 꼬리가 없어지는 변화를 겪으며 다리가 생기는 과정을 거쳐 높이 폴짝 뛰어오르는 개구리로 탈바꿈할 수 있을까? 이렇게 개구리가 되듯 내가 직접 털고 나면 나를 온전히 받아들일 수 있을까? 한 번씩 아픔을 겪을 때마다 흘리는 눈물은 멈출 수 있을까? 그래서 담대하게 내가 나를 있는 그대로 받아들일 수 있을까? 오행자 교육본부장처럼 솔직하고 당당해질 수 있을까?

이런 의문점이 가득한데 하나씩 따져 보며 해답을 찾아보기로 했다.

평생 올챙이로 살아 왔는데 올챙이의 삶과 개구리의 삶을 비교해 보았다. 꼬리가 없어지는 올챙이의 변화를 무슨 수로 이겨 나가나, 없던 다리가 생겨나는 과정을 잘 받아들일 수나 있을까? 그래서 얼마나 높이 뛰어오르겠다고 고생을 해야 하나 등등 평소에 나답지 않게 작아지는 나의 모습, 이 핑계 저 핑계를 대고 있는 나의 모습, 머리로는 당연히 개구리로 변해야 하는 것을 알고 있는데 마음은 요지부동(搖之不動)이니 이렇게까지 사람들에게 내가 환자라는 사실을 밝히고 싶지 않았던 것이다.

알에서 병아리가 나오고 그 병아리가 닭이 되는 것처럼 어느 누구나 올챙이로 태어나서 개구리가 된다. 아무런 노력을 하지 않아도 자연의 순리에 따라 그렇게 변화하는 것이다. 그런데 그 개구리가 얼마나 뛰어오를지의 목표점을 자신이 정하고, 자신의 노력에 의해서 자기 스스로 지키고, 그것은 모두 자신의 노력에 의해서 이루어지는 것이다. 자신이 정하고 자기 스스로 노력해야 하는 자신의 몫이다. 그러니 나도 목표점을 정하고 솔직히 밝히고 그리고 당당하게 설 수 있도록 마음을 단단히 잡아야 한다.

똥 박사, 똥과의 전쟁

9

사람이 건강하게 살기 위해서 제일 기본이 잘 먹고 잘 싸는 것이다. 그런데 이 기본이 무너지고 있다. 똥 박사, 똥과의 전쟁이 더 심해졌기 때문이다. 미스 파 환자들은 자율신경계의 이상으로 인해 변비가 온다. 미스 파 자체가 인체의 활동성이 떨어지는 질환이라 장의 운동기능이 떨어져 변비가 생긴다. 그런데 이것이 심해도 너무 심하다는 것이다.

시간에 맞추어 외출 준비를 하다가도 화장실에서 잘못 걸리면 서지도 못하고 앉지도 못하고 결국 그날 외출은 꽝이다. 변비에 좋다고 하는 것은 별의별 것 다 먹어도 소용이 없다. 들기름도 몇 숟가락씩 먹기도 하고, 다시마환도 먹고, 병원에서 처방해준 약을 먹기도 하고, 차전차피 100% 치아시드, 화이버 골드, 알로에환, 청국장환 등등 일본에서 유명한 변비약까지 먹을 수 있는 변비약은 다 먹어 보았는데 똥 박사, 똥과의 전쟁은 더 심해지고 있다. 몇 년 동안 말을 잘 듣던 처방약은 2020년 4월에 두 배로 용량을 올렸는데도 불구하고 효과가 없다. 그러니 앉지도 서지도 못하는 어정쩡한 자세로 화장실에서 왔다갔다하며 몇 시간을 끙끙거려야 한다. 나와 같은 병을 앓고 있는 환자들은 모두 다 변비 증세를 호소한다고 하는데, 아무리 이 병이 변비를 가지고 오는 병이라고 하지만 이건 해도 너무한다. 이 병 때문에 사망하는 것이 아니라 똥 박사, 똥과의 전쟁에서 똥 때문에 죽을 것 같다는 생각이 들 정도이다. 119 숫자를 몇 번이나 누를 정도로 화장실 갈 때는 비상시에 연락할 수 있는 휴대폰이 필수품이 되었다.

앞으로 이 병이 더 진행이 된다면 똥과의 전쟁은 더 심해질 것이라고 하는데 잘 먹고 잘 싸는 것이 얼마나 중요한지, 잘 싸는 것에 목숨을 걸어야 한다고 해도 과언(過言)이 아닐 것이다. 호스피스 병동에서 근무하는 지인과 요양보호사로 근무를 하고 있는 지인으로부터 전화가 왔다. 이 병증이 진행이 많이 된 분인데 화장실을 못 가서 볼일을 볼 때마다 손에 장갑을 끼고 오일을 바르고 파내어야 한다고, 그 방법밖에는 없다고 한다. 관장약도 많이 쓰고 있지만 계속 약을 쓸 수가 없다고, 나중에는 그 약도 듣지를 않는다고 더 망가지기 전에 장갑을 끼고 오일을 바르고 살살살 파내라고 한다.

똥 박사, 똥과의 전쟁을 얼마나 치르고 살았으면 나와 조금만 같이 일을 한 사람이라면 남자고 여자고 모르는 사람이 없을 정도이다. 아들 군복무 중일 때 내무반에 틀어놓은 TV 속에서 광고를 하는데 "딱 좋아 장에 딱 좋아 쾌변에 딱 좋아" 하는 광고를 볼 때마다 엄마 생각이 난다고 하는데 지인들도 마찬가지다. 한 지인으로부터 전화가 왔다.

"여기 ○○한의원을 왔는데요. 여기에 변비에 좋은 것이 있는데 사 가지고 갈까요?"

"어떤 것인가요?"

"환으로 만든 것인데 변비에 잘 듣는다고 하네요. 일단 사 가지고 갈게요" 하고 변비약을 사 온다.

외국을 다녀오면서 선물을 사 온다고 해도 마찬가지다. 여자들이 제일 좋아하는 가방 다음으로 꼽는 것이 화장품이다. 대부분의 여성들은 ○○화장품을 선물로 받기를 원한다. 면세점에도 화장품 매장이 제일 많고 비행기 안에서도 판매되는 것은 대부분 화장품들이다. 그런데 나는 가방, 화장품은 전혀 관심도 없고 필요도 없다. 내가 선물을 받는 것은 변비약이다. 외국을 다녀와도 값비싼 화장품이 아닌 오로지 변비약. 잘 먹고 잘 싸는 것은 누구에게나 중요한 일이지만 특히나 나에게 있어서 잘 먹고 잘 싸는 것은 지금 당장 겪고 있는, 목숨을 위협받을 정도로 힘든 문제를 해결할 수 있는 최고의 선물인 것이다. 결국 똥 박사는 똥과의 전쟁을 치르느라 칼같이 지키던 약속에 지각, 결석으로까지 이어지며 삶의 질이 조금씩 떨어진다는 것이 어떤 것인지 피부로 느끼고 있다.

솔직히 똥 박사, 똥과의 전쟁이 너무 힘이 든다. 6.25 전쟁에서 가장 치열했다고 하는 백마고지의 전투가 이렇게 힘들었을까 할 정도로 2년 전부터는 미스 파 약을 먹고 나면 풍선처럼 배가 부풀어 오른다. 허리를 쫙 펼 수 없을 정도로 배가 빵빵하니 터질 것만 같다. 그래도 밥은 먹어야 하고, 또 약을 먹어야 한다. 물 한 컵과 약을 먹으려고 해도 배가 터질 듯 부르니 한 컵의 물을 먹는 것도 힘이 든다. 먹는 것은 시간 맞추어 먹는데 나오는 것은 도통 나올 생각을 하질 않는다는 것이 문제이다.

"물을 조금 먹어서 그렇다고요? 천만에요." 물도 먹을 만큼 먹는데 물을 먹으면 소변은 너무 자주 비우게 된다. 외출 시에는 화장실을 너무 자주 가니까 오죽하면 화장실마다 영역표시를 하고 다니는 건 아닌가 하는 생각이 들 때도 있다. 그러다 비상시에 몇 개의 관장약을 사용해도 겨우 입구만 해결할 뿐이다.

병원에서 처방받은 약이 효과가 없어지면서 결국 약국에서 약을 사서 해결을 했다. 과다복용. 아침이면 해결이 날줄 알았는데 감감무소식이더니 우와, 드디어 해결을 했다. 어머나 세상에, 그 빵빵하던 배가 다 비워지고 배가 쪼글쪼글해져서 등가죽에 붙었다. 배가 등가죽에 붙어 있으니 배에 힘이 없어서 폴더 휴대폰처럼 앞으로 허리가 구부러졌다. 지금 이 상황에서 이렇게 배가 싹 비워지니 몸이 이렇게 가벼워지는데 아, 얼마만의 느낌인지 폴더처럼 접힌 배를 보는데도 눈물이 났다. 이 눈물이 감사의 눈물이고, 기쁨의 눈물이고, 행복의 눈물이었다. 날마다 이렇게 배가 비워지면 얼마나 좋을까. 날마다 이렇게 배가 가볍다면 하고 생각만 해도 기분이 좋아서 날아갈 것만 같다. 결국엔 과다복용으로 이틀을 문 밖 출입도 못 하고 화장실에서 살며 고생고생을 했지만 그래도 배를 싹 비우고 나니 살 것만 같았다.

배 안에 똥을 비우는 것만으로도 "대한민국 만세" 하고 만세삼창을 부르고 싶을 정도로 흥얼흥얼 콧노래가 절로 나왔다. 어깨춤도 덩실덩실 완전 자동으로 저절로 나왔다. 너무 기분이 좋아서 행복에 푹 빠졌는데 이럴 땐 풍물놀이패를 불러 한바탕 놀고 싶을 정도이다. 똥 박사, 똥과의 전쟁으로 얼마나 뱃속이 힘들었으면 똥을 비웠다는 것에 이렇게 호들갑을 떨까. 그리고 아직은 내가 스스로 움직일 수 있기에 삶의 질을 올릴 수 있도록 하는 것도 포기하지 않을 것이다. 똥 박사, 똥과의 전쟁이 너무 힘들어서 어떨 땐 먹는 것도 거부를 해야 할 정도로 배가 빵빵하니 터질 듯 아프고 힘들지만 그래도 똥 박사, 똥과의 전쟁에서 이기도록 또 다른 방법을 찾을 것이다. 똥 박사, 똥과의 전쟁에서 승리할 수 있도록 이 책을 보는 누구라도 좋은 방법이 있다면 전해 주었으면 좋겠다는 바람을 가져 본다.

5장

그럼에도 불구하고
다시 일어나니
신나잖아

유튜브 크리에이터

유튜버(Youtuber)는 동영상 플랫폼인 유튜브에 정기적 또는 비정기적으로 동영상을 올리는 사람을 말한다. 흔히 유튜버와 유튜브 크리에이터를 동일하게 생각하는 경우가 있는데 이 둘은 약간의 차이가 있다. 크리에이터는 유튜버의 일종이라고 볼 수 있는데, 유튜브에 영상을 업로드하는 모든 사람들을 유튜버라고 하고 본인이 만든 콘텐츠를 업로드하는 사람을 유튜브 크리에이터라고 한다.

이백배 평생교육원에서 SNS 수업 과정을 들으며 유튜브를 배웠다. 유튜브를 배우고 나니 유튜브 크리에이터를 해야 되겠다는 생각이 들었다. 지금까지는 유튜브 방송은 특별한 사람들만 하는 줄 알았다. 말도 잘하고 특출한 재능이 있거나 특별한 콘텐츠도 있고 보통의 사람들과 다른 뭔가를 가진 사람들, 끼를 가진 사람들만이 유튜브를 할 수 있다고 생각을 했다. 노트북을 들고 다니면서 몇 번을 시도를 했지만 번번이 실패를 했다.

나의 모습을 녹화를 해서 동영상을 내보낸다고 하니 자신이 없었다. 이렇게 녹화도 해 보고 저렇게도 해 보았지만 마음에 들지 않았다. 결국은 해야지, 해야지 하고 생각만 하고 실천은 하지 않은 채 그렇게 또 한 달씩 한 달씩 후딱후딱 지나갔다.

이빼빼 원장님은 말했다.

"왜 유튜브 시작을 안 해요."

"콘텐츠가 없어요."

"무슨 소리에요. 홍 작가처럼 콘텐츠가 많은 사람이 어디 있어요. 홍 작가 책에 있는 이야기만 하나씩 해도 되잖아요. 목소리도 좋고 그냥 시작하세요" 하고 재촉을 했지만 그냥 시작하면 된다니 말은 쉽지만 결국 말처럼 쉽지 않았다. 그러다 보니 늘 생각 속에만 '해야지, 해야지' 하고 있었다. 내가 무슨 일을 해야지 하고 생각하고 결정하면 추진력이 굉장히 빠르다. 진행 속도가 여기 하면 벌써 저기 하고 말할 정도이니. 그런데 유튜브는 왜 이렇게 뜸을 들이는지, 이렇게 뜸 들이는 일은 없는데 말이다.

유튜브를 '해야지, 해야지' 하고 마음먹었다가 또다시 시들해지고 무슨 콘텐츠로 하지, 무얼 하지 하고 생각하다가 시간이 또 지나가고, 그러다가 일 년 반이나 훌쩍 지나가 버렸다.

그러던 중 눈에 이상이 생겨 안개 속에 글씨가 갇혀버렸을 때 손까지 불편함이 심해지면서 글을 쓰기가 더 힘들어졌다. 그러다 보니 지인들과 소통이 또다시 멀어지려 할 때 "그래, 손이 불편해서 글 적기가 힘들면 말로 하면 소통을 할 수 있잖아. 음, 괜찮은데. 그래 하자. 좋은 방법을 찾았군. 잘했어." 혼자서 자문자답(自問自答)을 하며 크리에이터가 되기 위해서 출발선에 섰다. 지금까지는 손에 활을 들고 머리로는 '쏘아야 하는데, 쏘아야 하는데.' '쏠까, 말까.'

계속 생각만 하고 있었다면, 지금은 활을 든 손을 앞으로 올려서 목적지를 향하고 한 손은 활시위를 뒤로 당기며 활이 곡선을 따라 굽어지면서 멀리 날아갈 준비를 하게 된 것이다. 이제 손만 놓으면 목표물을 향해 날아가는 화살을 막을 수는 없는 것처럼, 한 번 하겠다고 결정하고 나면 거침없이 밀고 나가는 성격, "안 되면 되게 하라"라고 하는 급한 성격은 제일 먼저 유튜브 방송 이름부터 지었다.

이 이름을 지을 때 나름의 조건이 있었다.

첫째, 사람들이 볼 때마다 "왜 그렇게 힘이 없어요" 하는 말을 하지 못하도록 하는 이름.

둘째, 아픈 사람이 말하지만 아픈 사람 티가 나지 않도록 하는 이름.

셋째, 직접 아프다는 이야기를 해도 불쌍해 보이지 않고 도리어 희망을 줄 수 있는 이름.

넷째, 누구나 한번만 딱 들어도 바로 기억할 수 있는 이름.

그런 이름을 짓고 싶었다. 그래서 생각해낸 것이 '까꿍', 갓난아이를 즐겁게 하여 웃는 얼굴을 짓게 하기 위한 말인 까꿍으로 지었다. 까꿍은 아기 때부터 수없이 들은 단어이고 어른이 되면서는 수없이 많이 사용한 단어이다. 그래서 너무나 친숙한 이 단어는 아이, 어른 할 것 없이 까꿍 하고 인사하면 누구나 빙그레 웃음 짓게 된다.

그래서 '홍영순의 까꿍'이라는 이름으로 유튜브 채널을 만들어 첫인사를 했다. 반응이 좋았다. 대부분의 사람들이 '까꿍' 이름을 너무 잘 지었다고 나에게 딱이라며 엄지 척을 해주었지만 반면에 아픈 사람이 안 아픈 척 너무 자신을 숨기는 것 아니냐며 걱정하는 사람도 있었다.

1회 - 홍영순의 까꿍 첫인사 드립니다

안녕하세요, 까꿍. 엄청 예쁜 홍영순 작가입니다.

꿀 모닝 꿀 모닝 그러죠. 달달한 꿀 모닝, 오늘도 달콤한 하루 보내시기 바랍니다. 제가 유튜브를 시작하려고 1년 전부터 생각을 했는데요. 무슨 콘텐츠를 가지고 시작할까 하다가 생각하고 고민하느라 1년이 후딱 가버렸습니다. 그리고 유튜브를 배워서 잘하게 되면 시작해야지 하고 생각하다가 또 6개월이 훌쩍 지나가버렸습니다. 1년 6개월 아무것도 하지 못하고 시간이 지나가 버렸잖아요. 그래서 생각했어요. 무조건 들이대고 보자고. 콘텐츠요, 아무것도 없습니다. 그냥 매일매일 있었던 일, 그냥 매일매일 일어나는 일, 그냥 수다방, 편하게 얘기할 수 있는 수다방. 저요, 얘기할 것이 진짜 많거든요. 그리고 유튜브를 잘해서 도전하는 것이 아니고 일단 시작하고 보자, 시작이 반이라고 하잖아요. 그래서 일단 시작하고 보기로 했습니다. 그래서 저는 홍영순의 까꿍이라는 이름을 가지고 유튜브를 시작합니다. 여러분 지금은 제가 서툴고 많이 어색하지만 하루하루 발전해 가는 모습을 응원해 주시면 감사하겠습니다.

(이하 생략)

드디어 화살이 내 손에서 떠나 힘 있게 날아가서 과녁에 꽂혔다. 처음이라 점수판 안에는 들어가지 못했을지라도 화살이 날아가서 과녁에 꽂혔다는 것이 중요하다. 이렇게 '홍영순의 까꿍'은 내 손을 벗어나서 사람들 기억 속으로 들어가 자리를 잡았다.

1편은 각 단톡방에 돌리고 인사를 하고 2편부터는 돌리지 않고 계속 3편, 4편을 이어서 업로드했다. 노트북을 들고 다니며 정식으로 배우고 유튜브 크리에이터 자격증까지 받아 놓고 핸드폰으로 뚝딱뚝딱 썸네일까지 만들어서 제법 그럴싸하게 빠른 속도로 발전되어 갔다.

7편이 업로드되었을 때 어느 분이 물었다.

"왜 요즘 까꿍 안 하세요." "까꿍 하는 것 힘들지요." "왜 요즘 까꿍 안 보내 주시나요." "까꿍 보내 주세요" 하며 까꿍을 기다리는 사람들도 있었다.

> 8회 - 오늘은 86,400원
>
> 누구나 아침에 일어나면 똑같이 오늘이 주어집니다. 날마다 공짜로 주어지는 오늘을 낭비하면서 사는 사람들이 너무 많습니다. 이 오늘을 시간으로 하면 24시간, 분으로 1440분, 초로는 86,400초입니다. 그런데 이 시간을 돈으로 준다면 어떨까요. 시간을 돈으로 계산해서 매일 아침 86,400원을 준다면 아무도 낭비하지 않고 탈탈 털어서 사용한다고 합니다.
>
> (이하 생략)

> 9회 - 공짜 기분전환
>
> 저는 아이들에게 세상에 공짜는 없다고 가르쳤습니다.
>
> 그랬더니 아이들이 길에서 나누어 주는 휴지도 받아 오지 않더라고요.
>
> 왜 안 받아 오느냐고 물었더니 세상에 공짜는 없다는 것입니다. "헐." 그런

데 말이지요, 지금 보니까요, 세상에 공짜가 너무 많더라고요. 그것이 뭐냐면요, 우리가 살아가는데 꼭 필요한 것들을 보니 돈 주고 산 적이 한 번도 없더라고요.

한번 보세요. 일단 아침에 일어나면 주어지는 오늘이 공짜이고 밝은 햇빛도 공짜, 시원한 바람도 공짜, 우리가 숨을 쉴 수 있는 산소도 공짜, 때에 따라 내리는 빗물도 공짜, 참 많은 것들이 공짜더라고요. 그런데 한 번도 이런 것들이 자연 속에 그냥 있는 거니까 공짜라는 생각을 해 보지 않았거든요.

저만 그런가요? 어때요? 여러분들은 이런 것들이 공짜라는 생각을 해 보셨나요. 이런 것들이 공짜라는 생각을 하니 제가 부자가 된 것 같더라고요. 제 마음대로 다 가져도 되잖아요. 어마어마하게 많이 가져도 됩니다.

욕심요? 얼마든지 내도 됩니다. 공기 많이 마셨다고 살찌는 것도 아니고요. 다른 사람도 마셔야 하는데 너만 배부르게 먹냐고 뭐라 할 사람도 아무도 없습니다.

바람도 가지고 싶은 만큼 가지고 가세요.

햇볕도 큰 가방 가지고 와서 꾹꾹 눌러서 마음대로 담아가세요. 어느 누구도 야단치는 사람 없고요, 누구 눈치 볼 필요도 없습니다.

이렇게 구체적으로 하나하나 말하니까 기분 좋지 않나요. 정말 부자가 된 것 같지 않나요.

요즘 코로나19 바이러스 때문에 국가 재난 긴급 자금도 나누어 주고 할 정도로 모두가 힘든 상황이잖아요. 이럴 때 우리가 살아갈 때 꼭 필요한 것들을 마음껏 몽땅 다 가져도 모두 공짜라는 생각만 해도 기분이 좋아집니다.

오늘도 내 마음대로 가질 수 있는 것이 이렇게 많다는 생각으로 풍족한 마음으로 감사하는 마음으로 행복한 날 되시길 바랍니다.

"까꿍 내용이 좋아서 내가 아는 사람들도 우리 단톡방에 보라고 옮겨 놓았습니다."

"까꿍 우리 회사에도 올렸습니다."

많은 사람들이 반응을 보이기 시작했다.

한 편씩 업로드될 때마다 까꿍을 보고 돌아오는 응원 메시지는 나를 더 힘이 나게 했다.

모든 일이 그런 것 같다. 완벽하게 준비를 해서 해야지 하고 미루다 보면 나처럼 1년 6개월이란 시간을 아무것도 하지 못하고 낭비하고 만다. 무조건 시작하고 보자고 들이대고 나니 한 회, 한 회 지나면서 갈수록 작품이 발전되어 나오고 있는 것을 보게 된다.

그래 일단은 시작하고 보는 거야.

이단은 행동으로 옮기는 거야.

삼단은 이것을 바로 실천하는 거야.

사단은 이것을 도전이라고 하는 거야.

이렇게 하고 나니 응원해 주는 팬도 생기고 기다리는 팬도 생기고 하는 것이 아닌가. 망설이고 고민하느라 무의미하게 보낸 1년 6개월. 1년 6개월 전에 도전했다면 지금의 내 모습도 몰라보게 달라져 있었을 것이다. 분명 지금의 이 모습은 아닐 것이다. 그렇다면 도전을 시작한 지금부터 앞으로 1년 6개월 후에 나의 모습은 어떻게 변해 있을지, 이 또한 분명 지금의 이 모습은 아닐 것이라는 걸 알기에 큰 기대를 가져 본다.

아무리 좋은 학교에서도 일등이 있고 꼴찌가 있고, 아무리 안 좋은 학교에서도 일등이 있고 꼴찌가 있듯이 좋은 회사에서 일 잘하는 사람이 있고 못하는 사람도 있고, 아무리 안 좋은 회사라도 잘하는 사람이 있고 못하는 사람이 있다는 사실을 우리는 다 알고 있다. 이렇게 말을 하면 당연한 거 아니냐고 다들 알고 있다고 말들은 한다. 하지만 이 말을 듣기 전에는 생각도 못 하고 사는 것이 우리의 현실이다. 좋은 환경에 있어야만 일등을 하고 잘하는 것이 결코 아니라 자신이 어떻게 하느냐에 달려 있다는 것이다.

가만히 있어도 시간이 휙휙 지나가니 가는 세월을 붙잡을 수는 없지만, 어차피 가는 세월, 이래도 가고 저래도 가는 세월 허송세월 보내며 낭비하지 말고 알뜰하게 꽉꽉 채우며 보내는 날 되었으면 좋겠다.

계획만 세워도 행복한 가족여행

살다 보니 이런 날도 있다. 제주도도 못 가 본 내가 비행기를 탔다. 옛말에 딸 잘 두면 비행기를 탄다고 했는데 나는 아들을 잘 두어서 비행기를 탔다.

선홍이, 제홍이와 가족여행이라는 이름으로 여행을 갔다. 한마디로 가족여행을 처음 간 것이다. 엄마가 아프다는 사실을 알고 나서 선홍이가 제일 먼저 말한 것이 엄마와 제홍이랑 여행을 가자고 한 것이었다. 엄마가 더 아프기 전에 추억을 만들고 싶은 것이었다. 선홍이는 군 제대 후 대학원에 뜻이 있었지만 엄마가 아프다는 사실을 알고 나서 대학원을 포기했다.

"선홍아, 너의 꿈은 어떡하니?"

"꿈을 포기한 것이 아니고 잠깐 뒤로 미룬 것입니다"라고 말하는 선홍이는 "내가 앞서 가면 동생을 끌고 갈 것이고 내가 뒤에 가면 동생을 밀고 갈 것입니다. 그러니 제홍이는 걱정하지 마세요. 제홍이가 먼저 대학원 졸업을 할 수 있도록 도와줄게요." 이렇게 멋진 말을 하고 일본에서 취업을 했다.

군 제대 후 바로 일본으로 가는 선홍이는 일본에서 집을 구하고 월급 때까지 생활할 경비를 선배들에게 빌려서 가야만 했다. 그러니 학생이 아닌 직장인으로서 처음 출발을 하는데 빚을 가지고 시작을 하게 된 것이다. 그럼에도 불구하고 선홍이는 취업 후 일 년이 지나면 우리 세 식구가 모여 가족여행을 갈 수 있을 것이라는 꿈을 가지고 목표를 세웠다.

일 년 동안 우리 세 식구는 각자의 자리에서 열심히 살았다. 제홍이는 군복무를 하느라 공백이 길어서 대학원이나 갈 수 있을까 했는데 동경대 대학원 물리학과에 합격을 했고 선홍이는 동기들 중에 제일 먼저 진급을 했다. 가족여행을 갈 것이라고 꿈을 가지고 목표를 세운 일 년은 행복했다. 시간만 있으면 여행지를 알아보고 숙박할 곳을 알아보고 먹을 것을 알아보고 저녁이면 우리 세 식구는 매일 관광지를 돌고 또 돌았다. 엄마를 컴퓨터 앞에 앉혀 놓고 일본에서 Team Viewer 프로그램을 연결해서 "엄마, 이 숙소는 옛날 전통 여관인데 방에서 식사를 할 수 있고 온천도 할 수 있어요." 컴퓨터에 지도를 보여 주며 "엄마, 집에서 이 기차를 타고 출발하면 이 길로 가는데 거리는 이만큼을 가야 하고 기차 안에서는 이것은 꼭 사 먹어 봐야 해요. 몇 시에 도착하면 짐을 맡기고 우린 이곳에서 이런 음식을 먹을 거예요." 이렇게 선홍이는 A형, B형, C형으로 나누어 여러 가지의 방법으로 계획을 세우고 하나라도 놓칠까 매일 저녁 컴퓨터 안에 있는 관광지로 엄마를 데리고 다니며 먹을 것부터 눈요기까지 얼마나 돌고 돌았으면 실제로 일본 여행을 몇 번이나 갔다 온 기분이 들 정도였다.

선홍이와 제홍이가 의논을 해 가며 세우는 계획은 처음 가는 가족여행이라는 것에 큰 의미를 두었다. 붕 들뜬 마음은 무엇을 해도 기분을 좋게 하고 여행을 간다는 기대와 함께 행복 호르몬이 팍팍 나오게 했다. 이렇게 꿈을 이루기 위해서 목표를 세우고 가는 길에 행복은 덤으로 따라왔다.

차근차근 준비하는 아이들을 보면서 어쩜 아이들을 키울 때 나의 모습을 그대로 보는 것 같아 거울 뉴런이 참 무섭다는 생각이 들 정도이다. 한참 아이들을 키울 때 체험 중심으로 교육을 하면서 시간만 있으면 아이들 손을 잡고 현장학습을 했었다. 현장학습을 가기 전에 아이들을 앉혀 놓고 그곳에서 꼭 지켜야 할 것과 주의해야 하는 것부터 시작해서 몇 시쯤에 가서 무엇을 먹고 몇 시쯤에 무엇을 보고 몇 시쯤에 올 것이라며 아이들이 듣고 생각할 수 있도록 이야기를 해주었다. 그래서 어디를 가든 새로운 장난감이 있어도 사 달라고 떼를 쓰는 일도 없었다. 심지어 놀이공원에 갈 때도 놀이기구는 어떤 것으로 탈 것인지, 군것질은 무엇으로 몇 번이나 할 것인지 미리 의논을 해서 정한다. 아이스크림도 볼 때마다 사 먹을 수는 없는 일이니 아이스크림도 몇 개를 사 먹을지, 그래서 경비가 얼마 있으니 집에 올 때까지 비상금은 얼마가 있어야 한다고 하면 그 예산 안에서 사용을 하니 이것 사 달라, 저것 사 달라 조를 일도 없었다. 계획대로 잘 하고 나면 당연히 상품이 있기 마련이다. 집에 오는 길에 시원한 아이스크림을 하나씩 입에 물고 오면 아이들은 절로 신이 난다. 그러니 얼마나 행복한가. 실컷 놀고 받은 상품 하나만으로도 행복은 멀리 있는 것이 아니라 늘 우리와 같이 있다는 사실을 아이들도 스스로 느끼게 된다.

드디어 일 년이 지났다. 가족여행이라는 꿈이 이루어져서 비행기를 타고 일본으로 가서 아이들과 합류를 했다. 제홍이는 공항으로 마중을 나오고 선홍이는 집에서 엄마와 먹을 밥을 하고 있었다. 메뉴는 와인 삼겹살이었는데 와인에 숙성을 한 삼겹살을 삶아서 도마 위에 놓고 자르고 있다가 엄마가 들어가니 한 입 크게 잘라 "엄마 아~" 하며 엄마 입에 한 덩이를 넣어 준다. 촉촉하고 부드러운 고기는 한국의 보쌈 같아 보였지만 보쌈보다 훨씬 부드러워 입안에서 솜사탕이 녹는 것 같았다. 선홍이는 엄마가 먹을 음식을 준비하고 나는 아이들이 좋아하는 닭강정을 사 가지고 가서 저녁을 푸짐하게 먹었다. 일 년 만에 만나니 이야기가 멈추질 않는다. 한 사람이 한 마디씩 해도 세 마디가 되는 이야기는 매일마다 화상으로 보면서 이야기를 했는데도 그치질 않았다. 그러다 옛날 이야기가 나왔다.

"엄마 일해서 이렇게 가족여행도 가고 맛있는 것도 사 먹고 하면 좋은데 아빠는 왜 일을 안 하고 도박만 했을까요."

이렇게 시작한 이야기는 각자가 힘들었던 때를 털어놓는 시간이 되었다.

"엄마는 하루 종일 일하고 집으로 올 때 골목 입구에 들어서면 우리 집이 보이잖아. 정말 집에 들어가기 싫었어. 너희들이 있으니 집에 가는 거지, 사람들이 가출하는 심정을 알겠더라고."

"엄마, 저도 그랬어요. 골목에 들어서면 빚쟁이들이 집 앞에 서성이고 아빠 어디 있느냐고 물어보고, 엄마가 없었다면 저도 집 나갔을 거예요."

"집에 가면 담배연기로 꽉 차 있고 TV 소리 크게 틀어놓고 나도 집에 들어가기 싫어서 엄마랑 형이랑 있으니까 집에 들어갔지.”

“책임 못 진다고 나가라고 할 때 그럼 왜 낳았냐고 따지고 싶었어요.”

“자고 일어났는데 엄마가 일 가고 없더라고요. 엄마를 찾았더니 엄마 찾아가라고 내쫓았어요.”

“어머나, 그럼 그때 속옷 바람으로 울면서 엄마 찾아다닐 때 아빠가 내쫓은 거였어? 일하는데 하도 우는 소리가 들려서 보니까 제홍이가 속옷만 입고 눈물 콧물 엉망으로 해 가지고 울면서 골목골목 엄마 찾아 돌아다닌 거야. 그때 제홍이 우는 것 소리 못 들었으면 제홍이 잃어버렸을지도 몰라.”

“아빠가 한판 붙자고 자기 옷 찢으면서 소리 지를 때 어이가 없어서 정말 한판 붙고 싶었어요.”

“아니야. 그래도 아빠랑 맞짱뜨는 건 아니야. 잘 참았어.”

“진짜 엄마 생각해서 겨우 참았어요.”

“그래, 주먹 쥐고 벌벌 떠는 것 봤어. 잘 참았어. 그걸 못 참으면 짐승이 되는 거야. 사람은 자기 자신을 자신이 다스릴 수 있어야 해. 그걸 못 참으면 짐승이라고 하잖아.”

“엄마가 있으니까 참고 있었지요.”

“잘 참아 주어서 고마워.”

같은 피해자의 입장이라서일까, 우린 자연스럽게 누가 먼저랄 것도 없이 마음을 열고 있었다.

오래전부터 마음속에 쌓여 있던 먼지를 털어내듯, 속마음에 담고 어느 누구에게도 말하지 않고 표현하지 않은 아픈 이야기들을 봄에 대청소를 하듯 하나하나 끄집어냈다. 우리 세 식구는 옛날에 서로에게 상처를 준 말이나 서로에게 서운했던 이야기도 하고 그때는 그래서 그랬던 거야 하고 변명도 하며 울고 웃고를 반복했다. 옛말에 "때린 놈은 모르지만 맞은 놈은 기억을 한다"고 했다. 혹여 우리 서로가 모르는, 또는 입장 차이 때문에 모르는, 옛날에 마음 아프게 한 일들도 서로 이야기하며 사과를 주고받기도 하고 용서를 주고받기도 하며 툴툴 털어버렸다. 이렇게 처음으로 하는 가족 여행의 추억을 담기 위해서 우리는 묵은 짐들을 마음속에서 치우며 내일 아침 일찍 일어나서 출발을 하기 위해 잠자리에 들었지만 모두가 말똥말똥이다.

"선홍아 우리 어린이대공원에서 컵라면 먹은 것 기억나?"
"당연하지요."
없는 살림에도 행복을 만드는 특별한 추억 하나 있으니 지금도 아이들과 가끔씩 이야기하곤 한다.
"엄마, 어린이대공원 가고 싶어요. 지금 어린이대공원 가면 안 돼요?"
"지금? 지금 가면 세 시간은 놀 수 있겠다. 그런데 엄마가 돈이 없는데" 하며 지갑을 열어 보이며 계산을 했다.
"제홍이는 업고 가면 되고 너희들 차비는 안 내도 되고 입장료도 무료이니까 왔다갔다 엄마 차비 하고 엄마 입장료, 그러면 컵라면 하나 사 먹을 수 있겠다."
"좋아요. 빨리 가요."
선홍이는 벌써 대공원에 가 있는 기분으로 폴짝폴짝 뛰었다. 그런 선홍이에게 "오늘은 놀이기구는 하나도 못 타고 아이스크림도 못 사먹어.” “예, 예, 알았어요. 빨리 가요” 하며 들뜬 목소리로 엄마 등에 업힌 제홍이에게 “제홍아, 오늘은 아무것도 사 달라고 하면 안 돼, 알았지.” 이제 막 돌 지난 동생에게 다짐이라도 받는 것처럼 이야기하고는 두 발을 모으고 멀리뛰기를 하듯이 폴짝폴짝 뛰며 버스정류장을 향해 앞장서서 갔다.

다섯 살. 만으로 네 살이던 선홍이랑 이야기하고 돌을 갓 지난 제홍이를 등에 업고 어린이대공원으로 향했다. 우리들이 잘 가는 아지트(?)인 놀이터에서 실컷 놀았다. 그리고 약속했던 대로 컵라면 하나를 샀다. 실컷 놀고 집에 오기 전 출출할 때 먹는 컵라면은 정말 꿀맛이다. 컵라면 하나에 세 명이 둘러앉아 3분을 기다리는 시간마저도 신이 났다. 컵라면 뚜껑을 깔때기 모양으로 만들어 라면을 담아 주면 선홍이는 “엄마도 드세요.” “응, 알았어. 먼저 먹어.” “엄마 먼저 드세요” 하고 꼬불꼬불한 라면을 한 가닥 엄마 입에 넣어 준다. “그래 고마워” 하고 한 입을 먹어 주어야 먹기 시작하는 선홍이. 제홍이는 라면을 젓가락에 돌돌 말아서 입에 넣어 주면 양쪽 볼이 쏙 들어가도록 한 입에 쪽 빨아 당기고 라면은 꼬리를 흔들며 제홍이 입으로 들어간다.

면을 다 건져 먹고 국물만 남아 있는 라면 컵을 세 명이 돌아가면서 한 모금씩 마신다. 국물을 다 먹고 나면 컵을 거꾸로 들고 머리 위에서 흔들어도 국물 한 방울 떨어지지 않을 정도로 깨끗이 먹어치운다. 아이들이 혼자 먹어도 부족한 컵라면을 세 명이서 나누어 먹었지만 어느 고급호텔에서 준비한 만찬(晚餐)보다 더 훌륭한 식단이었고, 세상에서 제일 행복한 시간을 보낸 개선장군(凱旋將軍)이 되어 행복에 젖어 집으로 돌아온다. 우리 세 식구는 하루 종일 행복하게 지냈지만 행복을 사는 데 많은 돈이 들지 않았다. 이렇게 자란 선홍이와 제홍이는 서로 나누면 행복해지고 서로 양보하고 배려하면 행복해진다는 것을 안다. 그래서 껌 하나도 나누고, 콩 한 쪽도 나누어 먹는다. 그러니 성인이 된 지금까지 서로 좋은 것, 서로 큰 것 하겠다고 싸워 본 적이 단 한 번도 없다는 사실을 자랑하고 싶다.

기름칠이 필요한 로보캅

언제부터인지 모르게 온몸이 뻐근하니 뻣뻣한 느낌이 심해지기 시작했다. 특히나 아침에 일어나면 침대 위에서 간단한 운동을 조금 하고 일어나는데도 화장실을 향해서 걸어가는 나의 모습은 녹이 슬어 기름칠이 필요한 로보캅이 된 것처럼 처벅처벅 걸어간다. 한쪽 벽에 서 있는 거울은 본연의 임무에 충실하게 시키지 않아도 매일 나의 모습을 있는 그대로 담아 리얼하게 보여 준다.

미스 파 환자들은 아침저녁으로 유산소운동을 한 시간씩 하고, 근력운동도 하고, 아침저녁으로 유연성 운동도 계속 하고, 하루에 3~4시간은 운동을 해야 한다. 말이 3~4시간이지, 하루 종일 운동만 하라고 하는 것이랑 무엇이 다른가. 집에서 운동을 하는데도 중심을 잡지 못해서 자꾸 넘어지고 힘이 약해지고, 자세에 변형이 오면서 등의 통증이 심해졌다.

혼자서 힘들어할 때 지인으로부터 재활치료병원에서 치료를 받을 수 있다는 정보를 받았다. 소개해 주는 병원으로 당장 달려갔다.

이 병원에서 만난 의사 선생님은 "지금 시기는 일주일에 두 번은 치료받을 수 있습니다. 그런데 지금까지 왜 한 번도 치료를 받지 않았나요."

"이런 병원이 있는 줄 몰랐습니다."

"병원에서 말 안 하던가요."

"그런 말은 안 하지요."

진단을 받은 직후에는 치료를 많이 받을 수 있고 시간이 지나면서 치료받을 수 있는 횟수가 줄어든다는 말을 들었지만 무슨 말인지 이해가 가지를 않았다. 시간이 지나면서 더 심해지는데 왜 치료가 줄어드는지 도대체 이유가 궁금했다.

의사 선생님은 예약하고 많이 기다려야 하니 다른 병원에도 예약을 해 놓는 것이 좋을 것이라고 병원까지 소개해 주시는데 다른 병원도 기다려야 하기는 마찬가지였다.

세상에나, 아픈 사람이 이렇게도 많은 것인가. 집에 있을 땐 나 혼자만 아픈 것 같은데 병원에 가면 전부 아픈 사람들뿐이다.

이틀 동안 다니면서 두 병원에 예약을 했다. 두 병원 다 6개월 대기 상태라고 한다.

집으로 돌아온 후 이제나저제나 전화가 오기를 기다렸다. 그러다 6개월쯤 지나가니 정말 병원에서 전화가 왔다.

"여보세요. 여기 ○○재활치료병원인데요. 이번 주부터 매주 화요일 오전 10시에 오실 수 있나요."

"화요일이라고요."

"예."

"헐!"

화요일 딱 하루 학교로 수업을 들어가게 되었다. 그런데 하씰이면 화요일이라니.

"날짜를 다른 날로 바꿀 수 있나요."

"예, 그럼 더 기다리셔야 합니다."

그렇게 해서 6개월 만에 재활치료를 받게 되었는데 또다시 기다렸다. 기다리니 다른 병원에서도 연락이 왔다. 그날도 또 학교 수업을 들어가는 날이라 병원을 갈 수가 없었다. 사람들은 건강이 중요하지 학교 가는 것이 뭐가 중요하냐고 하지만, 건강만큼이나 내가 먹고살기 위해서 일도 중요하고, 내가 맡은 책임감도 중요했다. 고등학교로 프로그램을 짜서 선생님들이 들어가는데 혼자 빠지면 내가 들어갈 반은 선생님도 없고 그래서 뒤로 두 번을 미루고 나니 몇 달이 훌쩍 지나가버렸다. 그러다 보니 예약을 해놓고 꼬박 1년 만인 2019년 4월 12일부터 미루어 오던 재활치료를 받기 시작했다.

그리고 다른 병원에서도 연락이 오면 다른 요일로 해서 치료를 받으라고 한다. 일주일에 한 번씩 6개월을 받을 수 있는데 6개월 쉬었다가 다시 6개월을 받을 수 있을 것이라고 한다.

어쨌거나 이제 치료를 시작했다. 등이 굽어지면서 오는 등의 통증이 제일 심각하고 어깨와 팔의 통증, 다리에 힘이 없어서 자꾸 꼬이고 넘어지면서도 근육이 경직되는 것 등등 앞으로 치료할 것이 너무 많다.

재활치료실에서는 환자 개개인을 테스트한 후 질병과 증상과 경과에 맞추어 프로그램을 만들어 전기치료, 운동치료, 작업치료 등을 했다.

나에게 제일 중요한 것은 균형능력이 감소하여 자주 넘어지는 것을 치료하는 것과, 손가락 관절부터 시작해서 손목이나 어깨, 목, 등 근육의 통증을 치료하는 것이 급했다.

일상생활 동작과 섬세 운동을 수행하는 것은 부분적으로 조금 어지러움만 치료하고, 그나마 다행인 것은 보행과 각종 동작 수행의 문제를 평가한 것은 양호한 편이라 지금 당장은 걱정하지 않아도 되었다.

그래서 보행장애의 치료, 보행훈련, 연하 및 언어장애 치료는 제외히고 전신이완운동, 근력운농, 유산소운동, 유연성 운동은 집에서 날마다 하기로 하고 처음으로 재활치료를 시작했다.

치료 선생님들도 이런 재활치료를 처음 받는다고 하니 이해가 안 가는지 자꾸 물어본다.

"왜 치료를 안 받으셨어요."

"이런 곳이 있는 줄 몰랐습니다."

"처음 진단을 받고 나서는 재활치료를 일주일에 서너 번씩 받을 수 있거든요. 그런데 병이 진행될수록 치료받을 수 있는 횟수가 줄어들어요."

"아니 왜요." 깜짝 놀라며 되물었다.

"병이 심해지면 치료를 더 많이 받아야 하는 것이잖아요."

"예, 맞습니다. 그런데 병이 진행될수록 회복할 가능성이 없으니 더 치료를 안 해주는 거지요."

"그렇지만 초기에는 이런 치료를 덜 필요로 하잖아요. 저도 모르고 그냥 넘어갔으니까요."

"예, 그렇긴 한데요. 회복이 안 되는 곳에는 투자하지 않는다는 것입니다."

"헐."

지금은 이 치료를 일주일에 두 번은 받을 수 있지만 나중에는 한 번으로 줄어들 것이고 결국에는 치료를 못 받고 개인적으로 해결을 해야 한다는 것이 아닌가.

아픈 것도 서러운데 우리나라의 의료체계가 그러하다니 이해를 못 하겠지만 그냥 또 그렇구나 하고 받아들여야 하는 상황이란 말인가.

병이 심해지면 치료를 안 해주는 것은 비단 재활치료뿐만이 아니었다. 황반변성의 질환을 가진 지인이 대학병원 안과에서 치료를 받았다. 황반변성 또한 회복이 안 되는 것이라고 한다. 한두 달에 한 번씩 눈에 주사를 맞아야 하는데 그때마다 20만 원대의 병원비가 나오던 것이 갑자기 거의 백만 원 가까운 돈이 나왔다. 깜짝 놀라서 그 이유를 알아본즉 눈이 지난번보다 시력이 더 안 좋아져서 치료 가능성이 없다고 보아 보험처리가 안 되고, 비보험으로 청구가 되었다는 것이다.

"헐." 눈이 아픈 지인도 황당했는지 소리를 질렀다. "이런 경우가 어디에 있냐고, 그럼 눈이 치료가 안 되면 실명이 되어 가는 것도 그냥 보고만 있으란 거요."

실명이 된다는데, 앞을 볼 수 없게 된다는데 너무도 당연하다는 듯 아무렇지 않게 말하는 것에 정말 황당했다. 나는 재활치료를 받을 때 이미 한 차례 겪었는데도 이렇게 황당한데, 지인도 처음 겪는 말도 안 되는 이 상황을 쉽게 받아들이기란 쉽지 않은 모양이었다.

어쨌거나 매주 금요일마다 한 시간 반씩 버스를 타고 다니면서 재활치료를 받았다. 한 타임에 30분씩 돌아가면서 운동치료, 전기치료, 작업치료 등등 맞추어진 시간대로 하나가 끝나면 또 다른 치료를 하며 오전을 내내 투자한다. 그런데 치료를 받는 사람들이 모두 나이가 드신 분들인데 나 혼자만 젊은 사람이었다. 같이 치료를 받으면서도 사람들이 나만 쳐다보고 있다.

치료를 받을 때 키튼이라도 있으면 좋겠다는 생각과 함께 사람들의 시선을 애써 느끼지 않으려고 태연한 척을 하는데 내가 움직이는 쪽으로 사람들의 시선이 따라온다.

그래도 치료를 받아야지, 그렇게 재활치료를 받는 6개월은 순식간에 지나갔다.

첫 번째 재활치료 후 6개월의 대기 상태 중 운 좋게 4개월 만에 대기가 풀려 두 번째 재활치료를 받게 되었다.

먼저 4개월 동안 몸에 어떤 변화가 있는지 검사가 진행되었다. 누워서 식은 죽 먹기인 검사, 이런 검사를 꼭 해야 되나 싶을 정도로 기초적인 검사를 하는 것이었지만 이 기초적인 검사조차도 힘들게 하고 5점 만점에 겨우 3점을 받았다.

구부렸다 폈다 하는 정말 말도 안 되는 기초적인 검사를 힘들게 받고 있는 나 자신도 속상했지만, 많은 사람들의 시선이 부담스러위 기분이 좋지 않았다. 그래도 한 번의 경험이 있기에 눈물을 애써 참으며 아무렇지 않은 듯 태연하게 웃으며 검사에 임했다.

그런데 한순간 무너지고 말았다.

병원 내에서 여기서 저기까지 시간을 재며 걸어가는 검사를 하는 도중 뒤로 도는 과정에서 거울에 비친 나의 모습을 보았다. 그 순간 아, 애써 참아오던 눈물이 터져버렸다. 검사는 중단되었고 아직도 내가 나를 받아들이지 못하고 그렇게 나는 무너지고 말았다.

내 생각은 아프기 전이랑 똑같은데, 나의 몸은 내 생각과는 다르게 변해 가는 모습을 보며 마음이 약해지는 모양이다. 앞으로 어떻게 될 것이라는 것도 알고 그래서 마음도 강하게 먹고 있는데 실제로 그 일을 겪고 나면 아무리 강하게 먹은 마음도 한순간에 무너지고 만다. 왜 이렇게 약해지는지. 처음에 미스 파라는 병으로 진단을 받았을 때 얼마나 많이 울고 울었는지 눈물로 태평양 바다를 채웠을 법도 한데, 지금쯤이면 눈물이 다 말라져서 없어져야 하는 것 아닌가. 좌절하고 죽음을 준비하며 삶을 정리하려고 했던 때도 당당하게 이겨냈는데 지금쯤이면 마음이 단단한 바위로 흔들바위 정도는 되어 있어야 하는 것 아닌가. 아직까지는 치료약이 나오지 않았지만 개발 중에 있는 약에 좋은 소식이 있을 것 같다는 소리도 들리고, 또 올 연말에는 신약이 나올 것이라고 했다. 신약이 나와서 병을 고치는 건 아니지만 지금 복용 중인 약의 부족한 부분을 보완해서 나온다고 하니 그러면 약의 부작용이 덜하려나, 그리고 병의 진행 속도를 줄일 수 있으려나, 처음보다 희망적인 것들이 많이 있으니 힘을 내고 있어야 하는데 불쑥불쑥 약해지는 마음을 애써 잡아 본다.

그 다음 주부터 두 번째 재활치료를 받았다. 마음을 강하게 먹고 애써 웃으며 세 번째, 네 번째 재활치료를 받고 있는데 문제가 생겼다. 코로나19 바이러스가 확산되면서 외부 환자를 받지 않는다는 것이다. 그래서 코로나19 바이러스가 사라질 때까지 재활치료가 중단이 되었다. 어렵게 시작한 재활치료를 못 하게 되면서 다른 병원도 알아보았지만 모두 똑같은 상황이었다. 병원에 입원한 환자들만 치료를 한다고 한다. 5월 들어서 예닐곱 번이나 심하게 넘어지고 고꾸라지고 자빠지면서 병원에 입원해서 치료를 할 수 있는지 알아보았다. 병원에서 상담해 주는 담당 직원의 말이 또 나를 아프게 했다.

"입원해서 치료를 받을 수 없습니다."

"똑같은 병명을 가지고 있는데 입원해서 치료를 받고 있는 사람들은 어떤 조건이 있나요. 나이가 많은 사람들만 입원이 가능한가요?"

"아닙니다. 홍영순 환자분께서는 병 진단을 받은 지가 오래되어서 해당이 안 됩니다."

"예에…."

"진단받은 지 몇 년이 지나면 지원이 안 됩니다. 진단받고 나서 지원을 시작하면 해가 갈수록 줄어들어서 몇 년이 지나면 지원이 안 됩니다."

"헐."

할 말을 잃어버렸다. 이 말도 안 되는 말을 처음 재활치료를 받으러 갔다가 들었고, 지인의 황반변성으로 안과에 가서 듣고, 이번에 또 듣고, 벌써 세 번째 듣고 있다.

병이 나을 가능성이 떨어질수록 병원비 지원이 안 된다는 것을 이제는 이해를 하지만 씁쓸한 마음은 어쩔 수가 없다. 이번 코로나 19 바이러스를 겪으면서 우리나라의 의료보험이 얼마나 실되어 있는지 감탄을 했는데, 질병에 있어서는 쓴웃음이 나는데 이런 문제에 있어 다른 나라는 어떨지 갑자기 궁금해진다.

 물론 개인적으로 병원비를 지급한다면 얼마든지 치료를 받을 수 있다. 병원비가 지원이 안 된다고 하는 것은 희귀난치성 질환자들은 산정특례자로 정해져서 병원비의 일부만 낼 수 있도록 나머지는 지원해 주는 것이다. 그 지원이 해가 갈수록 줄어든다는 것이다. 다른 말로 한다면 병이 진행이 되어 가면서 회복가능성이 없어진다는 말이 된다. 이 말이 씁쓸하니 기분이 안 좋지만 그렇다고 여기서 주저앉을 수는 없다. 지금도 키보드로 글을 쓰고 있지만 다다다다 다다다다 하고 글을 적지를 못한다. 한 쪽 손이 잘 움직이지를 않아 천천히, 천천히 한 자, 한 자 적는데 지금 이 한 자, 한 자 이 단어를 적는데도 오타에 오타, 몇 번을 다시 쓰고 또 쓰는지 모른다. 자음만 써지고 모음은 꾹 눌러도 누른 흔적이 없다. 그러니 내가 생활을 하면서 내가 할 수 있는 일이 하나씩 줄어들고 있고, 그만큼 생활의 질이 떨어지고 있음을 느끼고 있다. 생활의 질이 떨어지는 걸 느낄 때마다 아파 오는 마음은 달랠 길이 없다. 그렇다고, 마음이 아프다고 이대로 그냥 주저앉아 있을 수는 더더욱 없지 않은가.
 아직은 내 스스로 움직일 수 있기에 나 혼자 움직일 수 없을 때를 위하여 새로운 도전을 시작한다. 오늘도 파이팅. 아자아자.

빨간색 속에 감춘 것

홍영순 작가 하면 빨간 모자, 빨간 모자 하면 홍영순 작가 하고 생각날 정도로 빨간 모자는 나의 트레이드마크가 된 지도 한참이나 되었다. 가는 곳마다 빨간 베레모를 쓰고 다니니 사람들 눈에 확 띄기도 하지만 사람들이 기억 속에도 인상 깊게 남아 있다.

오죽하면 어느 모임에서 다른 선생이 빨간 모자를 쓰고 온 적이 있다. 그런데 그 모습을 본 다른 선생들이 이구동성으로 하는 말이 "빨간 모자는 홍 작가가 써야 하는데 왜 썼어요. 빨리 벗으세요."

"홍 작가 모자랑 다른 거예요."

"그래도 벗으세요."

"이거 옛날부터 있던 거란 말이에요."

"그래도 안 어울려요. 빨리 벗으세요."

"헐."

이럴 정도로 빨간 베레모는 나의 트레이드마크가 되었다.

나는 원래부터 빨간색을 좋아하지 않았다. 내가 좋아하는 색은 초록색. 초록색 중에서도 밝은 형광 초록색을 좋아한다. 빨간색은 제일 싫어하는 색이었고, 내가 옷이나 장신구, 가방, 신발 등등을 살 땐 당연히 블랙, 검정색을 샀다. 내가 아프기 전에 사 두었던, 아깝다고 안 입고 아낀다고 인 입은 옷을 보관하던 장롱 문을 열었다. 그런데 세상에나, 놀라지 않을 수가 없었다. 원피스부터 투피스, 쓰리피스에 블라우스까지 모두 검정색뿐이었다. 여름옷이나 겨울옷이나 모두 블랙이었다. 내가 이 정도였단 말인가. 블랙, 블랙, 블랙. 그런데 내가 아프고 나서는 모든 것을 다 바꾸었다.

체질에 대한 강의를 듣고 색상 테스트도 받았다. 그런데 내가 제일 싫어하는 색상인 빨간색이 나의 건강에 제일 좋으며 힘도 나게 한다는 결과가 나왔다. 그때부터 빨간색을 일부러라도 좋아하려 했지만 쉽지 않았다. 왜냐면 나는 어릴 때부터 알록달록한 옷을 입고 다니는 할머니들을 보며 '내가 나이가 들어서 할머니가 되어도 절대로 빨간색 옷은 안 입어야지. 제일 촌스럽잖아' 하고 다짐 아닌 다짐을 했었다. 그런데 지금은 할머니가 되지도 않았는데 빨간색 원피스를 즐겨 입고, 빨간색 재킷을 즐겨 입고, 빨간색 모자를 늘 쓰고 다니게 바뀐 것이다. 한번은 국회의사당에서 시상식이 있던 날 검정색 모자를 쓰고 참석을 했다. 그런데 어느 국회의원 한 분이 "오늘은 왜 빨간 모자를 안 썼습니까?" 또 다른 분은 "어, 모자가 바뀌었네요" 하고 말할 정도로 빨간 모자가 나에게는 상징이 되어버렸다. 그럴 수밖에 없는 것이 빨간색을 입으면 건강에 좋다는 말을 들어서 그런지 빨간색 옷을 입으면 왠지 힘이 나는 것 같고, 힘이 나니 병 진행도 더디게 진행될 것 같았던 것이다. 그런데 내가 빨간색을 좋아하게 된 진짜 이유는 따로 있다. 나를 빨간색 안에 감추기 위해서이다. 갑자기 웬 생뚱맞은 말을 하냐고 하겠지만 나는 요즘 들어 제일 듣기 싫은 말이 있다. 갈수록 많이 듣고 있지만 정말정말 듣기 싫은 말이 "왜 그렇게 힘이 없으세요"이다.

보는 사람들마다 "왜 그렇게 힘이 없으세요." "이렇게 힘이 없어서 어떡해요." "어디 아프세요?" "아이고, 힘이 하나도 없네." "꼭 넘어질 것 같아요."

"내가 잡아줄까요" 하고 부축을 해주는 사람도 있다.

이처럼 아무리 치장을 하고 차려입고 나가도, 제일 먼저 듣는 말이 바로 "왜 그렇게 힘이 없으세요"라는 말이다. 그런데 빨간색 모자를 쓰고 나가면 힘이 나는 것 같은 기분 때문이어서 그런지 모르지만 기분도 좋고 힘든 것을 덜 느끼게 한다. 그리고 무엇보다 빨간색 옷을 입고 앉아 있을 때에는 내가 아프다는 사실을 잘 모를 때가 많다. 사진을 찍어서 확인을 해도 환하게 밝게 보이고 생동감 넘치게 보여서 좋다. 그러다 보니 힘 없는 나의 모습을 조금이라도 더 감출 수 있는 빨간색을 의도적으로라도 좋아할 수밖에 없게 되었다.

기존에 아는 사람들을 만나면 첫마디가 "어머나 예뻐졌네요." 두 번째 하는 말, "몸은 다 나았지요?" 세 번째 하는 말, "그런데 왜 이렇게 힘이 없으세요"라고 한다.

처음 만나는 새로운 사람은 "힘이 하나도 없네요." "어디 아프세요?"라고 한다.

나무가 서 있으려면 땅속으로 뿌리를 내려야 지탱을 하고 서 있는데, 내가 서 있을 땐 그냥 뿌리 없는 나무막대기가 하나 서 있는 기분이다. 그러다가 힘 없이 넘어지고 자빠지고 고꾸라지고 하는 것이다. 그런데 빨간 모자와 빨간 옷을 입고 있을 때에는 "왜 그렇게 힘이 없으세요" 하는 소리를 조금 덜 듣는 것 같아서 좋다.

믿거나말거나 한 이야기지만 빨간색 옷과 빨간색 모자 속에 내가 제일 듣기 싫은 말을 감추어 놓는 것도 괜찮은 것 같다. 빨간색을 좋아하게 되고, 또 잘 어울리고, 기분도 좋고, 예뻐 보이고, 건강에도 좋다니 일석 오조 이상은 되는 것 같다. 빨간색을 좋아한다고 해서 병적으로 좋아하는 것도 아니고 집착을 하는 것도 아니고 지금까지 살면서 몰랐던 자신의 색을 찾았다고 보면 될 것 같다. 하나의 색을 좋아하고 그 색에 빠지는 것도 열정이 있어야 가능한 것 아닌가 하는 생각을 해 본다. 아무리 안 좋은 일도 꿈보다 해몽이 좋으면 좋은 일이 생기듯 무엇이든지 좋게 생각하면 좋은 일이 생기는 법이다.

지하철 바닥에 붙어버린 발바닥

지하철을 타고 가다가 목적지에 내려야 하는데 내리지 못하고 그냥 지나가는 일이 생기기 시작했다.

지하철을 타면 대부분 출입문 쪽에 서서 문 옆에 있는 일자 모양의 손잡이를 잡고 서는데 그럴 경우 목적지까지 서서 가야 한다. 목적지가 멀어서 앉아야 한다면 좌석 앞에 서 있다가 앞에 앉아 있는 사람이 내리면 그때 앉을 수 있다. 지하철의 의자는 보통 6~7개가 한 줄로 붙어 있다. 가운데 자리에 앉았다가도 제일 가장자리가 비워지면 대부분의 사람들은 누가 앉기 전에 잽싸게 가장자리로 옮겨 앉는다. 그렇게 가장자리에 앉으면 다행인데 가운데 자리가 나서 가운데에 앉으면 일어날 때 잡고 일어날 것이 없어서 일어나지를 못하는 일이 생겼다. 한마디로 엉덩이의 무게가 천근만근이나 되는 것 같았다.

그렇게 의자에 앉아서 엉덩이도 들지 못한 채 목적지를 지나가고 있으니 참 어이가 없어서 말도 안 나왔다. 그러다 보니 될 수 있으면 가운데 쪽에는 자리가 비어도 앉지를 않고 피하게 된다.

그런데 지하철을 타고 가다가 옆의 기둥을 잡고 일어나려고 하는데 발이 지하철 바닥에 붙어서 떨어지지를 않아서 몇 정거장을 그냥 지나가게 되었다. 지하철에서는 처음 당하는 일이기에 황당한 것은 이루 말할 수 없었지만, 다른 곳에서 몇 번의 경험이 있어서인지 눈물을 흘리거나 하지는 않았다. 아무도 눈치 채지 못하도록 아무렇지 않은 듯 옆에 있는 기둥을 잡고 발을 쳐다보며 내 발에게 부탁을 했다. '움직여라, 발아. 우리 힘내서 움직여 보자. 그래, 발가락부터 움직여 보자. 발아 부탁해. 힘내자' 하며 발끝에 집중을 하고 손으로 다리를 주무르고 들어보기도 하고….

눈 뜨고도 내리는 곳에서 내리지 못하고 그냥 지나치는데 그 기분이 정말 묘했다. 이런 기분을 어떻게 표현을 해야 하나, 너무도 사랑하는 사람이 그 역에서 기다리고 있는데, 달려가서 그 품에 안기고 싶은데 그 감정을 숨기고 혼자만 보고 그 역을 지나가는 그런 느낌.

결국 약속을 펑크내고 마는 불상사가 일어났다.

사고가 날 때마다 하나씩 배우면서 터득도 하게 되는 것이 사람인가 보다. 이제는 지하철을 타면 내리기 전에 두 발이 지하철 바닥에 붙어 있지 않도록 발 운동을 한다. 사람들에게 피해를 주지 않으면서 할 수 있는 운동으로, 앞에 서 있는 사람들이 없을 때에는 두 발을 쭉 뻗어서 발목운동을 하며 계속 발을 움직이고, 앞에 사람이 서 있을 때는 무릎을 한쪽씩 들어올리며 발이 지하철 바닥에 붙어 있지 않도록 하고 있다.

그런데 문제가 생겼다. 지하철에서 앉았다가 일어났는데 출입문까지 걸어가는 것이 되지를 않는다. 자리에서 일어서서 출입문까지 종종거리며 앞으로 넘어질 것처럼 뛰어가다가 출입문을 손으로 짚으면서 멈추고, 출입문이 한 발자국만 멀리 있다면 앞으로 넘어지고 말 것이다. 또 자리에서 일어났는데 사람이 많다면 까치발로 종종거리다가 사람들에게 안기듯이 아님 기대듯이 잡고 멈추게 되는 상황이 자꾸 벌어지니 사람들은 왜 그러냐는 듯 힐끗 쳐다보기도 하고 어떤 사람들은 깜짝 놀라며 옆으로 몸을 피하며 인상을 찌푸리며 흘겨보기도 한다. 사람들이 많은 출퇴근 시간을 피해서 지하철을 탄다고 해도 사람들이 많으면 비좁은 공간에서 종종거림이 심해지니 지하철을 탈 때 항상 걱정이 앞선다.

세 명이 앉을 수 있는 노약자석에는 아직까지 눈치가 보여서 앉기가 불편하다. 65세 이상 노약자나 장애인, 임산부, 아기를 안고 있는 사람들이 앉을 수 있는 곳이니 자격으로 따지면 나도 앉을 수 있는데도 노약자석에는 앉을 수가 없다. 겨울에 이런 일을 목격해서일까. 의자 세 개가 붙어 있는 노약자석에 젊은 여성이 앉아 있었다. 등산 가방을 멘 젊은 할아버지가 그 앞에 섰다. 젊은 여성은 그 할아버지를 보고도 노약자석에 그대로 앉아 있었다. 젊은 할아버지는 그 여성 앞에서 잠시 서 있었는데 빨리 자리를 양보하라고 무언의 협박을 하고 있다는 것을 어느 누가 봐도 다 알 수 있도록 젊은 여성을 쳐다보고 있었다. 그렇게 한 정거장이 지나갔다.

갑자기 젊은 할아버지가 혼잣말처럼 말을 하는데 그건 의자에 앉아 있는 젊은 여성이 들으라고 하는 말이었다.

"요즘에는 젊은 깃들이 어론을 몰라봐. 예의가 없다니까. 이래 가지고 나라가 어떻게 되겠어. 위아래도 없이 자기들밖에 모르고 말이야. 망조야 망조" 하며 소리가 점점 커져 갔다.

지하철 안에 타고 있던 사람들이 힐끗힐끗 쳐다보며 인상을 썼지만 아무도 입을 여는 사람은 없었다. 누군들 그런 소리를 듣고 좋아할 사람이 있겠는가. 젊은 할아버지는 아무도 말을 하는 사람이 없으니 더 큰 소리로 떠들었다.

"요즘 것들은 뭘 배우는지 어른을 몰라. 어른을 몰라. 어른도 못 알아보고 부모도 없는 거야" 하고 막말을 하기 시작할 때 젊은 여성 옆에 앉아 있던 젊은 할머니가 자리에서 일어나며 한마디를 했다.

"아저씨 말 그만 하고 여기 앉으시오" 하고 자리를 비켜 주었는데도 할아버지는 안하무인(眼下無人)이었다. 그 자리에는 앉지도 않고 젊은 여성을 향해 "어른을 몰라보는 젊은 것들 때문에 세상이 망조여. 우리나라가 어찌 되려고, 쯧쯧쯧" 하며 나라 걱정을 엄청 했다.

몇 정거장이 지날 동안 귀가 따갑게 떠들고 있는데 젊은 여성이 조용히 일어났다. 그 순간 시끄럽게 떠들던 할아버지는 입을 딱 다물었다. 그 젊은 여성은 만삭의 임산부였다. 겨울이라 두꺼운 옷을 입고 가방을 앞에 안고 앉아 있으니 임산부 표시가 나지를 않았던 것이다. 그런데 무릎 위에 놓고 있던 가방을 어깨에 메고 일어서니 금방 아기가 나올 것 같이 만삭이었다. 그 모습을 본 할아버지는 입이 딱 붙어버린 것이다. 그 임산부는 자리에 서서 위에 있는 손잡이를 잡고 눈물을 글썽거리며 잠깐 서 있다가 출입문이 열리자 급하게 내렸다. 나도 따라 내렸다. 이놈의 오지랖. 아니 오지랖이 아니어도 그랬을 것이다. 내가 평생 산모들을 돌보는 직업이었으니 당연한 것이었다.

어느 큰 건물 화장실을 갔는데 화장실 문 뒤쪽에서 모유를 짜고 있는 산모를 보고는 가슴을 만지며 젖을 쉽게 짜는 방법을 가르쳐 주고 올 정도이니 그 임산부를 그냥 나몰라라 할 수가 없었던 것이다. 지하철은 출발하고 그 산모에게 말을 걸었다.

"여기 좀 앉으세요" 하며 가방에서 화장지를 꺼내 주었다. 지하철 안에서 눈이 몇 번 마주쳤기에 그 산모는 순순히 내 밀을 들었나. 화장지를 받아들고 의자에 앉으면서 엉엉 울기 시작했다. 지하철 안에서 당한 봉변이 생각할수록 억울한 모양이었다. 지하철 몇 대를 보내는 동안 잠깐 이야기를 했다.

"할아버지가 큰소리치는데도 다리도 붓고 너무 힘들어서 일어날 수가 없었어요. 한마디만 하고 그만둘 줄 알았거든요. 계속 그럴 줄 몰랐어요" 하면서 속상하다고 계속 눈물을 흘렸다.

이 장면을 옆에서 같이 들으며 보았기에 노약자석에 앉기가 무섭다는 생각이 든다. 나도 힘들 땐 얼굴에 철판 깔고 그냥 앉아 있을까 하는 생각을 할 때도 있다. 또 누군가가 젊은 사람이 왜 여기 앉았냐고 소리 지르면 몸이 불편해서 그렇다고 장애인 카드라도 보여 주어야 하나 하는 생각을 하게 만들 때도 있다.

늦은 시간 귀가할 때에는 노약자석이 텅텅 비어 있으니 의자 끝 자락에 엉덩이만 살짝 걸치고 있다가 어른들이 오면 바로 일어나 자리를 비켜 준다. 앉아도 앉은 것 같지 않은 것, 이것이 바로 바늘방석인 거지. 젊은 사람들은 하루 종일 일하고 밤에 퇴근할 때 피곤해서 손잡이를 잡고 서서 졸고 있으면서도 노약자석을 비워 놓고 있는 것을 보면 우리나라 젊은이들 정말 멋지고 참 괜찮다는 생각을 한다.

지하철에서 승강기를 타는 것도 눈치가 보이는 것은 마찬가지이다. 계단 한 층을 올라가는데 지하철 한 대 정차할 때마다 두 줄로 서서 기다리는데 어르신들 사이에 줄을 서 있기가 멋쩍어서 계단을 이용하는데 다른 사람들에게 방해가 되지 않도록 한쪽 옆으로 바짝 붙어서 난간 손잡이를 잡고 이동을 한다. 계단을 올라가다가 뒤로 넘어질 뻔한 일이 몇 번 있고 나서는 조심 또 조심을 하고 있다. 앞으로는 운전도 할 수 없기에 지하철을 더 많이 이용해야 하는데 일어날 때와 지하철에서 내릴 때 무언가 잡을 수 있는 도구가 있으면 종종걸음도 안 걸을 것 같은데 아직까지 방법을 찾지를 못했다. 대한민국지식포럼의 임동학 회장은 "홍 작가, 자꾸 넘어지려고 하면 지팡이를 짚어. 그러면 안 넘어져. 나도 그래서 지팡이를 짚기 시작했어." "저는 아직 그럴 정도는 아닙니다" 하고 말했지만 지하철에서 손잡이를 못 잡았을 때는 무언가 있으면 좋겠다는 생각이 드는데 이런 건 어떨까?

80년대에 방영한 형사 가제트라는 만화를 보면 중절모에 바바리

코트를 트레이드마크로 하는 주인공인 가제트 형사가 나온다. 이 가제트 형사는 특수한 능력을 가지고 있는 기계인간인데 온몸에서 각종 특수 장치가 뿅뿅 나오는 신기한 인물이다.

"나와라! 가제트 만능 팔!" 하고 소리를 지르면 무엇이든지 상상을 초월하는 것들이 툭툭 튀어나오는데, 지금의 내 사정처럼 지하철에서 넘어지지 않고 잡고 일어나려고 할 때 필요한 것을 형사 가제트의 머리를 빌리자면 아마도 이것이 나오지 않을까 싶다.

바로 변기 막혔을 때 뚫는 압축기. 이 압축기를 지하철 천정에 붙이고 일어난다면 딱일 것 같다. 지하철에 사람이 많아도 천정에 고정을 하고 있으니 넘어지지도 않고, 잡고 일어나기도 좋고, 이보다 더 좋은 것은 없을 것 같다는 생각이 든다. 그렇다고 변기 압축기를 들고 다닐 수도 없는 일이고….

6

일단 먼저 해 보는 거야

무슨 날도 아닌데 모처럼 형제들이 고향에 모였다. 조카들까지 모이고 나니 무슨 잔칫날이라도 된 것 같다. 코로나19 바이러스 때문에 눈치만 보다가 비장한 각오로 코로나를 뚫고 엄마를 중심으로 모인 것인데, 조카들은 서울 김포에서 김해까지 비행기를 5,900원이라는 말도 안 되는 가격을 주고 왔을 정도로 코로나는 많은 것을 바꾸어 놓았다. 그래도 엄마가 계시기에 엄마를 중심으로 모일 수 있으니 이보다 더한 행복이 어디 있겠는가.

엄마는 더운 날인데도 불구하고 자녀들에게 하나라도 더 먹이고 싶은 마음에 잠시도 엉덩일 붙이지 않고 바지런하게 움직이신다.

"점심때 뭘 해줄까?" "저녁때는 뭘 먹을래?" 팔순이 넘은 엄마는 50을 넘은 자녀들의 매 끼니를 손수 챙겨 주시는데, 새끼 제비가 된 자녀들은 입만 쫙쫙 벌리며 마냥 즐겁기만 하다.

엄마랑 딸들만 모여서 밤새 이야기 삼매경에 빠지는 것도, 딸들만 한 방에 모여 수다를 떠는 것도 결혼 이후 처음 있는 일이라 마냥 신기하고 기분이 좋아서 모두들 한마디씩 했다.

"앞으로 또 이런 시간들이 있을까?"

"아마도 없을 것 같은데" 하고 입을 모았다. 각자 가정이 있고 일이 있는데 이렇게 오랫동안 휴가를 즐기기란 쉽지 않기 때문이다. 이 아깝고 귀한 시간을 늦은 밤까지 딸들과 성인이 된 조카들은 둘러앉아 이야기꽃들로 채워 갔다.

처음엔 "난 이렇게 살았어" 하고 이야기를 시작했는데 한참을 이야기를 하다 보니 "나는 앞으로 이렇게 살고 싶어" 하고 가지고 있는 바람들을 이야기하고 있었다. 그런데 가장 중요한 것이 빠져 있었다. 앞으로 본인들이 원하는 대로 살기 위해서 오늘 내가 무엇을 해야 할지, 한마디로 "나는 오늘 어떤 그림을 그리고 있는가"에 대해서는 이야기가 부족했다. 이것은 우리 집민의 문제는 아닐 것이다. 내일을 위해서 오늘 내가 어떤 그림을 그릴지는 너무나도 중요하다. 그래서 우린 입을 모았다. "오늘 지금 나는 어떤 그림을 그리고 있는가"에 대해서 이야기 불꽃을 피웠다. 마음을 열어 놓고 이야기를 하다 보면 그것들은 아주 단순하고 사소한 것들이지, 무슨 거창하거나 대단한 것들이 결코 아니라는 점에서 모두들 깜짝 놀란다.

조카들이 물었다.
"이모는 꿈이 무엇이에요."
"이모는 꿈이 너무 많아."
0.1초도 망설이지 않고 대답했다.
"예에, 꿈이 많다고요."
"응. 학교 교과서에 이모 시나 글이 실리는 것. 그리고 공원에 가면 이모 시가 적힌 비문이 세워지는 것. 그리고 네이버에서 홍영순하고 이름을 직으면 인물정보에 이모의 성보가 바로 뜨는 것. 그리고 소설을 쓰는 것. 이모가 쓴 시나리오로 영화도 만들고 TV 드라마도 만들고 싶어. 그리고 또…" 하며 이런 질문을 할 테니 답을 미리 준비하고 오라고 누가 가르쳐 주기라도 한 것처럼 이야기가 술술 나왔다.

"이모 너무 부러워요. 꿈이 하나 있는 것도 어려운데 몇 개를 가지고 있다니." "우와, 이모 멋져요." "꿈이 있다는 것도 멋진데 그 꿈을 꾸면서 그걸 이루기 위해서 하나하나 해 나가는 것이 너무 좋아요" 하며 조카들은 손뼉을 쳤다.

바로 이것이다. 꿈과 목표를 가지고 그 꿈을 이루기 위해서 내가 오늘 무슨 그림을 그리고 있는지. 오늘, 현재, 지금, 당장 내가 그리는 이 그림에 따라서 내일 나의 모습이 변한다는 사실이다. 내일 나의 모습이 잘되고 못되고는 내일의 문제가 아니라 오늘, 바로 지금의 문제라는 사실은 불변의 법칙이다. 그래서 이 오늘을 포기할 수 없고, 또 포기할 수 없는 오늘이기도 하다. 오늘은 내일을 열 수 있는 열쇠이다. 오늘 수고하며 귀한 시간을 보낸 만큼 내일은 황금열쇠를 손에 쥘 수 있을 것이다. 그러니 생각해 보자. 나는 오늘, 현재, 지금, 당장 무슨 그림을 그리고 있는지.

우리 엄마는 몇 년 전인 78세에 색종이 접는 선생님을 하신 적이 있다. 공무원들도 퇴직하는 78세에 무슨 선생님이냐고 하겠지만 부지런한 엄마는 복지관에 다녔는데 색종이 접는 걸 배워 보라는 직원의 말에 평생 접어 보지 않은 색종이를 접으셨다. 처음엔 손이 굳어서 못 접는다고 하시더니 제일 기초부터 차근차근 배우며 꿈을 키우셨다. 시간이 지나고 색종이 접는 걸 다 배우시고는 가슴에 1세대 강사 ○○○하고 명찰을 달고 어린이집과 유치원으로 가서 색종이 접는 걸 가르쳤다. 그때 "엄마 요즘 뭐 하세요?" 하고 물었더니 엄마는 귀엽게 웃으며 "나도 강사다" 하시길래 깜짝 놀랐었다.

"예?"

"나도 선생님이다. 나도 선생님 소리 듣는다" 하면서 마냥 즐거워하시며 웃으셨다.

78세의 할머니가 어디에 가서 선생님 소리를 듣겠는가.

엄마는 복지관에서 색종이 접는 걸 배우시면서 실력을 인정받아 선생님으로 채용되셨는데 복지관에서 어떤 작품을 할지 배운 후 집에서 연습을 하고 배정받은 어린이집과 유치원으로 찾아가서 아이들에게 색종이 접는 걸 가르친다. 그리고 그날 있었던 일을 직접 일지를 써서 복지관에 보고를 하는 것까지 혼자서 직접 다 하시고 계셨다. 새벽에 잠자다 말고 일어나 까먹으면 안 된다고 방바닥에 책과 색종이를 늘어놓고 연습을 하시는데, 옆에서 따라 접어 보니 얼마나 복잡한지 어려워서 따라하기가 쉽지 않은 작품들을 하고 계셨다.

엄마도 어릴 때는 선생님이 되는 꿈을 꾸었다고 하셨는데 엄마가 선생님 소리를 들을 줄은 정말 꿈에도 몰랐다. 남들보다 더 열심히 연습하고 재미있게 하시더니 평생 이룰 수 없는 불가능의 꿈을 78세의 나이에 이루시다니 정말 대단하지 않은가. 1세대 강사 ○○○라는 명찰을 달고 당당하게 어린이집과 유치원으로 가서 할머니 선생님으로 소개를 받고 "자, 이렇게 접어라. 다음은 확 뒤집어 가지고 끝에 딱 맞추어 가지고 접어라. 됐나. 그러면 요래 뒤집어라. 아이고 잘한다" 하시며 선생님을 하고 오신다.

"야, 요즘 아이들은 똑똑하더라. 너희들 키울 때하고는 다르더라" 하시며 아이들이 예뻐서 아이들 얘기만 하신다.

다른 사람들처럼 손이 굳어서 못 하겠다며, 또는 순서가 생각이 안 난다고 "나는 못 해" 하고 포기했다면 선생님 꿈은 이룰 수 없었을 것이다. 그런데 "일단 먼저 해 보는 거야"라고 하시며 잠들기 전까지 연습하고 까먹을까 봐 자다 말고 일어나 연습하고 아이들에게 가르칠 순서대로 접고 또 접어 보며 연습을 하고 도전을 했기에, 오늘 내가 무슨 그림이라도 그렸기에, 이 오늘을 포기하지 않았기에 꿈을 이룰 수 있었던 할머니 선생님, 우리 엄마에게 박수를 보낸다.

꿈은 누구나 꿀 수 있어,
하지만 아무나 이룰 수는 없어

인간이 아름다운 것은 아무리 힘들고 어려워도 희망을 꿈꿀 수 있기 때문이라고 한다.

병든 몸이 되어서야 내가 희망을 품고 꿈을 꾸고 있다는 것이 얼마나 행복한지 희망이란 단어가 얼마나 소중한지 느낄 수 있었다.

꿈이 있으니 희망을 품고 꿈을 이루기 위해 한 걸음 한 걸음 앞으로 나갈때 변화하는 나 자신을 보게 된다.

- 홍영순, 『절망 속에서 희망을 품다』 중

누구나 꿈을 꿀 수 있고 아무나 꿈을 꿀 수 있다. 내가 꿈을 꾼다고 해서 누구의 허락을 받아야 하는 것도 아니고 어느 기관에 신고를 해야 하는 것도 아니다. 먹고, 입고, 씻고, 자고, 어느 것 하나 구애받지 아니하고 순전히 내 마음대로, 내가 하고 싶은 대로 정말순수하게 내 원하는 대로 할 수 있는 것이 꿈을 꾸는 것이다. 얼마나 멋진가. 순수하게 내 마음대로, 내 생각대로, 질서도 도덕도 상관없이 누구의 눈치도 보지 않고 마음대로 해도 되는 것이 꿈을꾸는 것이다. 중요한 것은 뭐니뭐니해도 머니, 돈 한 푼 들이지 않고 공짜로 꿈을 꿀 수 있다는 것이 더 매력이 있다. 얼마나 멋진가. 무료로 꿈을 꿀 수 있으니 세상에 이보다 더 좋은 것이 어디 있단 말인가. 꿈을 꾸는 그 자체만으로도 행복하지 아니한가. 그래서 사람들은 많은 꿈을 꾸겠지.

그런데, 그럼에도 불구하고 꿈조차 꾸지 않는 사람도 있다는 것이다. 아무 공식도 없고 아무 구애도 받지 않고 내 마음대로 꾸는 꿈조차도 꾸지 못하는 사람, 꾸지 않는 사람, 생각도 없고 영혼도 없는 것처럼, 멍한 채로 그냥 아무 생각 없이 하루하루 어떻게 되겠지 하고 그냥 그렇게 살아가는 사람들, 꿈이 없는 사람들, 꿈을 꿀 생각 자체가 없는 사람들, 이런 사람들을 불쌍하다고 해야 하나, 가엾다고 해야 하나.

어떨까? 꿈이 있는 사람과 꿈조차도 없는 사람을 보았을 때 차이점이 무엇일까? 꿈이 있는 사람은 행복하고 꿈이 없는 사람은 불행하고 가엾고, 단순하게 그런 것일까?

계란 바구니가 있다. 눈으로 외관상 보기에 삶은 계란인지 날계란인지도 구분이 가지 않고 싱싱한지, 상했는지조차도 알 수가 없다. 그러나 계란을 깨트려 보면 금방 알 수가 있다. 싱싱한 계란은 노른자와 흰자가 탱글탱글하니 힘이 있고 형체도 살아 있고 색상 또한 선명하고 맑다. 상한 계란은 노른자와 흰자가 힘이 없어 형체도 확 풀어지고 그냥 줄줄 흘러내리며 색상도 변해 있고 냄새도 난다. 또 삶은 계란처럼 태어나서 사는 동안 꿈과 상관없이 형태가 그대로인 계란도 있다. 이 계란처럼 꿈이 있는 것과 없는 것을 싱싱한 계란과 싱싱하지 못한 계란에 비유하니 딱인 것 같다. 삶은 계란은 우스갯소리로 구세주 위에 건물주, 건물주 위에 건물주 아들이라고 한 말이 딱인 것 같다. 평생 노력 없이 꿈 없이도 살아가는 데 지장이 없으니까.

실제로 고등학교 수업을 들어갔을 때 꿈이 무엇이냐고 물어본 적이 있다. 그중 몇 명은 건물주도 있었고, 건물주 아들이 꿈이라고 적어서 낸 아이들도 있었다. 물론 꿈이 없다고 적지 않는 아이들도 있었다.

괴테는 꿈을 계속 간지하고 있으면 반드시 실현할 때가 온다고 말했다.

나는 초등학교 4학년 때에 작가가 되는 꿈을 꾸었다. 밤새 타자기로 타닥타닥 글을 쓰고도 마음에 들지 않으면 종이를 주먹으로 꽉 움켜쥐고 구긴 종이를 휙 던져버리고, 아침이면 헝클어진 머리에 온 방안은 구겨서 던진 종이로 가득 차 있는 그런 장면을 보면서 작가의 꿈을 키웠다. 다른 멋진 것들도 많았고, 예쁜 것들도 많은데 왜 하필 작가였을까.

심한 몸살로 드러누워 끙끙 앓아야 하는 상황에서도 줄줄 흐르는 콧물은 휴지를 돌돌 말아 콧구멍에 밀어 넣고, 이불을 어깨 위에까지 뒤집어쓰고 앉아서 원고의 마감 시간에 맞춰 아슬아슬하게 글을 마무리하며 환하게 웃는다. 그리고 두 팔을 하늘을 향해 뻗으며 "다 했다" 하고 소리 지르는 그 장면, 열악한 환경 속에서도 결국엔 원고 마지막 장에 마침표를 찍고 만세를 부르는 인간승리의 그 장면이 내가 작가가 되고 싶은 꿈을 꾸게 만들었다.

"나는 작가가 되는 것이 꿈이야."

"작가가 된다는 사람이 있구나. 나는 작가가 된다는 사람이 제일 이해가 안 가더라" 하고 말하던 동생은 지금도 똑같은 말을 한다.

"작가가 된다는 사람 이해가 안 가더라."

"너 옛날에도 똑같은 말을 한 것 아니?"

"응. 말한 것 같아."

이렇게 나는 어릴 때부터 간직한 작가의 꿈을 이루었는데, 장장 40년. 40년을 가슴속에 품고만 살았다. 먹고살기 바쁘다는 핑계로 거의 잊고 지냈다고 해도 과언이 아닐 것이다. 이것을 볼 때 괴테의 명언처럼 "꿈을 계속 간직하고 있으면 반드시 실현할 때가 온다"는 것이 사실로 증명되었다.

게다가 미국의 국력신장에 크게 기여한 미국 제26대 대통령인 시어도러 루즈벨트는 "나는 꿈이 없고 비전이 없는 사람은 쓸모없다고 생각해 왔지만 자신의 꿈과 비전을 조금이라도 실현하기 위해 행동을 바꾸는 실제적인 노력이 없다면 그 역시 쓸모없는 사람이다"라고 말했다.

심장이 약하니 평생 조심해서 살아야 된다고 말하는 의사에게 "절대로 조심조심 살 생각이 없습니다. 그런 식으로 장수하면 뭐합니까. 죽을 때 후회가 없도록 하고 싶은 것 하나도 빠지지 않고 다해 볼 겁니다. 그러다 죽으면 죽는 것이고 할 만큼 해 보다가 안 되면 안 되는 거지요. 뭐"라고 하며 큰소리치던 루즈벨트 대통령은 자신의 성격처럼 강한 명언을 남겼다.

실제로 루즈벨트 대통령의 명언대로 꿈이 있는데도 행동으로 옮겨 실천을 하지 않는다면, 그 꿈은 정말 있으나마나한 무용지물(無用之物) 꿈이 될 것이다.

나도 마찬가지이다. 나에게 꿈은 있었지만 작가의 꿈을 이루기 위해서 국문학과를 간 것도 아니고, 바쁜 생활 속에서 작가의 꿈은 늘 뒷전이었다. 그런데 가슴속에 꽁꽁 묻어놓고 꺼내지 않았다면 지금의 나도 없을 것이다. 나에게 불청객인 병마가 찾아오지 않았다면 지금까지도 먹고사는 일에만 충실하고 꿈은 가슴속에 묻어만 두고 있었을지도 모른다. 그러니 꿈을 꾸어도 행동으로 옮겨 실천하지 않으면 무용지물인 것이다.

즉, 어제와 똑같은 생각, 똑같은 행동을 하면서 자신의 삶이 달라지길 바라는 것은 엄청난 모순이다. 그런데 많은 사람들이 어제와 똑같은 생각, 똑같은 행동을 하면서 내일이 달라지길 기대한다. 그리고 기대한 만큼 달라지지 않았다고 해서 세상을 원망하고, 부모를 원망하고, 또는 자신을 비난하기도 하고, 잘나가는 사람을 시샘하며 헐뜯기도 한다.

그러나 꿈을 꾸며 꿈을 이루기 위해서 달려가는 사람들은 누구를 탓하고 원망할 시간이 없다. 그러니 많은 사람들이 꿈을 꾸고, 모든 사람들이 다 꿈을 이룬다면 얼마나 좋을까마는 실제로 꿈을 이루며 살아가는 사람은 많지가 않다.

왜냐면 아무리 많은 꿈을 꾸어도 그 꿈을 이루는 사람은 따로 있기 때문이다. 누구나 꿈을 꿀 수 있지만 아무나 꿈을 이룰 수는 없는 이유이기도 하다.

8

도전하지 않으면 미래는 없다

아직까지 꿈이 없다고 해도, 지금도 꿈이 없다고 해도 아무 걱정도 할 필요 없다. 지금부터 꿈을 꾸면 되고, 지금부터 거창하게 꿈을 만들면 된다. 꿈을 만드는 데 정해진 시간이 있는 것도 아니고 특별한 무엇이 있어야 하는 것도 아니다. 그러니 언제든지 꿈을 꿀 수 있다. 단, 포기만 하지 않는다면 언제든지 가능하다.

분명한 것은 아무리 거대한 꿈도 작은 것에서부터 시작하고 오늘 지금 이 순간 도전하면서부터 시작한다. 그러니 꿈을 꾸자. 꿈은 꾸는 자의 것이며 그 꿈은 도전하는 자만이 이룰 수 있다. 한마디로 도전하지 않으면 미래는 없다.

우리는 미래를 바라보고 살지만 내일을 위해서 살지 않는다. 오늘 최선을 다해서 살아가는 것이 후회하지 않는 삶이 아닐까. 오늘 내가 어떻게 하느냐에 따라서 내일의 그림이 달라지듯이…. "오늘은 내일의 열쇠이다"라고 하는 말 모르는 사람은 아무도 없을 것이다.

그리고 오늘 내가 어떻게 하느냐에 따라서 이 열쇠를 황금열쇠로 만들 수도 있다. 황금열쇠로 만드는 비법은 도전과 실행이다. 자, 이제 징답도 알았으니 나머지는 여러분들의 몫이다.

새롭게 시작하는 오늘은 내가 꿈을 꾸면서부터 시작한다. 그러니 일단은 큰 꿈을 꾸어라. 호랑이를 그리다 실패하면 고양이라도 나오지만 생쥐를 그리다 실패하면 아무것도 남는 것이 없다. 그러니 무조건 큰 꿈을 꾸어라. "이렇게 큰 꿈을… 말도 안 돼" 하고 미리 겁먹지 마라. 아무리 큰 꿈도 아무리 작은 꿈도 시작은 똑같기 때문이다. 커다란 코끼리를 그릴 때나, 개미 한 마리 그릴 때나 시작은 작은 점 하나 찍는 것에서부터 시작한다는 사실.

대부분 꿈을 꾸고 이루지 못하는 사람들을 보면 꿈은 크게 꾸었는데, 그 꿈의 꼭짓점에 도달한 꿈만 꾸고 '아, 좋겠다'라는 말만 계속 하고, 그 꿈을 이루기 위해서 해야 하는 작은 것, 사소한 것은 생각을 하지 않는다는 것이다.

옛날에 황금송아지 몇 마리 키웠는데, 기와집 몇 채 있었는데 하는 것, 그랬다면 좋았는데 이렇게 했다면 좋았는데 하는 것처럼 지나간 과거에 매달려 있지 마라. 나도 서울시내에 내 집도, 내 땅도 가지고 살았다. 그런데 남편 도박으로 날아가는 건 한순간이었다. 그런데 옛날 이야기 해서 뭐하겠는가. 다가올 미래를 생각 속에 넣어 두고 '아, 좋겠다' 하고 감탄만 하면 뭐하겠는가. 도전하지 않으면 영원히 '아, 좋겠다'는 말만 남을 것인데. 그러니 오늘, 지금, 당장 내가 할 수 있는 일을 아주 작은 것부터, 아주 쉬운 것부터 행동으로 옮기는 실천이 중요하다. 망설이지 말고 지금 당장 도전하자. 일단 도전하고 보자. 내가 '홍영순의 까꿍'을 시작했듯이, 일단 시작하고 보자.

많은 사람들에게 질문을 했다. 만약에 360층 꼭대기에 올라가는 것이 꿈이라고 했을 때 승강기가 고장이라면 어떻게 하겠는가 하는 질문이었다. 사람들은 각각 자신의 생각을 말했지만 제일 많이 나온 대답은 승강기를 고친다는 것이었다. 어떻게 고치냐는 질문에 결론은 승강기를 고치기 위해서 돈을 벌어야 한다는 답이 나왔다. 두 번째로 많이 나온 대답은 헬리콥터를 타고 올라간다는 것이다. 헬리콥터가 어디에 있느냐는 질문에 대한 답은 빌려온다, 119 헬리콥터를 부른다 등등. 그런데 걸어서 올라간다는 사람은 한 명도 없었다. 이처럼 사람들이 꿈을 이루지 못하는 것은 첫째, 거창하게 큰 꿈은 꾸었는데 도전을 하지 않는다는 것이다. 이 핑계 저 핑계를 대며 못 하는 이유, 안 되는 이유만을 늘어놓는다. 그러면서 꿈을 이루고 성공한 사람들을 보며 '아, 좋겠다' 하며 부러워만 한다. 그러니 아무나 꿈을 이룰 수 없는 것이다. 둘째는 오늘 할 일을 계속 내일로 미룬다는 것이다. 360층 꼭대기에 올라가는 것이 꿈인데 승강기가 고장이라면 지금 당장 승강기를 고쳐야 하는데 나중에 고치지 뭐, 돈 벌면 다음에 고쳐서 타고 가지 뭐, 이렇게 하루 이틀 미루어 간다.

"안 돼." "못 해." "내일 하면 되지" 하고 핑계만 대고 있기엔 우리가 사는 인생은 우리를 기다려 주지 않는다. 눈 깜빡할 사이에 시간이 휙휙 지나가버리니 꿈을 꾸고 묻어 둘 시간이 없다.

손 한번 뻗고 발 한번 내밀면 꿈을 이룰 수 있는데 소 닭 보듯 하지 말고, 남의 일인 양 방관자로 있지 말고 오늘, 지금, 당장 1층에 있는 첫 번째 계단을 발로 밟아 보자. 그리고 두 번째 계단, 세 번째 계단, 이렇게 지금 당장 내가 할 수 있는 가장 작은 것부터, 가장 사소한 것부터 시작해 보자. 그러면 나도 모르게 360층에서 아래를 내려다보며 만세를 부르고 있을 것이다. 그런데 이런 나의 모습을 생각하는 것만으로 '와, 좋겠다'가 아니라 1층에 있는 첫 번째 계단을 발로 밟았을 때만 만세를 부를 수 있는 자격이 있다는 사실을 꼭 기억했으면 좋겠다.

몇 해 전 우리 형제들 중에 노래를 제일 못하는 내가 가수가 되겠다고 하니 말도 안 된다며 코웃음을 쳤다. 아무도 인정을 해주지 않았지만 나는 포기하지 않았다. 무엇을 해야겠다고 마음먹으면 그 한 가지에 꽂혀서 뿌리를 뽑아야 하는 성격도 한몫을 하겠지만 작사를 해서 작곡가를 만나러 다니기도 하고 노래를 만들기 위해서 사방팔방 인맥을 동원하기도 했다. 우여곡절 끝에 노래를 녹음하게 되었다. 처음에는 여러 가지 악기를 넣고 녹음을 했다. 그런데 내 목소리가 너무 작아서 악기를 하나씩 제거하기 시작했다. 결국은 하나하나 제거하다 보니 달랑 피아노 한 대만 남았다. 피아노 소리도 아주 부드럽게 살짝살짝 건반을 두드려야만 했다. 녹음이 끝나고 나니 세상에 노래를 못해도 이렇게 못할 줄 몰랐다며, 다음에는 절대로 노래를 만들어 주지 않겠다고 했다.

회사 간부인 오빠가 직원들에게 "내 동생이 부른 노래입니다. 한

번 들어 보세요." "아 축하합니다" 하고 노래를 듣고 나서의 반응이 오빠와 눈도 마주치지 않고 외면하며 서로 다른 말을 하면서 피한다는 이야기를 해서 배꼽이 빠지도록 웃은 적도 있다.

어쨌거나 나는 노래를 불렀고 '하얀 나비의 꿈'이라는 디지털 음원이 발매되었다. 멜론이나 네이버 뮤직에서 700원 주면 다운로드 받을 수 있고 노래를 부른 가수로 저작권도 등록이 되었다. 라디오 방송에 두 번이나 노래가 나오기도 하고 이 노래가 너무 좋다고 매일 부르는 사람도 있었다. 휴대폰 컬러링으로도 나왔으며 행사장에서 이 노래를 불러달라는 초청을 받기도 했었다. 내 노래가 있다고 하면 듣어 보고 노래 잘한다고 말하는 사람은 기짓말쟁이이고, 목소리가 맑아서 좋다고 말하는 사람은 진심이라는 것은 다 알고 있는 답이다. 그래도 내가 노래를 못하지만 도전을 하였기에 이런 재미있는 일들이 있는 것이 아닌가.

내가 노래 못한다고 주위에서 "너는 못 해" 한다고 해서 포기해 버린다면 내가 할 수 있는 것은 아무것도 없을 것이다.

노래가 나오고 북콘서트를 할 때나 강연을 할 때 항상 이 노래를 들려 주는데 반응이 좋다. 얼마나 지났을까, 노래를 만들어 준 사람에게서 전화가 왔다. 도대체 무슨 짓을 하고 다니기에 이 노래에서 돈이 들어오느냐고. 얼마 안 되는 돈이지만 사람들이 다운로드를 하니 저작권 비용으로 몇 푼 들어오는 것이 마냥 신기한 모양이었다.

꿈을 이룬다는 것은 잘하고 못하고를 생각하지 말고 일단은 손을 내밀고 발을 내딛어 시작을 하는 것이다. 무엇이라도 시작을 하면 무엇이라도 된다.

미국에 카네기홀에서 노래를 부르는 것이 꿈인 한 여성이 있었다. 그런데 이 여성의 노래는 형편없었다. 그런데도 카네기홀에서 노래 부르는 꿈을 포기하지 않았다. 몇 년이 지난 후 그 여성은 카네기홀에서 노래를 부르고 있었다. 물론 관객들도 있었다. 그랬다. 남편이 아내의 꿈을 이루어 주기 위해서 비용을 주고 손뼉을 쳐 주는 관객 아르바이트를 모집했다. 그리고 카네기홀을 빌려서 아내가 노래할 수 있도록 해주었다. 그 아내의 노래는 듣기조차 힘들었다. 노래를 다 부른 후 그 아내인 여성은 울면서 말을 했다. "나는 꿈을 이루었습니다." 그러자 사람들은 한마디씩 했다. "그렇게 노래를 못하는데 무슨 꿈을 이루었다는 것입니까?" 하고 되받아쳤다. 이에 여성은 "내 꿈은 카네기홀에서 노래를 부르는 것이지 노래를 잘하는 것이 꿈이 아니었습니다. 이제 카네기홀에서 노래를 불렀으니 나는 꿈을 이루었습니다" 하고 남편에게 감사하다는 인사를 했다.

바로 이것이다. 잘하려고 하지 말고 일단 하고 보자. 꿈을 꾸는 것보다 더 중요한 것이 바로 실천이고 도전이다. 도전했을 때 비로소 희망이 보인다.

나의 좌우명은 '아무것도 하지 않으면 아무 일도 일어나지 않는다'이다.
이 말을 반대로 하면 '무엇이든지 하면 무슨 일이든 일어난다'는 것이다.

9 생각의 주인

자신은 '할 수 없다'고 생각하는 동안 사실은 그것을 '하기 싫다'고 다짐하고
있는 것이다. 그러므로 그것은 실행되지 않는 것이다.

- 스피노자

우리는 살아가면서 행동보다 생각을 먼저 하게 된다. 2020년 한
해는 예고 없이 찾아온 코로나19 바이러스가 전 세계인의 발을 묶
어 놓고, 그 많은 사람들의 생명을 앗아가며 협박하는 통에 전 세
계 사람들은 극심한 스트레스에 불안하기까지 했다.

코로나19 때문에 한여름에 마스크까지 쓰고 다니니 덥고 짜증나
고 불편한 것이 한두 가지가 아니다. 그럼에도 불구하고 조용히 사
회적 거리두기를 지키며 손 씻기를 실천하고, 질병관리본부, 중앙
방역대책본부에서 나오는 말들과 그 규칙을 그대로 받아들여 지키
며 코로나19를 이겨내기 위해서 애쓰는 사람도 있고, 귀찮다며 투
덜대고 짜증내며 마스크도 쓰지 않은 채 활보하는 사람들도 있다.
그렇게 마냥 짜증을 내면 몸도 마음도 상하기 마련인데, 어차피 일
어난 일에 대해서 어떻게든 해결을 하려는 사람도 있고 어떻게든

있는 불만 없는 불만을 다 쏟아내는 사람도 있다.

"괜찮아. 그래도 괜찮아" 하고 말하는 긍정적인 사람과, "아이고 힘들어, 힘들어 죽겠네" 하고 입만 열면 죽는 소리를 하는 부정적인 사람.

긍정과 부정이 내 마음 안에 있듯 행복도 불행도 내 마음 안에 있다.

어떤 상황이나 어떤 조건 때문에 행복하고 불행한 것이 아니다. 사실은 내 마음가짐이 행복과 불행을 결정한다. '자살'이라는 글자를 거꾸로 읽으면 '살자'가 되고 '내 힘들다'를 거꾸로 읽으면 '다들 힘내'가 되는 것처럼, 그러니 행복한지 불행한지는 내 생각 속에 있고 내 생각에 따라서 결정되는 내 생각 차이일 뿐이다. 그래서 행복과 불행은 내 마음먹기에 달려 있다.

우리는 흔히 물컵에 비유를 한다. 물이 절반이 담긴 컵을 보고 "우와, 물이 아직도 이만큼이나 있어?" 하면 스스로 만족하며 한없이 행복해질 것이고, "애개, 물이 이것밖에 없어?" 하면 불만이 쌓이고 짜증이 날 것이다. 똑같은 상황인데 극과 극으로 다른 답이 나오는 것, 이것 또한 자신이 결정하는 것이다. 어느 쪽을 선택했든 맞다, 틀리다의 답은 없다. 단지 자신이 웃고 행복할지, 인상을 쓰면서 짜증스러울지, 오로지 자신의 몫일 뿐이다. 그리고 이 생각 속에서 말이 나오고, 이 말 한마디로 천 냥 빚도 갚는 것이다.

성공한 사람들은 하나의 일을 진행할 때 "안 되면 어떡하지" 하는 생각을 전혀 하지 않는다고 한다. 무조건 된다는 생각, 100%의 확고한 신념을 가지고 일을 진행한다고 한다. 부정적인 생각 자체를 하지 않는다는 것이다. 그러니 일이 잘될 수밖에 없다.

언젠가 무서운 꿈을 꾸었다. 아침에 일어나자마자 그 꿈을 버려 버렸다. 그리고 그 꿈에 대해서 생각을 하지 않는다. 버려버렸으니 내 꿈이 아닌 것이다. 그런데 좋은 꿈을 꾸었다면 하루 종일 곱씹는다. 내가 꾼 내 꿈이니까. 그러면 하루 종일 기분이 좋다. 내 기분을 다스리고 내 생각을 조절할 수 있는 것은 오로지 나 자신뿐이다.

내 마음과 내 생각은 내가 결정한다. 누구의 생각을 따라갈 필요가 없다. 무슨 일을 추진할 때 된다, 된다, 된다, 잘된다는 생각을 하면 정말 일이 잘된다. 그런데 일이 잘 안 되면 어쩌지 하고 미리 걱정을 하거나, 잘될까 하는 의심이 생기면 사람이 불안하고 초조해져서 실수도 하게 되고 될 일도 안 된다. 그러면 정말 일이 꼬이게 되어 있다.

성경책 내용을 잠깐 빌려오면, 제자들이 배를 타고 가는데 예수님이 물 위로 걸어서 오시는 걸 보고 베드로가 '주여 만일 주시어든 나를 명하사 물 위로 오라 하소서' 하니 '오라' 하시니 베드로가 배에서 내려 물 위로 걸어서 예수께로 가되 바람을 보고 무서워 빠져 가는지라 예수께서 손을 내밀어 저를 붙잡으시며 가라사대 '믿음이 적은 자여 왜 의심하였느냐' 하시고(마 14:22~33)… 그러니 어떤 일을 추진함에 있어 내 마음과 내 생각은 내가 결정하는데 내가 믿지 않으면 누가 믿겠는가. 의심하고 물에 빠지지 않으려면 확고한 신념을 가지고 어깨 힘 팍 주고 당당한 자신감을 가져 보자.

또 『시크릿』이란 책을 보면 내가 내뱉은 말이 우주를 한 바퀴 돌고 다시 내게로 돌아온다고 한다. 말이 씨가 된다는 말이 이런 것들을 두고 하는 말이 아닐까?

긍정적인 생각 속에서 나오는 긍정적인 말과 부정적인 생각 속에서 나오는 부정적인 말 중 어느 쪽을 선택할지 또한 자신의 몫이다. 항상 좋은 생각을 하고 좋은 최면을 걸면 좋은 일이 생기는 것은 당연한 것이고, 나쁜 생각을 하면 될 일도 안 되고 재수가 없어서 뒤로 넘어져도 코가 깨진다는 말이 괜히 있지는 않을 것이다. '나는 성격이 원래 그래' 하고 바꿀 수 없다는 말은 절대로 하지 마시라. 안 돼, 안 돼, 안 돼, 하고 부정적인 이 세상에도, 마음만 먹으면 못 할 것이 없고, 좋은 일이라면 안 할 것이 없다.

10 마지막까지 쥐고 있어야 할 것

살다 보면 누구나 한 번쯤 넘어진다. 그러나 어떻게 넘어졌느냐는 아무 상관이 없다. 하지만 어떻게 일어나느냐는 중요하다.

누가 와서 도와줄 때까지 넘어진 채로 그냥 그대로 있는 사람, 엉엉 울면서 넘어졌다는 사실을 온 동네방네 알리는 사람, 옆에 도와줄 사람이 있는지 없는지 눈치를 살피는 사람, 아무 일 없다는 듯이 툭툭 털고 일어나는 사람.

어떻게 일어나도 정답은 없다. 단지 넘어진 사람의 성격대로 일어날 것이다. 그렇다면 여러분들은 어떻게 일어나시겠는가? 또 나는 어떻게 일어났겠는가?

나는 넘어졌다. 아주 심하게 그리고 많이 다쳤다. 지워지지 않는 큰 상처도 입었다. 그런데도 나는 일어났다. 아무 일 없다는 듯이 툭툭 털고 일어났다. 그런데 나는 넘어졌다가 일어나면서 무언가를 주워서 일어났다. 무언가 주워서 일어났는데 그것이 대박이었다.

그 대박은 바로 포기할 수 없는 오늘. 오늘의 소중함이다. 아침에 눈을 뜨면 누구에게나 주어지는 오늘, 그것도 공짜로 주어지는 오늘, 아무에게나 주어지는 오늘이 무슨 대박이냐고 하시겠지만 이 오늘이 얼마나 소중한지 그 소중함을 알게 되었다는 것이다.

나는 병원에서 미스 파 진단을 받고 넘어졌다. 그리고 내가 꿈꾸어 오던 나의 노후와 멋지게 계획해 놓은 나의 미래가 산산조각나서 송두리째 날아가버렸다. 처음엔 충격 속에서 벗어나지 못했다. 그러나 나의 지난 저서 『절망 속에서 희망을 품다』에 나오는 '자포자기를 선택하면 절망이 되고, 꿈을 선택하면 희망이 된다'는 말처럼 꿈을 선택하고 희망을 찾았다. 그 희망이 바로 오늘의 소중함이다.

오늘의 소중함을 알기 전엔 암울하고 희망이 없는 암담한 나의 미래가 슬펐다. 아니, 희망 없는 나의 미래를 포기하려고도 했다. "암으로 오늘 죽는 사람도 있습니다. 그런데 오늘 당장 죽는 것도 아니고 살아 있잖아요" 하고 말하는 의사 선생님의 말에 이것도 위로라고 웃어야 했지만, 오늘 내가 살아 있는 이 날이 얼마나 소중한지를 알게 되었다.

솔직히 내일을 잃어버리고 미래도 장담할 수 없지만 내일의 불을 밝힐 수 있는 건 오늘이고 그 오늘 나는 지금처럼 이렇게 살아서 움직이고 있기에 오늘이라는 열쇠를 황금열쇠로 만들 수 있는 기회를 쥐고 있는 셈이다. 이제 황금열쇠를 만들지 말지는 오로지 자신의 몫이다. 그래서 난 지금 룰루랄라 콧노래를 부르며 신나게 즐기며 행복하게 황금열쇠를 만들고 있는 중이다. 오늘의 소중함을 깨닫고 이 소중함 속에 희망이 있다는 것을 알았으니 최고의 축복이 아닐까. 그래서 나는 매일같이 축복 속에서 살고 있으며 이 희망에 목표도 세웠다.

토끼와 거북이 이야기를 모르는 사람은 아무도 없을 것이다. 토끼가 거북이에게 찾아가서 달리기 경주를 하자고 했다. 거북이도 좋다고 승낙을 하고 경주가 시작되었다. 경주는 저 멀리 있는 산꼭대기의 제일 큰 나무 밑에까지 가는 경주였다. 경기가 시작되자마자 토끼는 쌩 하고 사라져버렸다. 거북이는 구슬땀을 흘리며 엉금엉금 기어서 간다. 말도 안 되는 이야기에서 느림보 거북이가 이겼다 하고 끝이 난다. 그런데 어떻게 거북이가 이겼을까? 토끼는 왜 졌을까? 흔히 말하는 것처럼 토끼가 거북이를 업신여기고 교만했나든가 거북이를 무시하고 나태해졌다는, 누구나 다 하는 이런 말이 아니다. 토끼와 거북이는 목표가 달랐다는 것이다. 토끼의 목표는 거북이를 이기는 것에 있었다면 거북이의 목표는 산꼭대기에 있는 큰 나무에 있었다. 이처럼 목표를 어디에 두느냐에 따라 인생은 달라진다. 이 목표 또한 자기 자신이 결정하고 자기 자신이 세우는 것이다.

목표가 있다는 것은 세계 일주를 하기 위해서 어느 공항에서 몇 시에 어느 비행기를 타고 어디로 간다고 정해진 항공권을 손에 들고 있는 것과 똑같다. 만약에 세계 일주를 할 것이라고 멋지게 계획을 세웠는데 항공권이 없다면 세계 일주의 계획이 아무리 좋아도 꽝이 되고 만다.

흔히들 이 세상을 배에 비유한다. 많은 사람들이 배를 타고 가는데 폭풍우가 몰아치고 큰 파도가 일어도 방향키를 가진 선장이 있디면 유유하게 큰 파도를 넘어 목직지로 향할 것이다. 그런데 방향키도 선장도 없다면 많은 사람들이 어떻게 해야 할지 몰라 갈팡질팡, 우왕좌왕할 것이다.

그러니 목표라는 것이 얼마나 중요한지 모른다. 눈에 보이지도 않는 목표로 인해 거북이가 토끼를 이겼을 정도이니 목표의 위력은 정말 대단하다. 이 목표 또한 오늘의 소중함 속에 들어 있다는 사실.

오늘의 소중함을 깨닫는 순간 그 소중함 속에 희망도 있고 꿈도 있고 내 마음대로 만들 수 있는 목표가 있으니 이 모든 것을 몽땅 다 내가 가지고 가도 되는 건 오늘 내가 살아서 이렇게 움직이고 있으니 가능하다는 것이다.

꼭 하고 싶은 말이 있다면, 사람은 누구나 한번쯤 넘어진다는 것이다. 누구라도 계획 속에 꿈꾸어 오던 미래가 한순간에 뽕 하고 사라질 수도 있을 것이다. 컴퓨터 속에 저장해 놓은 내용물이 컴퓨터 고장이 나면서 몽땅 다 사라지듯이, 핸드폰 속에 저장해 두었던 전화번호가 버튼 하나 잘못 눌러서 완전히 다 사라지듯이, 준비해 오던 미래가 깡그리 사라질 수도 있다. 그러면 처음엔 황당해서 발을 동동 구르기도 하고 대성통곡을 하고 울기도 하겠지. 암울한 절망 속에 빠져서 하늘과 땅이 맞닿는 좌절 속에 빠지게도 될 것이다. 그럴 때 잊지 말아야 할 것이 바로 포기할 수 없는 오늘, 오늘의 소중함이다.

그 오늘의 소중함 속에는 희망이 있고 내 마음대로 만들 수 있는 목표도 있고 꿈도 있다. 그러니 아무리 절망의 구렁텅이에 빠졌다고 해도 절대로 포기할 수 없는 오늘, 오늘까지 빼앗기면 안 된다. 오늘은 절망 속에 빠져 있어도 내일을 열 수 있고, 내 미래를 찾을 수 있는 마지막 보따리, 마지막 열쇠가 있기 때문이다.

그러니 오늘을 북 치고 장구 치고 신나게 즐기자.

그리고 오늘의 소중함을 통째로 몽땅 다 가지고 오늘의 주인공이 되자.

지금의 나처럼.

✿ 에필로그 ✿

코로나19가 끝나면 출판기념회를 해야지 하고 계속 미루어 온 행사. 무심할 정도로 코로나19는 가지도 않고 주위를 빙빙 돌며 위협을 하고 있습니다. 한여름 더운 날도 코로나19 바이러스와 사회적 거리두기로 창살 없는 감옥에서 지내는 날이 많아졌습니다. 날은 덥고 하루 종일 방 안에서 컴퓨터를 껴안고 글을 적고 있지만 시간이 지남에 따라 움직이지 않는 오른손은 인내심을 테스트하는 양 애간장을 태웠습니다. 어떨 땐 왼손으로만 한 자 한 자 글을 적어야 할 때도 있었지만 꿈을 이루기 위해서 정해 놓은 목표를 향해 쉼 없이 달렸습니다.

탁탁탁탁 하고 두 손으로 신나게 적을 글을 왼손 검지손가락 하나만으로 적어야 할 땐 답답해서 눈물이 났습니다. 그래도 내가 할 수 있는 것은 글을 쓰는 것이었습니다. 두 손으로 빠르게 탁탁탁 탁탁탁 하지 못하면 한 손으로 하면 되고, 한 손으로 못 하면 한 손가락으로 하면 되는 것입니다. 물론 힘도 들고 짜증이 날 때도 있습니다.

금방 끝날 것도 몇 시간이 걸릴 때도 있습니다. 그러다 오른손이 잠깐이라도 말을 잘 들을 때면 기분이 좋아집니다. 신이 납니다. 앗싸, 나도 이렇게 적을 수 있는데. 탁탁탁탁 이렇게 소리만 들어도 속이 뻥 뚫리는 것 같습니다. 그런데 손은 나의 마음을 모른 채 외면하고 맙니다.

나의 좌우명, '아무것도 하지 않으면 아무 일도 일어나지 않는다.' 이 말을 반대로 하면 '무엇이든지 하면 무슨 일이든지 일어난다.' 이 말을 되새기면서 한 자 한 자 꿈을 담아 적었습니다. 물론 오타가 무수히 많이 나왔습니다. 어떨 땐 단어 하나를 적는 데 10번에서 15번 이상 오타에 오타가 나올 땐 키보드를 딕 팽개치고 싶을 정도로 울컥하고 화가 날 때도 있었습니다. 그래도 나는 포기하지 않았습니다.

> "시련이란 뛰어넘으라고 있는 것이지, 걸려 넘어지라고 있는 것이 아니야."
> "시련은 있어도 실패는 없다."
>
> - 현대그룹 창립자 故 아산 정주영

힘들 때마다 故 정주영 회장의 명언 "시련이란 뛰어넘으라고 있는 것이지, 걸려 넘어지라고 있는 것이 아니야." "시련은 있어도 실패는 없다" 하는 말로 마음을 달래고 힘을 냈습니다.

한쪽 손이 말을 듣지를 않아 손가락 하나로 글을 적어도 불평불만 하지 않았습니다. 그래도 이나마 내가 할 수 있는 것이 있어서 다행이라고 생각했습니다. 앞으로 더 힘든 날이 오는 것은 당연하지만 생각하지 않기로 했습니다. 코로나19가 핀을 치고 있어도 나는 지금 코로나19를 이기고 있으며, 오늘 나는 이렇게 살아서 움직이고 있기에 이렇게 글을 적고 있고 꿈을 이루기 위해 희망을 가지고 목표를 향해 한 발 한 발 나아가고 있으니 이 얼마나 감사한 일인가요.

한 손으로 힘들게 적은 이 글의 빛이 바래지 않도록, 말하고 싶지 않은 부분도, 숨기고 싶은 부분도 솔직하게 적었습니다. 예쁘게만 보이고 싶은 자존심마저 다 내려놓고 적고 나니 발가벗겨진 기분이 듭니다. 하지만 한여름을 넘기면서까지 한 손으로 고생하며 힘들게, 힘들게 적은 글들을 한 자도 놓치지 않고 읽어 준다면 최고의 응원이 아닐까요?

코로나19 때문에 많은 것이 바뀌고 있습니다. 앞으로는 코로나19 이전의 생활은 없을 것이라고 합니다. 하지만 분명한 것은, 아무리 코로나19 때문에 세상이 바뀐다고 해도 변하지 않는 것은, 꿈은 있어야 한다는 것입니다. 그리고 그 꿈을 이루기 위해서 무엇을 할까 하고 생각에 머무르지 않고 무엇이라도 해야 된다는 사실입니다.

이 힘들고 어려운 시기에 미래를 잃어버린 나 같은 사람도, 아무 힘이 없는 나 같은 사람도 꿈을 이루며 살아갑니다. 그러니 여러분들이라면 얼마든지 충분히 꿈을 이루면서 살아갈 수 있지 않을까요? 그것도 멋진 꿈을 꾸면서 말입니다. 우리에게는 아무리 힘들어도 포기할 수 없는 오늘이 있기에, 무엇이든 가능하다는 사실에 희망을 가집니다.

추천사를 쓴다고 꼬박 하루를 투자하신 임동학 회장님, 역시 추천사도 써 주시고 책 표지에 사용하라며 프로필 사진까지 예쁘게 찍어 주신 성창운 총장님, 책 제목을 정하느라 머리를 맞대고 고민해 준 나의 예쁜 유연숙 선생님, 실명을 사용할 수 있도록 허락해 주신 이 책에 나오는 모든 분들과, 또 많은 오타를 수정하며 온전한 책이 될 수 있도록 수고해 주신 ㈜북랩 출판사의 편집부 직원 여러분들께 감사를 드립니다.

코로나19 때문에 거리두기가 한창인 어느 날
홍영순